世界遗产在中国

主编　刘晓煜　张萌萌　孔 辉　刘 洁

World Heritage in China

中国人民大学出版社
·北京·

图书在版编目（CIP）数据

世界遗产在中国 / 刘晓煜等主编. -- 北京 ：中国人民大学出版社，2025. 5
ISBN 978-7-300-32384-8

Ⅰ. ①世… Ⅱ. ①刘… Ⅲ. ①文化遗产－介绍－中国 Ⅳ. ① K203

中国国家版本馆 CIP 数据核字（2023）第 243528 号

世界遗产在中国
主 编 刘晓煜 张萌萌 孔 辉 刘 洁
Shijie Yichan Zai Zhongguo

出版发行	中国人民大学出版社		
社 址	北京中关村大街 31 号	邮政编码	100080
电 话	010－62511242（总编室）		010－62511770（质管部）
	010－82501766（邮购部）		010－62514148（门市部）
	010－62511173（发行公司）		010－62515275（盗版举报）
网 址	http：//www.crup.com.cn		
经 销	新华书店		
印 刷	北京捷迅佳彩印刷有限公司		
开 本	720 mm × 1000 mm 1/16	版 次	2025 年 5 月第 1 版
印 张	15	印 次	2025 年 10 月第 2 次印刷
字 数	225 000	定 价	68.00 元

前 言

各位读者朋友，大家好，欢迎翻开《世界遗产在中国》，这是一本旨在展示中华文明世界之窗的书籍，收录了中国的 59 项世界遗产。

世界遗产是全人类公认的罕见、无法替代的文物古迹及自然景观，中国的世界遗产数量居世界第二位，是世界遗产类别最全的国家之一。中华文明源远流长，作为人类社会唯一未曾中断且延续至今的古文明，至今已有五千多年历史。五千年泱泱中华，创造了辉煌灿烂的文明奇迹；五千年浩浩历史，蕴藏着博大精深的文化宝藏。中国世界遗产不仅资源丰富，而且体系多样、特色鲜明，自然与文化高度结合，蕴含着灿烂的中华文化精髓，体现着全人类共同的普遍价值。

本书开篇的综述，介绍了何为世界遗产、《世界遗产公约》的产生背景和内容、中国与世界遗产的渊源、中国世界遗产的基本状况及保护，让大家对世界遗产有一个“全景式”的了解；专题部分是本书的重点，分为自然遗产、文化遗产、文化与自然遗产三个方面，从入选时间、世界遗产委员会评语、具体介绍、知识拓展等维度，对 59 项中国世界遗产逐一进行描述，力求使读者既对每一项世界遗产产生直观的认识，又建立起中国世界遗产整体的系统。这既是一本知识普及读物，也是一本新形态教材，大家还可以把它当作一本旅游指南，甚至是一本工具书，拓展自己的视野。

中国世界遗产承载着中国精神的历史血脉，涵养着中华民族的永续发展；中国世界遗产展现了人与自然、经济与文化的和谐共生，是新发展理念历史渊源的最佳证明；中国世界遗产弘扬了中华文明蕴含的全人类共同价值，是推动构建人类命运共同体的精神纽带。中国世界遗产对于繁荣世界文明百花园具有不可替代的作用，保护好、传承好、利用好这些宝贵财富，是我们共同的责任。

本书由北京科技职业大学刘晓煜、张萌萌、孔辉、刘洁四位老师共同编写，在编写过程中北京科技职业大学戚瑞双教授、李志刚教授给予了大力支持，在此表示衷心感谢。二维码视频后期音效由徐子申完成。本书参考了一些网络资源和期刊、图书，在此对相关作者表示衷心的感谢。

由于时间紧迫，书中难免存在疏漏之处，恳请广大读者不吝赐教，提供宝贵意见，以便我们不断进步完善。

编者谨上

目 录

一、世界遗产概述

世界遗产是指被列入联合国教科文组织《世界遗产名录》的具有突出的普遍价值的自然区域和文化遗存。截至2024年10月已有196个国家批准了《世界遗产公约》，成为该公约的缔约国。

我国幅员辽阔、资源丰富、文化多样，是名副其实的世界遗产大国。中华民族凭借智慧和勤劳，创造了一个又一个人类文明奇迹，向世界敞开了一个个东方文明的窗口。

《世界遗产公约》与世界遗产

2024年7月，第46届世界遗产大会在印度首都新德里召开。本次大会审议了27项世界遗产提名，最终有26个项目成功列入《世界遗产名录》，包括19项文化遗产、4项自然遗产、1项文化与自然遗产及2项扩展项目。至此，全球世界遗产总数达到1 223项，其中文化遗产952项、自然遗产231项、文化与自然遗产40项。本次大会还审查了《世界遗产名录》中124处遗产地的保护状况，其中57处同时被列入《濒危世界遗产名录》。在本次大会上，中国新增了2项全新世界遗产和1项扩展项目，分别是北京中轴线——中国理想都城秩序的杰作（文化遗产）、巴丹吉林沙漠－沙山湖泊群（自然遗产）以及中国黄（渤）海候鸟栖息地（第二期）（自然遗产扩展项目）。目前，中国的世界遗产总数达到59项，继续在全球遗产保护事业中发挥重要作用。

“世界遗产”一词源于1972年诞生的《保护世界文化和自然遗产公

约》，是指按照该公约的规定被纳入《世界遗产名录》的遗产地，具体概念可表述为：“被联合国教科文组织和世界遗产委员会确认的人类罕见的、目前无法替代的财富，是全人类公认的具有突出意义和普遍价值的文物古迹及自然景观。”其核心价值在于世界遗产既是民族的、地方的，也是人类共同拥有的宝贵财富。

知识拓展

首次被《世界遗产名录》除名的项目：阿曼的“阿拉伯羚羊保护区”

在2007年举行的第31届世界遗产大会上，经过激烈讨论，世界遗产委员会决定将阿曼的“阿拉伯羚羊保护区”从《世界遗产名录》中除名，因为该保护区面积缩减了90%，不再符合世界遗产标准。这是世界遗产委员会首次对已列入名录的遗产进行除名。1994年，该保护区被列入《世界遗产名录》时，阿拉伯羚羊数量为450只。由于保护地面积骤减，十几年后仅剩约65只羚羊，其中只有4对具有繁殖能力。

一、《世界遗产公约》产生背景及内容

（一）《世界遗产公约》产生背景

《世界遗产公约》是《保护世界文化和自然遗产公约》（Convention Concerning the Protection of the World Cultural and Natural Heritage）的简称，于1972年11月16日在巴黎召开的联合国教科文组织第17届大会上通过。

1. 历史背景

两次世界大战的爆发导致许多古老的城镇和重要的文化遗址遭受了巨大的破坏甚至消失。即使在第二次世界大战结束后，人类遗产也仍然面临着诸多威胁，包括自然灾害、环境污染、贫困和快速城市化等。同时，迅猛发展的旅游业也给许多地方纪念物和遗产地的保护提出了新的挑战。

2. 重大导火索

1954 年，埃及政府决定在尼罗河下游修建高坝蓄水，旨在开发新资源、调节河水流量并扩大灌溉面积，以推动国家经济发展。然而，该工程面临着一个难题：修建高坝后努比亚地区的大量遗址和几十座古代神庙将被淹没。努比亚地区在古代法老时期占有重要地位，留有许多珍贵文物，如神庙、防御工事和城堡。为解决这一难题，埃及政府制订了努比亚古迹的抢救计划，但由于政府财力有限，没有能力完全保护尼罗河河谷中的珍贵古迹。

1959 年，埃及和苏丹联合提交了一份紧急报告，向联合国教科文组织请求帮助，以保护即将因阿斯旺大坝修建而淹没的努比亚古遗址和相关文物。它们请求联合国教科文组织在抢救古迹计划的制订和实施方面提供物资、技术和科学方面的支持。埃及政府表示，抢救工程规模庞大，需要巨额资金，政府难以独自承担。此外，它们指出努比亚古迹虽然位于埃及境内，但也是全人类的遗产，因此应该引起全球的关注。这一事件成为《世界遗产公约》形成历史上的重要里程碑，因为这是联合国教科文组织成立以来收到的第一个相关请求。

1960 年，联合国教科文组织呼吁国际社会为努比亚遗址保护提供技术和财政援助，启动了“努比亚行动计划”。许多国家积极响应，意识到保护重要遗产需要全人类共同承担责任，努比亚古迹保护工作得以顺利展开。来自全球的 40 个考古团队汇聚到努比亚遗址地区，他们运用科学的方法，精细拆解受威胁的古迹，将其运到高地，再按原尺寸一块块重新组装，成功保护了这些珍贵遗迹，共耗资 8 000 万美元，其中超过 4 000 万美元来自 50 多个国家的集资。在为期 20 年的“努比亚行动”中，被移建至新地点的纪念碑和建筑群共有 22 处。这一行动展示了国际社会联合援助保护人类文化遗产的伟大力量。

其实，在“努比亚行动计划”实施之前，联合国的前身国际联盟及联合国教科文组织就已经开始着手开展保护世界遗产的相关工作了，旨在确定、保护和修复全人类的共同遗产。

3. 组织背景

（1）联合国。

国际联盟（League of Nations，LON）简称国联，是第一次世界大战后成立的国际组织，旨在促进国际合作和实现世界和平与安全。然而，国际联盟未能有效阻止法西斯的侵略行为。第二次世界大战后，国际联盟被联合国取代。针对战争给文化遗产带来的破坏，国际联盟早在第一次世界大战结束后就开始寻求保护文化遗产的有效方法，呼吁各国相互尊重彼此的遗产，并合作保护遗产。

联合国（the United Nations，UN）是一个统一的世界性、综合性的政府间国际组织，1945 年 10 月 24 日在美国加利福尼亚州旧金山签订的《联合国宪章》正式生效，标志着联合国的正式成立，世界上几乎所有国家都加入了联合国，截至 2024 年年底联合国共有 193 个成员。

为拯救具有特殊意义的遗产，在《世界遗产公约》签订之前，联合国就先后发起了多项行动，并起草了一系列国际公约和保护人类遗产的具体规定，以推动遗产保护工作。其中之一就是专门针对战时文化遗产保护的《武装冲突情况下保护文化财产公约》(也称作“1954 年海牙公约”)。

（2）联合国教科文组织。

联合国教育、科学及文化组织（United Nations Educational，Scientific and Cultural Organization)，简称联合国教科文组织（UNESCO)，总部设在法国巴黎，于 1946 年正式成立，其宗旨是通过教育、科学及文化来促进各国之间的合作，为和平与安全做出贡献，以增进对正义、法治及《联合国宪章》所确认之世界人民不分种族、性别、语言或宗教均享人权与基本自由之普遍尊重。

1959 年，联合国教科文组织收到埃及和苏丹政府关于抢救努比亚古迹的请求后，积极采取措施，呼吁国际援助，成功拯救了努比亚地区的遗产，这一行动成为世界文化遗产保护和抢救运动中时间最早且规模最大的一次。此后，该组织还发起了一系列针对著名古迹的文化遗产保护援助运动，以拯救这些全人类共同的文化遗产。

1965 年，在美国华盛顿白宫召开了一次旨在保护世界文化与自然遗产的国际保护组织会议，会上提出了“世界遗产信托基金”建议案。

文化和自然遗产对于各国和全人类来说都是不可估价且不可替代的宝贵财富。一旦这些遗产遭受破坏或消失，将是世界各族人民的巨大损失。某些特殊遗产被认为具有“突出的普遍价值”，需要加以特殊保护以消除各种威胁其安全的隐患，这些安全隐患可能来自自然灾害、环境变化、人为活动、战争冲突和不适当的管理等。

1972 年 10 月 17 日至 11 月 21 日，联合国教科文组织第 17 届大会在巴黎召开，为了尽可能保证对世界遗产的确认、保护、保存和展示，11 月 16 日大会通过了《世界遗产公约》，同时决定建立《世界遗产名录》。《世界遗产公约》确认了世界遗产委员会和世界遗产基金的建立，它们自 1976 年开始运行。

1973 年，美国最先加入该公约，截至 2023 年年底，有 195 个国家签署该公约。值得一提的是，该公约是目前参与国家最多的公约。

（3）世界遗产委员会。

为落实《世界遗产公约》各项规定，联合国教科文组织于 1976 年 11 月成立了保护世界文化与自然遗产政府间委员会，即“世界遗产委员会”（World Heritage Committee）。该委员会由 21 名成员组成，负责《世界遗产公约》的具体执行并对其执行情况进行监督。委员会每年至少召开一次会议，主要负责决定哪些遗产可以列入《世界遗产名录》，并监督指导已列入名录的世界遗产的保护工作。委员会成员任期为 6 年，每两年改选其中的三分之一。目前各成员均自愿将任期降为 4 年，以便让其他缔约国有机会参与委员会。委员会内设有由 7 名成员组成的世界遗产委员会主席团，主席团每年举行两次会议，筹备委员会的工作。

世界遗产委员会主要负责以下三方面的工作：

第一，审议并确定由缔约国申报要求列入《世界遗产名录》的项目，并提交缔约国代表会议通过并公布。

第二，管理世界遗产基金，审定各缔约国提出的财政和技术援助的申请项目。该基金的资金主要来源于各缔约国固定缴纳的联合国教科文组织会费的 1%，以及缔约国、其他机构和个人的捐赠。

第三，监督已列入《世界遗产名录》的遗产项目的保护和管理情况，以促进其保护与管理水平的改善和提高。通过监督和指导，确保这些遗产得到妥善保护，以使其能够长久地传承和展示其文化与自然价值。

（二）《世界遗产公约》内容

《世界遗产公约》是一份内容丰富的国际协议，包括以下几项主要内容：

（1）各缔约国负有保护本国文化和自然遗产的责任，必要时可以寻求国际援助和合作。

（2）将一部分具有“突出的普遍价值”的文化遗产和自然遗产列入《世界遗产名录》，作为全人类的共同财富，重点加以保护。

（3）联合国教科文组织下设的世界遗产委员会负责为列入《世界遗产名录》的遗产提供经费和技术援助。

为确保《世界遗产公约》的有效执行，联合国教科文组织按照公约的规定，成立了世界遗产委员会，并设立了一个常设的执行秘书处，即世界遗产中心。《世界遗产公约》规定各缔约国必须履行相应的义务，采取适当的法律、科学、技术、行政和财政措施，以协助确定、维护和保护各项世界遗产。该公约的主要宗旨是通过建立一个永久性的、基于现代科学方法的有效保护制度，促使世界各国共同关心和保护那些具有世界意义的自然和文化遗产。

知识拓展

遗产的拯救需要法律和体制的建构

虽然“努比亚行动计划”使努比亚地区的许多珍贵文物被移至新址，但是该行动计划并没有使所有珍贵文物幸免于难，阿斯旺大坝的修建仍然致使两座千年神庙毁于一旦，尽管有许多保护神庙的呼吁，但也未能阻止神庙被毁的厄运。

在20世纪60—70年代，许多古迹因旅游和修建水利工程而被大量毁坏，超过了两次世界大战对古迹的破坏数量。这些严峻的事实迫使联合国下定决心改变局面。拯救人类共同的遗产需要法律和体制建设的支持。在此背景下，1972年《世界遗产公约》应运而生，旨在保护众多遗产免遭毁灭。这一公约是人类对过去的回顾，也是对未来的承诺。

二、世界遗产类别

1972 年《世界遗产公约》只确定了文化遗产与自然遗产两种类别。

随着世界遗产概念内涵的不断丰富和外延的不断扩大，1987 年我国泰山被列入《世界遗产名录》时，新增“世界文化与自然遗产”类型。

1992 年 12 月在美国圣菲召开了第 16 届世界遗产大会，会议决定在《世界遗产名录》中新增“文化景观”这一遗产类型，归属于世界文化遗产范畴，专门代表《世界遗产公约》第 1 条表述的自然与人类的共同作品，主要反映自然与人类的和谐，更强调可持续发展理念。文化景观主要包括人类有意设计和建筑的景观、有机进化的景观（人类历史演变的物证）、关联性的文化景观三方面的内容。它们反映了因物质条件的限制和/或自然环境带来的机遇，在一系列社会、经济和文化因素的内外作用下，人类社会和定居地的历史沿革。

除“文化景观”外，“工业遗产”“20 世纪遗产”“文化线路”等新形态的世界遗产均属于世界文化遗产。

如今联合国教科文组织公布的《世界遗产名录》中的遗产包括文化遗产（包含文化景观）、自然遗产、文化与自然遗产三个类别。

（一）世界文化遗产

世界文化遗产（World Cultural Heritage）是指从历史、艺术或科学角度看，具有突出的普遍价值的文物、建筑群、遗址。

根据《世界遗产公约》第 1 条规定，以下各项为“文化遗产”：

（1）文物：从历史、艺术或科学角度看，具有突出的普遍价值的建筑物、碑雕和碑画、具有考古性质的成分或结构、铭文、窟洞以及联合体；

（2）建筑群：从历史、艺术或科学角度看，在建筑式样、分布均匀或与环境景色结合方面具有突出的普遍价值的单立或连接的建筑群；

（3）遗址：从历史、美学、人种学或人类学角度看，具有突出的普遍价值的人造工程或人与自然的共同杰作及考古遗址地带。

（二）世界自然遗产

世界自然遗产（World Natural Heritage）包括具有突出的普遍价值的由

物质和生物结构或该结构群组成的自然面貌、地质和自然地理结构、天然名胜或明确划定的自然区域以及明确划定的濒危动植物物种生态区。

根据《世界遗产公约》第 2 条规定，以下各项为“自然遗产”：

（1）从审美或科学角度看，具有突出的普遍价值的由物质和生物结构或这类结构群组成的自然面貌；

（2）从科学或保护角度看，具有突出的普遍价值的地质和自然地理结构以及明确划定的濒危动植物物种生态区；

（3）从科学、保护或自然美角度看，具有突出的普遍价值的天然名胜或明确划定的自然区域。

（三）世界文化与自然遗产

世界文化与自然遗产（World Cultural and Natural Heritage），又称世界文化和自然混合遗产，简称“混合遗产”“复合遗产”，在我国也常叫“双重遗产”。

按照《实施〈保护世界文化和自然遗产公约〉的操作指南》，只有同时部分满足或完全满足《世界遗产公约》中关于文化遗产和自然遗产定义的遗产项目才能被认定为世界文化与自然遗产。

知识拓展

泰山申遗改写世界遗产分类

1986 年泰山申报世界遗产时，文化部是按自然遗产提交联合国教科文组织审批的，因为当时还没有世界文化与自然遗产这一类型。然而联合国教科文组织专家卢卡斯先生亲临泰山考察后，不仅仅对泰山的自然风光大加赞赏，更陶醉于泰山丰富的文化遗产。卢卡斯先生下山后兴奋地为泰山题词：“泰山将自然与文化独特地融为一体，并在人与自然的概念上开阔了眼界，这是中国为全人类做出的巨大贡献。”在 1987 年年底的世界遗产大会上，泰山成为世界上首个被批准为“世界文化与自然遗产”的项目，改写了世界遗产的分类。

三、《世界遗产名录》遴选标准

1977 年，由联合国教科文组织成员首次制定的《世界遗产委员会操作指南》在委员会第一届会议上被采纳，同年修订为《实施〈保护世界文化和自然遗产公约〉的操作指南》(以下简称《公约操作指南》)。

遗产项目要被列入《世界遗产名录》，首先必须具备突出的普遍价值。为此，《公约操作指南》明确了世界遗产的 10 项标准，其中涵盖了适用于“文化遗产”的 6 项标准（包括艺术价值、建筑成就、文化传承等）以及适用于“自然遗产”的 4 项标准（包括自然和物种多样性、自然景色等）。各国申报的遗产项目只需符合其中的任何一项或几项标准，就有可能被列入《世界遗产名录》。世界遗产委员会还会根据遗产概念的演变做出相应的调整。

提名列入《世界遗产名录》的文化遗产项目，必须符合下列Ⅰ～Ⅵ项中的 1 项或几项标准；提名列入《世界遗产名录》的自然遗产项目，必须符合下列Ⅶ～Ⅹ项中的 1 项或几项标准：

Ⅰ 代表人类创造性天赋的杰作；

Ⅱ 展现了一段时期内或世界某一文化区域内，人类价值观的重要交替对建筑、技术、纪念物艺术、城镇规划或景观设计的发展产生的重大影响；

Ⅲ 能为现存或已经消逝的文明或文化传统提供独特或稀有的证据；

Ⅳ 作为展现人类历史中某一（些）意义重大阶段的某一类型的建筑物、建筑或技术整体或景观的突出范例；

Ⅴ 作为代表某一个（或数个）文化的人类传统聚落、土地使用或海洋利用，或人类与环境的相互作用的突出范例，特别是在它面临不可逆变化的影响而变得脆弱的情况下；

Ⅵ 与具有突出的普遍价值的事件，或与现有传统、思想、信仰、艺术和文学作品有着直接或实质联系（委员会认为该项标准与其他标准一起使用更为可取）；

Ⅶ 独特绝妙的自然现象或具有罕见自然美和美学价值的地区；

Ⅷ 呈现地球演化史中重要阶段的突出例证，包括生命记录、地形发展过程中发生的重要地质过程，或显著的地貌或地形特征；

Ⅸ 代表陆地、淡水、沿海和海洋生态系统以及动植物群落的进化和发展中的重要生态和生物过程的突出范例；

Ⅹ 是生物多样性原址保护的最重要和意义重大的自然栖息地，包括那些从科学或保护的角度来看，具有突出的普遍价值的濒危物种的栖息地。

此外，《公约操作指南》还规定每一项申报世界遗产的项目都必须将“真实性和完整性”列入提名理由，并写入世界遗产提名表中。这意味着申报的项目除了具备突出的普遍价值外，还必须确保其真实性和完整性。

四、世界遗产标志

1978 年在华盛顿举行的第二届世界遗产大会上，采用了由比利时著名图像设计师米歇尔·奥利夫设计的世界遗产标志。

该标志总体呈圆形，中央的正方形象征人类的创造力，圆圈则代表大自然。这两者密切相连，表现了文化遗产与自然遗产之间相互依存的关系。整体标志既象征世界，也象征人类对世界遗产的保护。通过这个简洁而富有意义的标志，世界遗产的重要价值得以凝聚和传达给全球。

世界遗产委员会决定由米歇尔·奥利夫设计的该标志在使用时可采用任何颜色或尺寸，具体取决于用途、技术许可和艺术考虑。但是，标志上必须印有“ WORLD HERITAGE”（英语“世界遗产”）、“ PATRIMOINE MONDIAL”（法语“世界遗产”）、“ PATRIMONIO MUNDIAL”（西班牙语“世界遗产”）的字样。各国在使用该标志时，可用自己本国的语言来替代“PATRIMONIO MUNDIAL”（西班牙语“世界遗产”）字样，但英语、法语的表达要求保持原样。这样的设计规定确保了该标志在全球范围内的一致性和多样性。

知识拓展

中国文化遗产标志

2005年8月，国家文物局正式宣布采用金沙遗址的“四鸟绕日”金饰图案作为中国文化遗产标志。这一金饰图案由国内著名专家联名推荐，其设计精湛，构图严谨，线条流畅，极富美感，是中国古代人民“天人合一”的哲学思想、丰富的想象力、非凡的艺术创造力以及精湛的工艺水平的完美结合。

“四鸟绕日”金饰，又称为“太阳神鸟”金饰，于2001年出土于四川成都金沙遗址，是21世纪中国考古的重大发现。图案中，一个镂空的旋转火球象征着太阳，外围是等距离排列的四只神鸟，它们围绕着太阳展翅飞翔，反映了古人对太阳的崇拜。经过成分分析，该金饰含金量高达94.2%。

“四鸟绕日”金饰不仅展示了中国古代工匠的高超技艺，也反映了中国古代人民对自然的敬畏和对太阳的崇拜。作为“中国文化遗产标志”，它将为向全世界展示中国的悠久历史和独特文化做出贡献。

中国的世界遗产

五月五，是端阳；门插艾，香满堂。
吃粽子，洒白糖；龙舟下水喜洋洋。

五月节，天气热，放下锄头歇一歇；
山上清风爽，杨梅红出血。
五月五，是端午，背个竹篓入山谷；
溪边百草香，最香是菖蒲。

这首脍炙人口的端午民谣真实地反映了我国端午节的传统庆祝活动与浓厚的节日气氛。作为我国三大节日之一的端午节始于春秋战国时期，一直是全民健身、防疫祛病、祈求健康的民俗佳节，在历史上曾经备受重视，节日气氛隆重浓厚。

“端午节”其实属于非物质文化遗产（Intangible Cultural Heritage）范畴，根据联合国教科文组织《保护非物质文化遗产公约》的定义，非物质文化遗产是指被各群体、团体，有时为个人视为其文化遗产的各种实践、表演、表现形式、知识和技能及有关的工具、实物、工艺品和文化场所。

联合国历年通过的文件中先后出现了“民间传统文化”“无形文化遗产”“人类口述和非物质遗产”等概念。中国也曾经使用过“传统民族民间文化”“民间传统文化”“无形文化遗产”“人类口述与非物质文化遗产”“人类口头与非物质遗产”等概念，目前已统一规范为“非物质文化遗产”。

需要明确的是，世界遗产主要涵盖自然和文化方面的物质遗产，而非物质文化遗产则包括口头传统、表演艺术、社会实践、习俗、庆典、手工艺技艺以及有关自然界和宇宙的知识等。非物质文化遗产与世界遗产并不是相同的概念，它们是联合国教科文组织根据《保护非物质文化遗产公约》和《世界遗产公约》分别确定的独立概念，属于联合国教科文组织下的并行项目，互不相属。这两个项目共同致力于保护人类的文化和自然遗产，推动多元文化的传承和繁荣。

一、中国与《世界遗产公约》

（一）中国加入《世界遗产公约》的进程

中国于1985年12月12日正式成为《世界遗产公约》的缔约国。1999年10月29日，中国成功当选为世界遗产委员会的成员。作为世界遗产委员会的一员，中国一直积极参与世界遗产的保护与管理工作，与其他国家和地区一起共同努力保护全球的文化和自然遗产。

（二）中国的世界遗产概况

自 1986 年开始，中国积极向联合国教科文组织申报世界遗产项目。1987 年，我国首批申遗项目中有 6 项获得批准，被联合国教科文组织列入《世界遗产名录》。其中包括 5 项文化遗产和 1 项文化与自然遗产，这些珍贵遗产的保护与传承得到了国际社会的认可和支持。

截至 2024 年 10 月，经联合国教科文组织审核，我国被批准列入《世界遗产名录》的世界遗产已达 59 项，其中包括文化遗产 40 项（含 6 项文化景观、1 项跨国项目）、自然遗产 15 项以及文化与自然遗产 4 项，世界遗产总数位居世界第二，仅次于意大利。中国在世界遗产保护方面取得了卓越的成就，为全球文化和自然遗产的传承与保护做出了重要贡献。

二、中国世界遗产分布

中国的世界遗产种类齐全，59 处世界遗产目前分布于我国 31 个省级行政区划中，海南省、台湾地区和香港特别行政区目前尚未拥有世界遗产。这些世界遗产项目有的归属为某一地，有的则是多地甚至多国联合申报，目前我国拥有 1 项跨国项目。具体见表 1－1。

表 1－1　中国世界遗产行政区划分布表

省级行政区划	遗产数量	世界遗产项目名称
北京市	8	长城、周口店北京人遗址、明清故宫（北京故宫）、北京皇家园林——颐和园、北京皇家祭坛——天坛、明清皇家陵寝（明十三陵）、大运河、北京中轴线——中国理想都城秩序的杰作
天津市	2	长城、大运河
河北省	5	长城、承德避暑山庄及其周围寺庙、明清皇家陵寝（清东陵、清西陵）、大运河、中国黄（渤）海候鸟栖息地（第二期）
山西省	4	长城、平遥古城、云冈石窟、五台山
内蒙古自治区	3	长城、元上都遗址、巴丹吉林沙漠－沙山湖泊群

续表

省级 行政区划	遗产 数量	世界遗产项目名称
黑龙江省	1	长城
吉林省	2	长城，高句丽王城、王陵及贵族墓葬
辽宁省	5	长城，明清故宫（沈阳故宫），明清皇家陵寝（盛京三陵），高句丽王城、王陵及贵族墓葬，中国黄（渤）海候鸟栖息地（第二期）
山东省	5	泰山，长城，曲阜孔庙、孔林和孔府，大运河，中国黄（渤）海候鸟栖息地（第二期）
安徽省	3	黄山，皖南古村落——西递、宏村，大运河
江西省	4	庐山国家公园、武夷山、三清山国家公园、中国丹霞
江苏省	4	苏州古典园林、明清皇家陵寝（明孝陵）、大运河、中国黄（渤）海候鸟栖息地（第一期）
浙江省	4	中国丹霞、杭州西湖文化景观、大运河、良渚古城遗址
上海市	1	中国黄（渤）海候鸟栖息地（第二期）
福建省	5	武夷山、福建土楼、中国丹霞、鼓浪屿：历史国际社区、泉州：宋元中国的世界海洋商贸中心
台湾地区	0	无
河南省	6	长城、龙门石窟、殷墟、登封“天地之中”历史建筑群、大运河、丝绸之路：长安－天山廊道的路网
湖北省	5	长城、武当山古建筑群、明清皇家陵寝（明显陵）、土司遗址、湖北神农架
湖南省	4	长城、武陵源风景名胜区、中国丹霞、土司遗址
广东省	2	开平碉楼与村落、中国丹霞
广西壮族 自治区	2	中国南方喀斯特、左江花山岩画文化景观
海南省	0	无
香港 特别行政区	0	无
澳门 特别行政区	1	澳门历史城区
重庆市	3	大足石刻、中国南方喀斯特、神农架（五里坡）

续表

省级行政区划	遗产数量	世界遗产项目名称
四川省	6	长城、九寨沟风景名胜区、黄龙风景名胜区、峨眉山－乐山大佛、青城山－都江堰、四川大熊猫栖息地
贵州省	4	中国南方喀斯特、中国丹霞、土司遗址、梵净山
云南省	6	丽江古城、云南三江并流保护区、中国南方喀斯特、澄江化石地、红河哈尼梯田文化景观、普洱景迈山古茶林文化景观
西藏自治区	1	拉萨布达拉宫历史建筑群
陕西省	3	长城、秦始皇陵及兵马俑坑、丝绸之路：长安－天山廊道的路网
甘肃省	3	长城、莫高窟、丝绸之路：长安－天山廊道的路网
青海省	2	长城、青海可可西里
宁夏回族自治区	1	长城
新疆维吾尔自治区	3	长城、新疆天山、丝绸之路：长安－天山廊道的路网

三、中国计划申遗项目

按照世界遗产的申报程序，各缔约国应遵循规范程序，将本国或本地区今后 5 ～ 10 年拟申报为世界遗产的项目列入《世界遗产预备名单》，并通报世界遗产中心备案，以确保申报工作的有序推进。在此基础上，每年的 7 月 1 日前，各国或各地区需严格按照统一规定的格式和内容，将认为已经具备完全成熟条件的预备项目的正式申报文本（包括文字、图纸、幻灯片、照片、录像或光盘等）送达世界遗产中心。世界遗产中心则负责将相关申报材料转交给国际专业咨询机构，以进行评估和论证工作。具体评估流程为：从当年年底至下一年的 3、4 月份，相关专业咨询机构对申报项目进行考察和研究，并向世界遗产委员会提交评估报告。为保证透明公正，世界遗产委员会于每年的 6 月底至 7 月初召开由 7 个成员组成的主席团会议，对新的世界遗产申报项目进行初步审议。随后，于 11 月底至 12 月初，世界遗产委员会再次召开主席团特别会议，以补充审议第一次主席团会议未尽事宜。在此次会议后，将召开世界遗产委员会全体会议，会议上将会审定新的世界遗产申报项目的相关重要事项。

综上所述，一轮新的世界遗产申报工作至少需要 2 年时间。这样的程序确保了世界遗产的申报和评估工作得到充分的专业考量和慎重决策，保障了世界文化和自然遗产的保护与传承，体现了国际社会共同关注和珍视人类文化和自然遗产的责任与担当。

目前中国申遗项目以每年 1 ～ 3 项的速度推进。近几年计划申遗的项目主要包括：西夏陵、江南水乡古镇、景德镇御窑厂遗址、三星堆－金沙遗址、海南热带雨林和黎族传统聚落、山陕古民居、万里茶道、海上丝绸之路、黄果树风景名胜区、长江三峡、青海湖等。

申遗工作是一项庞大、艰巨而烦琐的任务，代表着对深厚历史、悠久文化和瑰丽自然的珍视与呵护。每一次成功的申遗，都是对我们文化传承的坚定承诺，也是对全球文明多样性的珍重关怀。

世界遗产是文化与自然相融的见证，是历史和现实的连接，彰显着人与自然和谐共生的智慧。

中国世界遗产的保护

一、保护中国世界遗产的重要意义

世界遗产作为“人类献给未来的礼物”，必须符合一套详细、严格的标准才能被列入《世界遗产名录》。成功申遗后，只有不断深化对世界遗产的保护和利用，发挥世界遗产的综合带动效应，推进文化、社会、经济建设融合发展，才能够承担起世界遗产的保护、传承、利用的责任。

（一）是加强人类文明传承与互鉴的需要

中国世界遗产中蕴含着独特的中华民族精神价值、思维方式、创造力和想象力，是中华民族智慧的结晶，也是全人类文明的瑰宝。保护中国世界遗产是保护人类文化与自然、促进人类文明传承、弘扬世界文明共同价值、加强文明互鉴交流、推进构建人类命运共同体的基础与前提。

（二）是继承与发展中华优秀传统文化的需要

5 000 多年绚烂文明、960 万平方千米华美神州是中国精神的载体与渊源，也是传统文化的血脉与根基。中国世界遗产是文化建设的重要资源，能够帮助各族人民广泛汲取历史文化和民族精神养分，增强文化自信，推动建设中华民族精神家园，增强国家文化软实力。

（三）是维系与强化中华民族团结纽带的需要

中国世界遗产是对中国各民族丰富传统文化的传承，是各民族文化互鉴融通的珍贵历史见证，形成了连接中国各个民族情感的历史文化纽带，是增进民族团结、维护中华文化多样性和创造性、铸牢中华民族共同体意识的物质载体。

（四）是建设中国特色社会主义先进文化的需要

中华民族有着一脉相承的文化基因，这些基因已经内化为中国人的情感认同和行为习惯，可以为新时代中国特色社会主义建设提供强大的文化支撑和精神动力。世界遗产对于进行爱国主义和革命传统教育、提升国民思想道德和科学文化素质、构建社会主义核心价值观有着无可代替的作用。

（五）是贯彻“绿水青山就是金山银山”理念的需要

自然遗产是大自然对人类最深情的馈赠，保护自然遗产是落实创新、协调、绿色、开放、共享新发展理念的内在要求，是履行国际公约保护全人类生物多样性的实际行动，也是对“绿水青山就是金山银山”的生动实践。

（六）是推动和促进全球可持续发展的需要

世界遗产地及其所蕴含的自然与活态遗产为人类应对气候变化提供了新的思路和方法。作为全球最大的经济体之一，中国“双碳”目标的实现是执行全球可持续发展议程的关键。中国拥有丰富的自然和文化遗产，可以积极发挥遗产资源优势促进低碳减碳发展。

（七）是带动和促进经济社会高质量发展的需要

国际社会对于世界遗产以及遗产地的确认，造就了一个地区资源和价值的顶级品牌，对促进遗产地对外开放、带动地方经济社会发展、惠及社会民生等方面具有重要的作用。世界遗产能够带动一个地方的经济发展，为一个地方的人民造福。

总而言之，保护世界遗产具有重要意义，是我们每个公民应负的责任和应尽的义务，我们有责任、有义务让世界遗产最大限度地得到保护，并发挥其独特的价值和作用。

二、保护中国世界遗产的积极举措

（一）加强世界遗产保护的宣传教育

通过开展世界遗产宣传、科普教育等活动，增强全社会对世界遗产资源的保护意识，激发公众对自然和文化遗产的探索热情，加深和增强全社会对祖国壮丽河山的了解和热爱，引导人们正确认识人地关系、欣赏人地协调之美。

（二）严格遵守世界遗产保护的法律、法规和规章

世界遗产的保护工作离不开立法保障。截至 2021 年 7 月，我国相继出台了 70 余部法律、法规和规章，建立起了世界文化遗产的法律保护体系。各级部门要积极完善世界遗产保护相关法律、制度和规定，严格遵守国际和国家有关世界遗产保护的法律、法规和规章，坚决禁止违背法律、法规和规章的开发建设等行为。

（三）强化行业执法监督和管理，建立完善保护和管理机制

优化管理，理顺保护体制机制。通过理顺各相关部门关系，构建各级决策与协调、督查各成员单位具体执行落实的体制机制，推进综合执法实践。对省区市文化遗产保护管理机构的职能进行全面整合，强化行政监管、形成执法合力，为可持续发展提供有力的法制和体制支撑。

三、中国世界遗产保护与可持续发展

1987 年，在世界环境与发展委员会发布的《我们共同的未来》报告中首次提出了“可持续发展”这一概念。目前国际社会已普遍认同“可持续发展”这一理念。可持续发展意味着既满足当代人需求又不损害后代人利益，实现经济、社会、资源和环境的和谐发展。它既追求经济增长，也致力于保护人类赖以生存的大气、淡水、海洋、土地和森林等自然资源与环境，以确保子孙后代能够永续利用。可持续发展是对人类生态伦理观念的理性回归，而保护、保存自然和文化遗产则是为实现人类社会可持续发展做出的巨大贡献。

（一）保护自然遗产，推进生态文明

2021 年 7 月 7 日，青海可可西里申遗成功 4 周年，在这个值得纪念的日子里，经过巡山队员精心喂养和救助的 5 只受伤的藏羚羊在可可西里索南达杰保护站的野生动物救助中心成功地被放归自然。曾经，藏羚羊在“地球第三极”这片广袤土地上遭到不法分子的大肆猎杀。多年来，在各方的有力保护下，可可西里已连续十余年实现“零盗猎”，藏羚羊种群数量恢复至 7 万只左右。这一成功的保护成果令人欣慰，彰显了人类保护野生动物和自然生态的决心。

当今，中国的世界遗产已成为宣传生态文明的重要窗口。政府一直在不断完善世界自然遗产保护相关法律、制度和规定，并实施了一系列重点生态工程，如天然林资源保护、退耕还林还草还湿等，对森林、草原、湿地等自然资源进行监督管理的力度也不断加大，使遗产地的生态保护和修复工作不断取得新成效。

（二）加强交流合作，促进交流互鉴

2014 年，在卡塔尔多哈举行的第 38 届世界遗产大会上，中国与哈萨克斯坦、吉尔吉斯斯坦联合申请的“丝绸之路：长安－天山廊道的路网”成功列入《世界遗产名录》。这次跨国申遗的成功，展现了中国对文化遗产保护国际合作的认同、包容、开放和协作态度，也彰显了世界遗产文化精神。

2021年7月16日，第44届世界遗产大会在中国福建省福州市开幕，会议聚焦世界遗产保护面临的风险挑战，提出了应对未来挑战、实现《世界遗产公约》战略目标和世界遗产均衡、可持续发展的新共识与新倡议。

中国国家主席习近平强调，中国践行新发展理念，本着对历史负责、对人民负责的精神，认真履行《世界遗产公约》，不断提高遗产保护能力和水平。中国愿同世界各国和联合国教科文组织一道，加强交流合作，推动文明对话，促进交流互鉴，支持世界遗产保护事业，共同守护好全人类的文化瑰宝和自然珍宝，推动构建人类命运共同体。

世界遗产大会为全球遗产保护带来了新动力和新共识，促进了国际合作和文化交流，为保护世界文化和自然遗产做出了积极贡献。中国的努力和承诺必将为世界遗产的传承与发展贡献更多智慧和力量。

（三）涵养乡村文化，服务乡村振兴

世界遗产在乡村文化振兴中发挥着重要作用。近年来，各级政府部门通过丰富内容、灵动形式、活跃运营，让村民参与其中，凸显效益，以达到保护和传承世界遗产、涵养乡村文化根基、促进乡村文化觉醒、激发村民文化参与和鼓励乡村文化创新的目标，进而引领和推动乡村全面振兴，为构建人类命运共同体做出实质性贡献。

在推动举办乡村文化艺术活动方面，需要与村民的生产、生活和闲暇时间密切结合，让村民乐于参与、乐于学习，从中获益。在组织形式上，可以充分调动村级组织、社会组织以及乡村文化积极分子的积极性，利用传统节日、农闲季节等黄金时间，组织各种文化艺术活动；在表现形式上，可以举办多样化的文艺演出、书画摄影作品展、网红直播大赛、名家笔会、时装走秀、体育赛事、科技培训班、主题演讲比赛、饮食文化欣赏、读书交流会等具有乡土特色、生活气息浓郁、村民参与度高的文化娱乐活动；在服务形式上，可以借助农家书屋等硬件载体，将农村法制、健康养生、农资信息、实用农技、供求信息、农产品销售对接及新农人培训等乡村居民急需的各种服务与文化活动相结合，为农民提供实用的帮助。

通过世界遗产保护和传承与乡村文化振兴的结合，能够满足农民多

样化的文化需求，同时为解决农村问题提供有效手段。这种深度融合的方式，能够让乡村文化焕发新的活力，让世界遗产成为乡村振兴的重要支撑，为乡村的可持续发展做出更大的贡献。

（四）促进文旅融合，丰富旅游内涵

各级政府部门要联合多行业，大力推进“文旅融合”，出台鼓励政策，扶持重点文化领域，吸引高端文化人才入驻，开展专业培训，鼓励多样活动的开展，引导业态优化，重视民生项目；深入实施博物馆计划，发挥专题展馆作用，传承历史文脉，凸显文化特色，丰富旅游内涵，促进文旅融合，提升人民幸福感。要充分发挥世界遗产地的综合功能，积极推进物质文明和精神文明建设。

（五）加强法治建设，构建治理体系

为将世界遗产保护纳入法治化轨道，需要构建一个权责明确、监管有力、高效统一的管理体制，为可持续发展提供有力的行政支持。这就要求建立健全相关法律法规，明确世界遗产保护的权益和责任，确保各级政府部门和相关机构有效履行其职责，保护遗产不受损害。

同时，我们还应构建精细化保护管理模式，形成完善的体系和机制，从监测预警、规划审批、建设控制、修缮保护到活化利用和工艺传承等方面，有序开展保护传承工作。这需要综合运用现代科技手段，加强对世界遗产地的监测和预警，确保及时发现和解决出现的问题。

此外，构建社会治理共同体也是至关重要的。我们需要搭建社区居民与保护管理机构间的沟通桥梁，凝聚社会共识，使人们意识到世界遗产保护不仅仅是政府的责任，更是全社会的共同责任；通过开展公众教育和宣传活动，将世界遗产保护意识植入每一位公民的心间，让人们认识到保护世界遗产的重要性，主动参与保护、传承工作。

通过这些措施，我们能够更好地保护和传承世界遗产，确保其可持续发展，为后代子孙留下宝贵的自然和文化财富；同时，也能够促进社会的和谐稳定和文明进步，形成一个共同参与、共同建设的美好社会。世界遗产保护的法治化和社会化将为我们的文明传承和可持续发展提供有力支持。

世界遗产作为自然珍宝和文化瑰宝，对于促进文明交流互鉴、世界和平与可持续发展具有重要意义。它们是人类智慧和创造力的结晶，代表着不同民族、文化和历史的丰富多样性。多年来，我国妥善应对各种传统和非传统挑战，世界遗产保护不断取得新成就，世界遗产国际合作领域不断取得新进展。散布在中华大地上的世界遗产，不仅成为中华文明的生动见证，也在人类文明进步和世界文明发展的进程中闪耀着璀璨的光芒。

二、中国的世界自然遗产

自然遗产是地球演化进程中不可磨灭的一部分，它们记录了地质过程、生物演化、人类与自然环境之间的关系，展示了独特而珍贵的自然现象与自然景观，也为我们欣赏这些美丽的自然风光提供了独特的视角。

中国地大物博，历史悠久，山河壮美，拥有无数的自然奇观。在这些奇观中，有 15 处被列为世界自然遗产加以保护，中国也是拥有世界自然遗产数量最多的国家。这些珍贵的自然遗产，犹如璀璨的明珠般点缀着我们祖国的大地，拥有无与伦比的科学价值和美学价值。

武陵源风景名胜区

入选时间：1992 年 12 月，在美国圣菲召开的第 16 届世界遗产大会上，世界遗产委员会根据世界遗产遴选标准Ⅶ，批准武陵源风景名胜区为世界自然遗产，列入《世界遗产名录》。

世界遗产委员会评语：武陵源景色奇丽壮观，位于中国湖南省境内，连绵 26 000 多公顷，景区内最独特的景观是 3 000 余座尖细的砂岩柱和砂岩峰，大部分都 200 余米高。在峰峦之间，沟壑、峡谷纵横，溪流、池塘和瀑布随处可见。景区内还有 40 多个石洞和两座天然形成的巨大石桥。除了迷人的自然景观，该地区还因庇护着大量濒临灭绝的动植物物种而引人注目。

遗产概况

如果看过电影《阿凡达》，那么这样的场景一定让你印象深刻：站在哈利路亚山上眺望远处，形态各异的奇峰怪石互相映衬，时阴时晴的天气变幻莫测，每一个角度都美得令人惊叹。其实,《阿凡达》里的悬浮山“哈利路亚山”的真实取景地就在武陵源。武陵源绝美的自然背景使电影显得更加逼真和唯美。

武陵源位于湖南省西北部，由张家界市的张家界国家森林公园、慈利县的索溪峪自然保护区和桑植县的天子山自然保护区组合而成。后来，这里又新发现了杨家界景区。

武陵源景区十里画廊

武陵源有丰富的地质地貌景观，比如张家界地貌、河谷地貌、构造溶蚀地貌、剥蚀构造地貌等多种类型，数量庞大的砂岩柱和砂岩峰非常壮观。这些独特的地貌是地球内力和外力长期相互作用的结果。天生桥、峡谷、瀑布、溪流、潭、洞穴和茂密的阔叶林，共同营造了一条云雾缭绕的美丽风景线。

张家界地貌

大自然的鬼斧神工造就了张家界地貌的独特与神奇。张家界地貌是以石英砂岩为成景母岩，受流水侵蚀、重力崩塌、风化等作用形成的，以棱角平直的高大石柱林为主的地貌景观。其实，张家界地貌是砂岩地貌的一种独特类型。其主要地貌景观有：天生桥、嶂谷、石墙、方山、平台等。

张家界地貌的特点是质地纯正，石头浑厚，岩层厚度大，石英含量高。首先，张家界石英砂岩具有间层状层组结构，即厚层石英砂岩夹薄层、极薄层云母粉砂岩或页岩。这样的层组结构有利于自然造型，增强形象感。

岩层裸露于向斜轮廓，产状平缓，使岩石的稳定性增强，也为峰林拔地而起提供了重要条件。其次，张家界石英砂岩的岩层垂直节理发育明显，并具有等距性特点，岩层的间距一般是 15 到 20 米，这样的构造为塑造千姿百态的峰林和幽深的峡谷地貌提供了先备条件。

张家界地貌代表了地球上一种独特的地貌形态，具有系统性、完整性、稀有性和典型性特征，地貌演化过程清晰，是全球研究砂岩地貌的形成和发展演化机制的典型区域。新构造运动以来，张家界地壳不断抬升，流水顺着节理和裂缝将石英砂岩切割成方山、平台、峰林等独特的地貌景观。现在，张家界地区的地壳还在缓慢抬升，张家界地貌景观还在发展和变化中。

构造溶蚀地貌

除了地表独特的地貌之外，武陵源还拥有鬼斧神工的构造溶蚀地貌。该地区的黄龙洞在洞穴学上具有游览和探险方面的独特价值。

黄龙洞是武陵源风景名胜区的核心景区之一，属于典型的喀斯特岩溶地貌，这里有庞大的立体结构洞穴空间和丰富的溶洞景观，曾经被评选为“中国最美旅游溶洞”。黄龙洞以庞大的洞穴空间、立体的洞穴结构、宽阔的厅堂以及众多的石笋、高大的洞穴瀑布等优势形成了极具特色的溶洞景观。洞内有非常丰富的地下喀斯特地貌，遍布其中的石笋、石柱、石钟乳、石幔、石珊瑚、石珍珠等由石灰质溶液凝结而成，形态万千，姿态各异，宛若一座神奇的地下宫殿。

经考证，约 3.8 亿年前黄龙洞地区是一片大海，这里广泛沉积着可溶性极强的石灰岩和白云岩地层。到 6 500 万年前，随着地壳的抬升，洞穴开始孕育，经过长年累月的水流和岩溶作用，形成了今天的地下奇观。黄龙洞规模之大、内容之全、景色之美，几乎涵盖了洞穴学的全部内容，被称为世界溶洞的“全能冠军”。

生物资源

武陵源地区自然环境复杂，森林茂密，石英砂岩经过长期的侵蚀风化作用形成了众多的奇峰异石，坡陡沟深，为动植物生存繁衍提供了良好的环境条件。因此，武陵源地区拥有许多濒临灭绝的动植物。

武陵源地区的古树名木繁多，别具一格。张家界村有一棵银杏古树，被称为自然遗产中的“活化石”。这里还生存着我国独有的古老孑遗珍贵树种——珙桐，因其花开时酷似有一群白鸽栖息树上，故又名“鸽子树”。这里还分布着保存完好的原始森林。其中，武陵松是张家界众多的植物中数量最多、分布最广、形态最奇的物种，素有“武陵源里三千峰，峰有十万八千松”的美誉。

武陵源地区的动物中，猕猴分布比较广泛。中国大鲵则主要生活在溪流、泉、潭之中，当地人称之为“娃娃鱼”。丰富的动物资源，为研究动物在武陵源生态系统中的作用以及两者的关系提供了重要条件，对于动物保护和维持生态平衡也具有重要价值。

知识拓展

珍奇的地质遗迹——“龟纹石”

武陵源有许多珍奇的地质遗迹，比如跳鱼潭边岩画上的波痕、回音壁上泥盆系地层中的砂纹。这些遗迹不仅具有观赏价值，而且是研究古环境和海陆变迁的重要依据。其中，天子山二叠系地层中的珊瑚化石，形如龟背花纹，故称“龟纹石”。龟纹石是制作各种工艺品的绝佳材料。龟纹石雕以天子山的花麻色石头做原料，手工镂刻雕琢而成。石雕的品种繁多，比如石牛、石马、石龟、石砚等，这些石雕形象逼真，造型生动，栩栩如生。龟纹石雕也作为国家的一种代表性工艺品销往世界其他地区，受到国际友人的青睐。

黄龙风景名胜区

入选时间：1992 年 12 月，在美国圣菲召开的第 16 届世界遗产大会上，世界遗产委员会根据世界遗产遴选标准Ⅶ，批准黄龙风景名胜区为世界自然遗产，列入《世界遗产名录》。

世界遗产委员会评语：黄龙风景名胜区位于四川省西北部，是由众多雪峰和中国最东部的冰川组成的山谷。除了高山景观，人们还可以在这里发现各种不同的森林生态系统，以及壮观的石灰岩构造、瀑布和温泉。这一地区还生存着许多重点保护动物，如大熊猫和川金丝猴。

四川阿坝州有一个神奇的地方，雪山、森林、花海、湖泊、彩池……景色迷人至极！山上有终年不化的积雪，山下有漫山遍野的杜鹃花，高原多彩的风光在这里展现得淋漓尽致。

遗产概况

黄龙风景名胜区位于四川省阿坝藏族羌族自治州松潘县境内，岷山主峰雪宝顶之下，面临涪江源流，因形似中国人心目中“龙”的形象而被喻为“中华象征”。黄龙风景名胜区具有静谧和高度多样化的森林生态系统，结合局部形成的石灰池、瀑布和石灰石浅滩等，形成了壮观的喀斯特地貌。其钙华梯田与湖泊在亚洲地区绝无仅有，也是世界上三个最突出的钙华梯田景观典范之一。

黄龙风景名胜区的五彩池

黄龙风景名胜区有中国唯一保护完好的高原湿地，山顶有终年积雪，是分布在中国最东部的冰川。景区最主要的景观是规模宏大、色彩鲜艳、结构奇巧的地表钙华景观，并以罕见的岩溶地貌闻名于世。沟中的彩池会随着周围景色变化和阳光照射角度变化变幻出五彩的颜色，被誉为“人间瑶池”。彩池、雪山、峡谷、森林被称为黄龙“四绝”，如果再加上滩流、古寺和民俗，就是黄龙“七绝”。黄龙风景名胜区多样的森林生态系统，使其成为大熊猫和一些濒临灭绝的动植物的家园。

黄龙沟

黄龙沟是景区内最主要的景观，钙华段长达 3.6 千米。黄龙沟背靠终年积雪的岷山主峰雪宝顶，高山雪水和涌出地表的岩溶水在这里交融，

黄龙沟

在地势的作用下，水中富含的碳酸钙集聚在一起，沉淀形成了遍布山坡的乳黄色钙华体，它就像一条巨大的黄龙从雪山上飞腾而下，一个个钙华池就像是巨龙的片片鳞甲。

光学作用和化学反应像大自然最拿手的两样魔法，在这里形成了 3 000 多个大小不同、色彩不一的水池，这就是举世闻名的梯状彩池群。这些水池大的 1 000 多平方米，小的几平方米，有的像掌，有的像蹄，有的像宝莲，造型各异，形态万千。人们为这些彩色池子赋予了唯美的名字，比如迎宾池、争艳池、明镜倒映池、五彩池等等，就像它们的名字所形容的那样，这些彩池在阳光的照耀下五光十色，晶莹透亮，美不胜收。

五彩池

黄龙沟内最大的一组彩池群是五彩池，它也是世界上海拔最高、规模最大的露天钙华彩池群。五彩池池堤低矮，错落有致，远看块块彩池宛如片片碧色玉盘，在阳光照射下，白、紫、蓝、绿，浓淡各异，色彩缤纷，美不胜收。

五彩池里生长着轮藻、水绵等水生植物群落，还有芦苇、水灯芯、节节草等草本植物。这些水生植物群落所含的叶绿素不同，颜色深浅不同，使湖水也呈现出不同的颜色。池坝形态各异，有扇形、弧形、裙边形等，排列参差，层叠而上，错落有致，恰似一幅“人间瑶池”的立体油画。

中国最东部的冰川

黄龙风景名胜区的雪宝顶冰川是分布在我国最东部的冰川，主要有 8 条，冰川总面积为 2.64 平方千米，以悬冰川为主，雄伟壮观。雪宝顶是岷山的主峰，海拔 5 588 米，藏语意为“东方海螺山”。在古冰川和现代冰川的剥蚀与高寒的融冻风化的影响下，四周陡峭的雪宝顶光芒四射，俯视着两侧的黄龙和九寨沟。

从1982年开始，黄龙风景名胜区已经对游客开放40多年，至今仍然保持着良好的生态环境。这里的良好生态环境得益于景区坚持保护性开发理念，在日常运营管理中，黄龙风景名胜区始终践行“绿水青山就是金山银山”的发展理念，努力处理好保护环境与发展旅游的关系，使景区得以可持续发展。

知识拓展

“人间瑶池”的形成过程

几万年来，黄龙沟四周高山冰雪融水和地表水不断流淌，渗入冰碛物中，在松散的石灰岩下部形成浅层潜流，并在流动过程中溶解大量石灰岩的碳酸钙物质。随后，饱含碳酸钙质的潜水出露地表，形成无数小溪散流而下。这时，因水温和压力降低，二氧化碳气体逸出，使溶解于水中的碳酸钙又结晶析出，淀积于植物的根茎、倒木或落地枯枝上，经过长年累月的沉积，就形成了坚固的碳酸钙围堤。随着时间的积累和地形地势起伏，形成的钙华逐渐呈阶梯状叠置。

而池水色彩的丰富与多变，主要源于湖水对太阳光的吸收、反射和散射作用。太阳光或自然光是由不同波长的单色光组合而成的复色光，在光谱中，由红光至紫光，波长逐渐变短。湖水中常见的钙离子、镁离子等离子有增强短波光散射的作用。同时由于湖水透明度高，湖底的灰白色钙华、黄绿色藻类对透射光的选择性吸收和反射，也增加了湖水色彩的层次和变化。

九寨沟风景名胜区

入选时间：1992年12月，在美国圣菲召开的第16届世界遗产大会上，世界遗产委员会根据世界遗产遴选标准Ⅶ，批准九寨沟风景名胜区为世界自然遗产，列入《世界遗产名录》。

世界遗产委员会评语：九寨沟位于四川省北部，连绵超过72 000公顷，曲折狭长的九寨沟山谷海拔 4 800 多米，形成了一系列多样的森林生态系统。壮丽的景色因一系列狭长的圆锥状喀斯特地貌和壮观的瀑布而更加充满生趣。山谷中现存约 140 种鸟类，还有许多珍稀动植物物种，包括大熊猫和四川羚牛。

九寨沟的火花海

人们常说"九寨归来不看水"，足以说明九寨沟之水的奇特。水是九寨沟的主角，是九寨沟舞动的精灵。九寨沟因水而美，因水而神秀。九寨沟之水清澈至极，可以映照出周边草木最真实的颜色，既像飘拂的丝绸，又像流动的翡翠。

遗产概况

九寨沟风景名胜区是我国第一个以保护自然风景为主要目的的自然保护区，位于四川省阿坝藏族羌族自治州九寨沟县。九寨沟风景名胜区内有九个藏族寨子（树正寨、则查洼寨、黑角寨、荷叶寨、盘亚寨、亚拉寨、尖盘寨、热西寨、郭都寨），因此被称为"九寨沟"。这九个寨子又称"何药九寨"，是藏民世代居住的地方。

九寨沟地处青藏高原向四川盆地的过渡地带，是一条纵深 50 多千米的山沟谷地，这里森林覆盖率极高，还有众多的瀑布、湖泊和钙华梯田景观，在壮观的高寒山区组成了一个高度多样化的森林生态系统，展示了非凡的自然美景。

神奇的九寨沟，被世人誉为“童话世界”。景区内长海、剑岩、诺日朗、树正、扎如、黑海六大景观，呈“Y”形分布。翠海、叠瀑、彩林、雪峰、藏情、蓝冰，被称为九寨沟“六绝”。泉、瀑、河、滩以及众多的“海子”，随着周围景色变化和阳光照射角度变化变幻出五彩的颜色，形成一个个瑶池玉盆。

九寨沟风景名胜区有多种国家保护珍稀动植物，以及丰富的古生物化石。九寨沟还是以地质遗迹钙华湖泊、滩流、瀑布景观、岩溶水系统和森林生态系统为主要保护对象的国家地质公园。同时，九寨沟还是世界生物圈保护区网络成员。在四川岷山山脉南部4 000多米的海拔高度，还有一个保存完好的第四纪冰川遗迹，具有极高的科研价值。

九寨之眼

五彩池藏在深谷之中，距长海1千米左右。五彩池在九寨沟众多海子中最小巧玲珑，然而它的色彩却最为斑斓，是九寨沟湖泊中的精粹，也是九寨沟最精致的海子，被人们称为“九寨之眼”。

五彩池池水极其清澈，可以看到池底岩面的石纹，由于池底沉淀物的色差以及池畔植物色彩不同，原本湛蓝色的湖面变得五光十色。五彩池以纯洁透明、秀美多彩闻名于天下，在寒冷的冬天，池水依然清波荡漾，美不胜收。地下四季常温不冻，高处的长海经地下水常年补给五彩池，使这里的池水一年四季都保持稳定。

生态保护

九寨沟风景名胜区努力保持自然环境的真实形态，最大限度地保留大自然原生态资源，坚持科学开发自然旅游资源，以生态旅游为核心理念，向游客展现一个原始古朴、神奇秀美的人间仙境。为保持九寨沟地区古朴的村寨风貌，解决景区内的环境污染问题，管理者将九寨沟风景名胜区内的居民经营活动向外迁移，拆除了所有经营性房屋，并将房屋外迁后的空地全部建成了绿化带，以恢复原始地貌，为这里创造了良好的生态环境。

知识拓展

为什么“水的王国”九寨沟鱼类却很少？

九寨沟拥有大大小小100多个海子，被称为“水的王国”。但是，九寨沟海子里生存的鱼类却非常少。俗话说“水至清则无鱼”，难道是九寨沟的水过于清透明亮的缘故？其实，九寨沟海子里的鱼主要是高原裸鲤鱼和松潘裸鲤鱼，这两类鱼集中分布在镜海、熊猫海和火花海。九寨沟处在高原地区，补给水主要是高山冰雪融水，并经过溶岩层再回到地面。因此，九寨沟的水有两个特点：一是矿物质含量高，钙、镁、钠的含量是我们日常生活用水的几十倍，使很多冷水鱼无法在这些海子里生存；二是温度低，使一些温水鱼也无法在这些海子里生存。

金沙江大拐弯景观

云南三江并流保护区

入选时间：2003年7月，在法国巴黎召开的第27届世界遗产大会上，世界遗产委员会根据世界遗产遴选标准Ⅶ、Ⅷ、Ⅸ、Ⅹ，批准云南三江并流保护区为世界自然遗产，列入《世界遗产名录》。

世界遗产委员会评语：云南三江并流保护区位于云南省西北部山脉地区，涵盖范围达170万公顷，区域内包含8处地理集群保护地。亚洲三条主要大河的上游——金沙江（长江上游）、澜沧江（湄公河上游）及怒江（萨尔温江上游）在这一区域内由北至南，穿越3 000米深的陡峭峡谷和高达6 000米的高山，并行奔流数百千米而不相交。它是中国乃至全世界生物多样性最丰富的温带地区之一。

遗产概况

“三江并流”指的是金沙江、澜沧江和怒江三条江水“并流而不交汇”的奇特自然地理景观。三江并流保护区位于云南省西北部山脉地区，连绵的高山与梅里雪山、白马雪山和哈巴雪山峰顶构成了非常壮观的风景。其中澜沧江与金沙江的最短直线距离为 66 千米，澜沧江与怒江的最短直线距离不到 19 千米。

云南三江并流保护区

三条发源于青藏高原的大江在云南省境内自北向南并行奔流，穿越高黎贡山、担当力卡山、云岭和怒山等崇山峻岭，涵盖范围达 170 万公顷。途经地区主要有云南省丽江市、迪庆藏族自治州、怒江傈僳族自治州的 9 个自然保护区和 10 个风景名胜区。由于自然的原因，这里交通非常不便，使得古老而多元的民族和传统习俗保存完好，来到此地的人们仿佛穿越了时空隧道，回到了远古时期。

地质地貌博物馆

几千万年前，印度次大陆板块与欧亚大陆板块大碰撞，引发了横断山脉的急剧挤压、隆升、切割，使得高山与大江交替分布，形成了世界上独有的三江并行奔流的自然奇观。三江并流保护区地处东亚、南亚和青藏高原三大地理区域的交会处，是世界上罕见的高山地貌及其演化的代表地区，区域内有丰富多样的岩石类型，包括喀斯特地貌、巨型花岗岩独石以及丹霞砂岩地貌等。三江并流地区是世界上蕴藏最丰富的地质地貌博物馆。

三江并流地区多样的地质构造、岩石类型以及地貌景观，为诠释特提斯洋的消亡、印度次大陆板块与欧亚大陆板块的碰撞机制和模型、陆内巨型复合造山带的形成、青藏高原的演化隆升等重要的地球演化历史阶段和重要地质事件提供了典型遗迹，并展示着正在进行的各种宏伟的动力地质作用等地形地貌塑造过程，是多种高山地貌景观类型和演化过程的杰出发展地区。这些珍贵、罕见的地质地貌景观和遗迹，是大自然留给人类的共同财富，具有十分重要的世界意义和保护价值。

生物多样性

三江并流地区是中国生物多样性保护的关键区域之一，是北半球生物景观的缩影，也是世界生物多样性最丰富的地区之一。三江并流地区是世界级物种基因库，是中国三大生态物种中心之一。这里集中了北半球南亚热带、中亚热带、北亚热带、暖温带、中温带、寒温带、高山寒带的多种气候和生物群落，是地球最直观的“体温表”和中国珍稀濒危动植物的“避难所”，使得遗产具有非常突出的价值。

三江并流保护区内高山雪峰横亘，气候、植被随海拔变化呈垂直分布，汇集了高山峡谷、高原湿地、雪峰冰川、淡水湖泊、森林草甸、珍贵植物、稀有动物等珍奇的景观。三江并流保护区内分布有118座海拔5 000米以上、造型迥异的雪山。跟雪山相伴的是星罗棋布的冰蚀湖泊和静谧的原始森林。目前，该区域内栖息着滇金丝猴、羚羊、雪豹、孟加拉虎、黑颈鹤等国家级保护动物和秃杉、桫椤、红豆杉等国家级保护植物。

多民族聚居地

三江并流自然景观所处的地区是我国多民族的聚居地，是世界上罕见的多民族、多语言、多种宗教信仰和风俗习惯并存的地区。这里主要分布着哈尼族、傣族、彝族、布朗族等多个少数民族。

哈尼族是三江并流地区最大的民族之一，主要分布在云南。哈尼族的传统文化非常丰富，在音乐、歌舞等多个方面尤为擅长。哈尼族的传统节日有“腊八节”和“姑娘节”等。傣族是三江并流地区的重要少数民族之一，主要分布在云南。傣族的传统节日有“泼水节”等。此外，彝族文化历史也十分悠久，有“三月三”和“火把节”等传统节日。布朗族在歌舞、服饰、戏曲等方面有着高超的造诣。长期以来，三江并流地区一直是科学家和探险家的向往之地，他们对该区域独特的科学价值、美学意义和少数民族的独特文化给予了高度评价。

知识拓展

“三江并流”的最早发现者是谁?

从1911年到1950年，英国的地理学家和植物学家金敦·沃德曾八次考察滇西北、川西南和藏东南地区，这些地区一般都是地势险恶、难以通达的秘境。其中，1913年4月到翌年3月，金敦·沃德在川、滇、藏接壤的横断山区，来往于金沙江、澜沧江和怒江三江流域，对河流归属、水系发育和地质、地貌进行了详细的考察，对玉曲河“S”

形河曲以下的三江之间的距离进行了详细的测定。因此，他也成为第一个发现“三江并流”地理奇观的人。

四川大熊猫栖息地

入选时间：2006 年 7 月，在立陶宛首都维尔纽斯召开的第 30 届世界遗产大会上，世界遗产委员会根据世界遗产遴选标准X，批准四川大熊猫栖息地作为世界自然遗产列入《世界遗产名录》。

世界遗产委员会评语：四川大熊猫栖息地面积达 924 500 公顷，目前全世界 30% 以上的野生大熊猫生活在这里。栖息地包括七个自然保护区和九个风景名胜区，是全球最大、最完整的大熊猫栖息地，是第三纪原始热带森林遗迹，也是最重要的圈养大熊猫繁殖地。这里也是小熊猫、雪豹及云豹等受威胁物种的栖息地。栖息地还是世界上除热带雨林以外植物种类最丰富的地区之一，生长着属于 1 000 多个属的 5 000 到 6 000 种植物。

四川大熊猫栖息地

2022 年 2 月 4 日，北京冬奥会盛大开幕，奥运会的吉祥物之一——冰墩墩憨态可掬，备受人们喜爱。在冬奥会期间，甚至出现了“一墩难求”的局面。冰墩墩的创意灵感就源自中国的国宝大熊猫。

遗产概况

大熊猫是中国的一种非常独特的动物，主要分布在我国境内的四川、陕西以及甘肃等地区。四川大熊猫栖息地生活着全世界 30% 以上的野生大熊猫，是全球最大、最完整的大熊猫栖息地。它也是全球除热带雨林以外植物种类最丰富的区域之一。它的突出价值在于可以保护各种地形地貌和动植物物种。

四川大熊猫栖息地由世界第一只大熊猫发现地宝兴县及中国四川省境内的卧龙自然保护区等七个自然保护区和青城山－都江堰风景名胜区等九个风景名胜区组成，涵盖成都、阿坝、雅安和甘孜四市州的 12 个县或县级市，面积 9 245 平方千米。

主要构成部分

四川大熊猫栖息地主要由自然保护区和风景名胜区组成。不同的自然保护区专门保护不同的动植物群落。其中，卧龙自然保护区，主要保护大熊猫及森林生态系统；四姑娘山自然保护区，主要保护野生动物及高山生态系统；蜂桶寨自然保护区，主要保护大熊猫及森林生态系统；黑水河自然保护区，主要保护大熊猫及森林生态系统；喇叭河自然保护区，主要保护大熊猫、羚牛等珍稀动物；金汤－孔玉自然保护区，主要保护珍稀动物及生态环境；草坡自然保护区，主要保护大熊猫及生态环境。

四川大熊猫栖息地涵盖的主要风景名胜区有：青城山－都江堰风景名胜区、四姑娘山风景名胜区、天台山风景名胜区、西岭雪山风景名胜区、鸡冠山风景名胜区、米亚罗风景名胜区、夹金山风景名胜区、灵鹫山风景名胜区、二郎山风景名胜区等。

生物多样性

四川大熊猫栖息地是保护国际基金会（CI）选定的全球 25 个生物多样性热点地区之一。从某种意义上来讲，它是一个“活的博物馆”，这里有高等植物 1 万多种，还有大熊猫、金丝猴、羚牛等独有的珍稀物种。此外，美国和英国等国家的学者很早就开始对邛崃山系的生物进行研究，并到实地搜集有关信息，这里一直是世界知名的生物多样性地区。

除了大熊猫，栖息地还保护了大量的其他国家重点保护野生动物物种，如小熊猫、雪豹、云豹。栖息地还是全球除热带雨林以外植物种类最丰富的区域之一，也是数百种濒危传统药用植物的主要来源地和基因库。

大熊猫保护

大熊猫在中国西部地区从北往南依次分布于陕西秦岭、四川和甘肃交界的岷山地区、邛崃山系、大相岭、小相岭和凉山山系等六个狭长的山系。野外调查发现，原本广袤的大熊猫栖息地因人类活动等因素被分割成了一个个“熊猫孤岛”。栖息地“破碎化”导致大熊猫野外种群之间的交流被阻断，形成33个局域种群，其中24个种群存在灭绝风险。于是，1987年我国提出进行“大熊猫生态走廊”工程建设，通过在大熊猫的栖息地之间种植箭竹林，将一个个相对孤立的栖息地连接起来，扩大大熊猫活动的范围，同时增加大熊猫之间的种群交流。

大熊猫专家认为，栖息地的整体保护将有助于改善大熊猫栖息地“破碎化”“岛屿化”现象，扩大熊猫的基因库。这不仅仅是保护了大熊猫这一个物种，更是保护了一个完整的生态系统。

知识拓展

国宝大熊猫珍奇在哪里？

大熊猫圆滚滚的身体、滑稽搞笑的动作以及头上和身体上黑白分明的毛色给人一种特别可爱的感觉，使人对大熊猫有一种天然的亲近感。大熊猫性情温顺，它们一般不会主动去攻击人或者其他动物，给人留下“呆萌”的印象。

大熊猫数量非常稀少，面临灭绝的风险，与大熊猫生活在同时期的动物几乎都已经灭绝了，因此，它被人们称为“活化石”。目前，大熊猫被列为国家一级保护野生动物。

我国在举办很多重要的体育赛事时，常常以可爱的大熊猫作为吉祥物。中国野生动物保护协会的会标也是大熊猫。它们还经常担任和平大使的角色，作为我国和其他国家交流的纽带，把中国人民的友好带到世界上的其他国家。因此，大熊猫成为野生动物中名副其实的“国宝”。

中国南方喀斯特

入选时间：2007年6月，在新西兰“花园城市”基督城召开的第31届世界遗产大会上，世界遗产委员会根据世界遗产遴选标准Ⅶ、Ⅷ，批准由云南石林喀斯特、贵州荔波喀斯特、重庆武隆喀斯特组成的“中国南方喀斯特（第一期）”为世界自然遗产，列入《世界遗产名录》；2014年6月23日，在卡塔尔首都多哈举办的第38届世界遗产大会上，由广西桂林喀斯特、贵州施秉喀斯特、重庆金佛山喀斯特和广西环江喀斯特组成的“中国南方喀斯特（第二期）”入选世界自然遗产，与第一期合称“中国南方喀斯特”。

世界遗产委员会评语：中国南方喀斯特是世界上最壮观的热带－亚热带喀斯特景观之一，分布在贵州、广西、云南、重庆等省，占地面积共计97 125公顷。它包含了最重要的岩溶地貌类型，包括塔状岩溶、尖顶岩溶和锥形岩溶地层，以及其他特殊地貌景观，如天然的桥梁、峡谷和大型洞穴系统。石林被公认为极具参考价值的最高等级自然现象。荔波的锥状和塔状岩溶也被认为是世界上此类岩溶地貌的参考，形成了独特而美丽的景观。武隆喀斯特因其巨大的天坑、天然的桥梁和洞穴而入选。

中国南方喀斯特地貌景观

2016年9月25日，世界最大单口径射电望远镜（FAST）在贵州省平塘县正式投入使用，这一500米口径的球面射电望远镜建设在天然形成的洼地中，被称为“中国天眼”。你知道这个天然洼地属于什么地貌类型吗？其实，这个天然洼地位于典型的喀斯特地貌区。你有没有听说过喀斯特地貌？

位于贵州平塘县克度镇金科村大窝凼的中国天眼

遗产概况

“喀斯特”是水对可溶性岩石进行溶蚀等作用所形成的地表和地下形态的总称，是一种地貌特征。这个称谓源自位于斯洛文尼亚西南部，并延伸至意大利东北部的石灰岩高原地区。19 世纪后期，南斯拉夫地质学家对该地区发育的各种奇特的地貌进行了广泛研究，并采用当地地名命名这种地貌，之后“喀斯特”一词便成了世界通用的地质学术语。在中国，喀斯特地貌也称为岩溶地貌。

喀斯特地貌带给我们极为丰富的美学体验，而勤劳勇敢的中国人，也在用智慧和汗水不断改造着喀斯特地貌，使其在极致自然美景的基础上，呈现出更为极致的人造美景，这是人与自然的和谐奇迹。喀斯特地貌主要分布在我国南方，以云南、贵州、广西等地分布最广。

中国南方喀斯特经历了长期的地质年代，是地球上重要而典型的自然地理特征和喀斯特地貌形态，既保留了地质历史时期古喀斯特的遗迹，又代表了重要的和正在进行的喀斯特形成过程。受青藏高原隆起等影响，演化至今的中国南方喀斯特已完整形成了一个热带、亚热带喀斯特上升发育区的结构系统和演化序列，为研究现代区域水文网及长江三峡的形成等都提供了宝贵的地貌证据。

地表喀斯特——云南石林

云南石林，位于石林彝族自治县境内，距昆明市 80 千米左右。石林

石林景观

以喀斯特景观为主，以“雄、奇、险、秀、幽、奥、旷”著称，拥有世界上最奇特的喀斯特地貌景观，在世界地学界享有盛誉。

在石林地貌的地质演化过程中，该地区的地理环境也发生了巨大变化，经历了从海洋到陆地、从低地到高原的过程。随着纬度和海拔的升高，气候也从炎热湿润的热带气候转变为现在的亚热带高原季风气候。石林地区保存和展示了典型的亚热带高原喀斯特生态系统，主要有四种喀斯特森林，即常绿阔叶林、硬叶常绿阔叶林、落叶阔叶林、暖性针叶林。常绿阔叶林中的高山栲林、滇青冈林等为滇东喀斯特高原的代表植被类型。此外，石林地区还为多种受保护的动植物提供了栖息地。

地表喀斯特——武隆天坑

武隆的喀斯特地貌位于重庆市东南边缘、乌江下游，距重庆市区大约170千米，自古有“渝黔门屏”之称。武隆景区内有亚洲最大的天生桥群、“天下第一洞”芙蓉洞、全世界罕见而稀有的喀斯特系统形成的后坪天坑。武隆天生桥群是典型的喀斯特地貌地质奇观。天龙桥、青龙桥、黑龙桥三座气势磅礴的石拱桥，组成了亚洲最大的天生桥群。

武隆天坑景观

重庆武隆后坪乡天坑群是在水的长期冲刷作用下形成的，其形成时间在200万年至230万年之间。天坑周围有几条水量巨大的河流汇聚，这种外源水动力超强，水量巨大，侵蚀和溶蚀能力也很强，并汇聚成旋涡，在冲蚀和崩塌的联合作用下，洞口变得越来越大，洞变得越来越深，最终形成了天坑。

地下喀斯特

地下喀斯特地貌形态主要包括溶洞和地下河。地下水在岩层中顺着细窄的缝隙缓慢流动，溶蚀得非常慢，随着裂隙扩大，地下水循环流动加速，不仅溶蚀作用加强，机械侵蚀作用也随之加强，产生重力崩塌等作用。地下水道越多，溶洞空间就越大，地下喀斯特地貌发育就越完整，可以形成地下河、石钟乳、石笋、石柱、石花、石瀑等千姿百态的地下溶洞奇观。

喀斯特的开发及利用

喀斯特地区地下水蕴藏丰富，在华北的一些石灰岩分布地区，地下水在山前以泉的方式流出，如北京玉泉山的泉水、山西太原的晋祠泉、山东济南的趵突泉等。合理开发利用喀斯特泉，对工农业的发展具有重要意义。南方多地下河，通过钻井取水等方法可提供工农业用水。地下河纵剖面呈阶梯状，有丰富的水能资源，可以建设水电站。

喀斯特地区有丰富的矿藏，例如石灰岩、白云岩、大理石、石膏和岩盐等。在喀斯特剥蚀面上和洼地中沉积有铝土矿，古溶洞和裂隙中沉积有铅、锌、汞等砂矿体。此外，喀斯特地区的地下洞穴常造成水库渗漏，对坝体、交通线和厂矿建筑等构成不稳定因素，研究和探测地下洞穴的分布，并及时采取措施，是喀斯特地区建设成功的关键。

知识拓展

石林是如何形成的?

云南石林是以石林地貌景观为主的岩溶地质公园。晚古生代，这里还是海洋环境，沉积了厚厚的石灰岩、白云岩，为石林地貌的形成奠定了基础。后期地壳运动的抬升作用使这里成为陆地。地下水、地表水又沿岩石裂隙对这些岩石进行溶蚀，最后形成了组合类型多样的石林地貌景观。在独特的地质、气候、水文条件下，多期石林继承发展，相互叠置，层次分明。溶洞、秀水、奇石、飞瀑，构成了千姿百态、神韵流动、气势雄伟、蔚为壮观的美景。

三清山国家公园

入选时间：2008 年 7 月，在加拿大魁北克城召开的第 32 届世界遗产大会上，世界遗产委员会根据世界遗产遴选标准Ⅶ，批准三清山国家公园作为世界自然遗产正式列入《世界遗产名录》。

世界遗产委员会评语：三清山国家公园位于江西省东北部（中国中部偏东）的怀玉山脉西部，占地 22 950 公顷，因其奇特的景观而入选世界自然遗产，其标志是奇峰怪石林立，这里有 48 座花岗岩山峰和 89 根花岗岩石柱，其中许多石柱看起来像人或动物的剪影。怀玉山海拔 1 817 米，花岗岩地貌与植被和特殊的气象条件并存，形成了千变万化、令人惊叹的云霞和雾虹景观，进一步增强了此处的自然美感。该地区受到亚热带季风和海洋的双重影响，在周围的亚热带景观基础之上形成了一个温带森林岛。森林、众多瀑布（其中一些高达 60 米）、湖泊和泉水也是该地区景观的重要特色。

三清山

三清山云雾缭绕，宛若仙境。“光摇一碧回环水，翠挹三清远近山。”宋代诗人吴沆的诗作《三清山》描述的就是三清山绝美的自然风光，表达了诗人对居住在三清山的向往。

遗产概况

三清山位于中国江西省上饶市玉山县与德兴市交界处。三清山是道教名山，三清山风景名胜区总面积 756.6 平方千米，其中核心景区面积（三清山国家公园）230 平方千米，缓冲区面积 526.6 平方千米，主峰玉京峰海拔 1 819.9 米，为区域内最高峰，也是信江源头。

地形地貌

三清山区域地层自元古宙至第四纪地层均有不同程度的出露，包括中—新元古界的张村群、河上镇群、南华系、震旦系、古生界、中生界等。三清山地区岩浆岩分布较广泛，且活动较频繁，其岩浆岩主要为超酸性侵入岩，即燕山晚期形成的三清山风景名胜区花岗岩，它构成了三清山风景名胜区的主体。岩体主要矿物成分为钾长石、斜长石、石英、黑云母等。

三清山山势北面平缓，东、南、西三面陡峻，有很大的地势高差。从整体上看，东坡从金沙至玉京峰，西坡从横坦、汾水至玉京峰，恰为两个相靠的凹球面，它们与南部的凸球面合成高耸入云、层峦叠嶂的奇特地貌。组成三清山风景名胜区主体的岩石为燕山晚期花岗岩，其中边缘相和过渡相的花岗岩是构成三清山风景名胜区峰峦的主要岩石，近谷底则多为内部相的中粗粒斑状、似斑状黑云母花岗岩，因其极易风化剥蚀，故多形成稍缓地形。

不同成因的花岗岩微地貌密集分布，展示了世界上已知花岗岩地貌中分布最密集、形态最多样的峰林。2 373 种高等植物、1 728 种野生动物，构成了三清山极具生物多样性的环境。1 600 余年的道教历史孕育了丰厚的道教文化内涵，按八卦布局的三清宫古建筑群，被国务院文物考证专家组评价为“中国古代道教建筑的露天博物馆”。

动植物资源

三清山是植物物种东亚—北美间断分布类型的突出范例，是研究植物类群发育的重要地域，也是研究较大规模时空尺度上的物种发育、物种进化和森林生态演变过程的一个“天然实验室”，为古地质、古地理、古气候的变迁提供了证据。

三清山保存有华东黄杉、南方铁杉、中国鹅掌楸等中生代至第三纪（古近纪—新近纪）残遗的珍稀濒危物种，是第四纪冰期东亚重要的“生物避难所”。特别是与北美鹅掌楸相对应的中国鹅掌楸在这里成片分布，与北美花旗杉相对应的华东黄杉在这里分布广泛，居华东地区之首，还有大面积的南方铁杉，实属世界罕见。

三清山风景名胜区植物资源异常丰富，古树名花是景区自然景观四绝之一。三清山风景名胜区的珍稀树种有黄山松、白豆杉、香果树、华东黄杉、南方铁杉、福建柏、木莲、高山黄杨等。这些植物多为国家保护树种，不仅有很高的经济价值，而且有很高的观赏价值。在景区西北麓，还有方竹、古银杏、金桂、罗汉松、璎珞柏等名贵树种。

三清山风景名胜区野生动物不仅种类繁多，区系成分复杂，其中还有大量珍稀、特有的种类，如中华鼠耳蝠、藏酋猴等为中国特有动物。此外，三清山还分布有黄腹角雉、白颈长尾雉、黑麂等珍稀濒危物种。

药材资源

三清山还有丰富的药材资源。三清山风景名胜区位于亚热带湿润季风区，区域内有非常茂密的原始森林，植被以常绿针阔叶天然混交林为主，有效地保存了大量的草本类药用植物和木本类药用植物。有关机构对三清山风景名胜区的药用植物资源做过多次调查，从采集到的药用植物看，三清山风景名胜区内有非常丰富的中成药材，比如大血藤、大叶钩藤、杜仲、南沙参、栝楼、细辛、前胡、麦冬、黄连、何首乌、石耳、黄精、灵芝、银杏、忍冬等。

知识拓展

“西太平洋边缘最美丽的花岗岩”

三清山位于欧亚板块东南部，具有几乎连续的地质演化史，包含了许多世界上重大地质事件的地层学证据。这里最具特色的无疑是独一无二的花岗岩地质地貌。由于花岗岩地貌的多样性和生物多样性，三清山形成了奇峰怪石、峡谷幽云、急流飞瀑、古树名花等独特的景观。“东方女神”“巨蟒出山”两处标志性景观，被称为世界绝景。三清山丰富的花岗岩造型石与多种植被、远近变化的景观及震撼人心的气候奇观相结合，创造了世界上独一无二的景观美学效果。因此，三清山被誉为“西太平洋边缘最美丽的花岗岩”。

中国丹霞

入选时间：2010 年 8 月，在巴西首都巴西利亚召开的第 34 届世界遗产大会上，世界遗产委员会根据世界遗产遴选标准Ⅶ、Ⅷ，批准中国丹霞作为世界自然遗产列入《世界遗产名录》。

世界遗产委员会评语：中国丹霞是中国境内由陆相红色砂砾岩在内生力量（包括隆起）和外来力量（包括风化和侵蚀）的共同作用下形成的各种地貌景观的总称。这一遗产包括中国南部、西南部亚热带地区的 6 处丹霞地貌景区。它们的共同特点是壮观的红色悬崖以及一系列侵蚀地貌，包括雄伟的天然岩柱、岩塔、沟壑、峡谷和瀑布等。这里独特的地质构造，有利于保护亚热带常绿阔叶林，对许多动植物物种的生存起到了重要作用，其中包括约 400 种稀有或受威胁物种。

广东丹霞山地貌景观

遗产概况

中国丹霞是一个世界自然遗产“系列提名”，提名地由湖南崀山、广东丹霞山、福建泰宁、江西龙虎山、贵州赤水、浙江江郎山等中国南部、西南部地区 6 个著名的丹霞地貌景区组成。

1928 年，地质学家冯景兰等人在广东北部仁化县考察，注意到区域内第三纪红色砂砾岩层广泛分布，尤以仁化县的丹霞山发育最为完全，于是首次将这一地层命名为“丹霞层”。

“色如渥丹，灿若明霞。”“丹霞”，这个术语指的是一种有着特殊地貌特征以及与众不同的红颜色的地貌景观（“丹霞地貌”），它就像“玫瑰色的云彩”或者“深红色的霞光”。在地质和地貌学层面上，丹霞的定义如下：“丹霞是一种形成于西太平洋活性大陆边缘断陷盆地极厚沉积物上的地貌景观。它主要由红色砂岩和砾岩组成，反映了一个干热气候条件下的氧化陆相湖盆沉积环境。”

中国丹霞有着独特的山水自然之美。它是一个由陡峭的悬崖、红色的山块、密集深峭的峡谷、壮观的瀑布及碧绿的河溪构成的景观系统，整体为临水型峰丛－峰林景观，被天然森林广泛覆盖，构成丹山－碧水－绿树－白云的优美景观组合，是中国乃至世界上最美丽的丹霞景观的例证。

地质地貌多样性

中国丹霞集地质多样性、地貌多样性、生物多样性及景观珍奇性于一体，突出记录了中生代白垩纪以来欧亚板块华南区域陆壳断陷盆地的地质历史和地球中生代以来古地理环境及古气候的变迁历史，展示了早白垩世陆相火山爆发，晚白垩世炎热干旱气候条件下的膏盐沉积、风沙堆积和恐龙灾难、盆地隆升与地壳形变等重大地质事件的重要证据。中国丹霞包含了各种各样发达的红岩地貌，如峰、塔、台、单面山、悬崖、峡谷、洞穴和拱门。

中国丹霞的自然景观绝妙，雄浑的山体形态、大气磅礴的丹霞崖壁突出表现了以红色为基调、融合大自然多种元素于一体的景观特征。中国丹霞提名地是中国南部湿润区青年期、壮年期和老年期丹霞的系列代表，青年期破碎山原的高峡幽谷、壮年期起伏跌宕的峰林峰丛、老年期舒缓流畅的毓秀山水无不给人美的震撼和巨大的视觉冲击力。赤壁丹崖的崇高与险峻、象形景观的神奇与精绝、山水田园的雅秀与恬淡、沟谷茂林的幽深与清静、云遮雾障的奥妙与奇幻，使得中国丹霞成为世界上独具特色的自然地理现象，展示了无与伦比的自然美。

生物多样性

中国丹霞生境复杂多样，最具世界特色的是典型的地带性植被——亚热带常绿阔叶林，其类型完整，存在完整的原生演替与次生演替序列。特有的地质地貌结构和地理环境，导致了生物群生态演替的强烈异化与空间分异，在较小的空间范围内呈现出多种生态系统。同时，丹霞地貌的离散性使得其生境表现出强烈的片段化特征，自然形成的生境片段化，产生了特殊的山顶生态效应、沟谷生态效应和孤岛效应，为保护生物学和生物群落动态学研究提供了难得的天然实验室。

中国丹霞地区的生物物种具有较强的区系古老性和群落原生性特色，它地跨中国华南、华中和西南三大生物多样性中心，有近400种各级珍稀濒危生物物种、40多种区域特有物种，是全球保护野生生物多样性和濒危生物物种资源的关键区域，是生物多样性原地保护的最重要的自然栖息地。

知识拓展

甘肃张掖——“七彩丹霞”

甘肃张掖七彩丹霞是中国北方干旱地区发育最典型的丹霞地貌，具有极高的旅游观赏价值和地质科考价值。甘肃张掖七彩丹霞以奇特著称。首先是“色”之奇，张掖七彩丹霞地貌色彩艳丽、层次丰富，犹如七彩虹霞洒落在山丘之上，美不胜收。其次是“形”之奇，大扇贝、睡美人、灵猴观海、小布达拉宫……皆赋予地质奇观无限的人文奇想。2023年4月，甘肃张掖七彩丹霞旅游景区被国际旅游联合会评选为“最美中国旅游景区”。

澄江化石地

入选时间：2012年7月，在俄罗斯圣彼得堡召开的第36届世界遗产大会上，世界遗产委员会根据世界遗产遴选标准Ⅷ，批准澄江化石地为世界自然遗产，列入《世界遗产名录》。

世界遗产委员会评语：澄江化石地位于云南省丘陵地带，占地512公顷，是早寒武纪海洋群落最完整的记录，生物区系保存完好，展示了多种生物的软硬组织解剖结构，既有脊椎动物也有无脊椎动物。它们记录了复杂海洋生态系统的早期建立过程。该遗址至少记录了16个门和多种神秘类群以及约196个物种，为5.3亿年前地球上生命的快速多样化提供了独特的证据，当时几乎出现了今天所有的主要动物类群。它为相关学术研究打开了一扇具有重要意义的古生物学之窗。

澄江化石地世界自然遗产博物馆

在美丽的抚仙湖畔，埋藏着一个世界级的化石宝库——澄江化石地，它如同一组不朽的生命密码和一本神秘莫测的无字天书，描绘了5亿多年前寒武纪生命大爆发的壮丽篇章，是研究地球早期生命起源和演化的绝佳宝库。

遗产概况

澄江化石地位于我国云南澄江帽天山附近，是保存完整的早寒武纪古生物化石群。在这一短暂的地质间隙时段中，产生了几乎所有主要动物类群的起源。澄江化石地生动地再现了5.3亿年前海洋生命的壮丽景观和现生动物的原始特征，为研究地球早期生命起源、演化、生态等提供了珍贵证据。

据澄江化石地世界自然遗产博物馆统计，澄江化石地至今已发现20个门类、280余种寒武纪珍稀动植物化石，且80%属于新种。澄江化石地是目前发现的世界上分布最集中、保存最完整、种类最丰富的早寒武纪地球生命现象的记录，是已知的著名古生物化石“模式标本”产地，被学术界誉为“世界古生物圣地”。

目前，几乎所有现生动物门在澄江化石地都有代表，如多样性的藻类、刺胞动物、海绵动物、星虫动物、开腔骨类动物、软体动物、线形动物、曳鳃动物、软舌螺、无铰纲腕足动物、奇虾类动物、缓步动物、节肢动物、棘皮动物、毛颚动物、尾索动物及早期脊索动物。另外，还有大量化石不能被分入已知的门类，如绝灭类群“古虫动物门”。

寒武纪“生命大爆发”

澄江化石地保存了早寒武纪生物类群的丰富化石，是我国第一个化石类世界遗产，填补了中国化石类自然遗产的空白。

研究表明，几乎所有的现生动物的门类和已灭绝的生物都是突然出现在寒武纪的，而更古老的地层中却未见其祖先化石。澄江化石地以软躯体化石的罕见保存闻名，涵盖海绵动物、刺胞动物、曳鳃动物、叶足动物、腕足动物、软体动物、节肢动物等多个动物门以及一些门类不明的奇异类群。此外，还有多种共生海藻。水母化石的发现填补了我国古生物研究的空白，早寒武纪水母化石的发现在国际上属首次，具有重要意义。

澄江化石地的化石中，动物软组织结构和骨骼得到了极好的保存，其多样性、完整性和生动性可与世界著名的澳大利亚晚前寒武纪的埃迪卡拉动物群、加拿大中寒武纪的布尔吉斯页岩动物群相媲美。这一发现还填补了埃迪卡拉、布尔吉斯这两个动物群之间演化过程的空白，为古生物学研究提供了重要线索。

澄江化石地是“寒武纪大爆发”的生命之窗。澄江生物群再现了早寒武纪海洋生物的真实面貌，为揭示地球早期生命演化的奥秘提供了极其珍贵的证据。澄江化石保存在细腻的泥岩中，动物的软体附肢构造得以完整保留且呈立体保存状态，其构造细节能比较容易地在显微镜下揭露出来。

生命多样性是生命系统的基本特征，也是生命存在的基本形式，因而成为当今世界最为关切的议题之一。距今 5 亿多年的“寒武纪大爆发”事件是现代生命多样性基本框架形成的重要事件。我国云南澄江生物群早寒武纪化石保存完整且古老，所代表时间非常贴近“寒武纪大爆发”的时间，为揭示“寒武纪大爆发”生命突发性事件、回答生命多样性起源和演化这一科学难题提供了最佳“窗口”和丰富依据。

澄江生物化石群的发现轰动了全球科学界，被誉为“20 世纪最惊人的发现之一”。澄江生物化石群精确记录了早寒武纪生命大爆发的史实，不仅为“寒武纪大爆发”这一非线性、突发性演化提供了科学证据，同时也对达尔文的渐变式进化论提出了重大挑战。

知识拓展

给化石“做CT”——打开化石研究新窗口

近年来，一些科学家致力于将目前处于国际前沿的多种研究手段，如荧光显微镜、扫描电镜和显微CT等，创新性地引入化石标本的研究。荧光显微镜、扫描电镜主要用于提取普通光学显微镜下无法观察到的保存在化石表面的信息；显微CT则主要用于提取保存在化石内部的三维结构信息。

显微CT是无损研究技术，不仅可以让研究者观察到被围岩包埋或被动物化石身体结构覆盖的精细构造，而且极大程度地保护了化石标本的完整性，使它们在研究过程中不受到人为破坏。这些先进的技术手段的应用，为澄江节肢动物化石的研究打开了古发育生物学、古生态学等多方面的窗口。

新疆天山

新疆天山雪景

入选时间：2013年6月，在柬埔寨首都金边召开的第37届世界遗产大会上，世界遗产委员会根据世界遗产遴选标准Ⅶ、Ⅸ，批准新疆天山作为世界自然遗产列入《世界遗产名录》。

世界遗产委员会评语：新疆天山由托木尔、喀拉峻－库尔德宁、巴音布鲁克和博格达四部分组成，总面积达606 833公顷。它们是中亚天山山脉的一部分，而天山是世界上最大的山脉之一。新疆天山呈现出独特的自然地理特征，有着优美的风景，包括壮观的积雪和冰雪覆盖的山峰，原始森林和草地，清澈的河流和湖泊以及红层峡谷。这些景观与毗邻的广袤沙漠地貌形成鲜明对比，呈现出冷与热、湿与干、繁茂与荒凉的强烈视觉反差。该遗产地的地貌和生态系统自上新世—

直保存至今，是生物和生态进化过程的杰出范例。该遗产地还延伸到塔克拉玛干沙漠，塔克拉玛干沙漠是世界上最大、海拔最高的沙漠之一，以其庞大的沙丘和巨大的沙尘暴而闻名。此外，新疆天山还是当地特有和遗存植物物种的重要生境，其中一些物种十分稀有，甚至濒临灭绝。

提起天山，你也许会想到天山天池。环绕着天池的群山，雪线以上生长着雪莲，遍地长着蘑菇，还有党参、黄芪、贝母等药材。山壑中有珍禽异兽，湖区中有鱼群水鸟，众峰之巅有现代冰川，还有铜、铁、云母等多种矿物。天山一带如此丰富的资源和奇特的自然景观，真是令人神往！

遗产概况

新疆天山位于新疆中部，西起中国与吉尔吉斯斯坦边界，东至新疆哈密星星峡戈壁，全长 1 760 千米，占天山总长度的 2/3 以上。新疆天山将新疆分为南北两部分。最高峰托木尔峰海拔 7 400 多米，最低处艾丁湖海拔 −154.31 米，相对高差达 7 500 多米。

新疆天山横亘新疆全境，是准噶尔盆地和塔里木盆地的天然地理分界，南北被塔克拉玛干沙漠和古尔班通古特沙漠两大沙漠夹持，形成了“两漠夹一山”的自然地理奇观。新疆天山跨越了喀什地区、阿克苏地区、伊犁哈萨克自治州、博尔塔拉蒙古自治州、巴音郭楞蒙古自治州、昌吉回族自治州、乌鲁木齐市、吐鲁番市和哈密市等 9 个地、州、市。

新疆天山展现了世界上最具代表性的温带干旱区山地综合自然景观，具有显著的景观多样性，展示了独特的自然美。从西部海拔 7 400 多米的托木尔峰到东部海拔 5 445 米的博格达峰，绵延的雪山冰峰构成了广袤中亚荒漠壮观而优美的天际线。

地质地貌

新疆天山地质地貌的形成演化是地球内动力与外动力相互作用的结果，经历了褶皱隆起→剥蚀夷平→断块隆升的发展过程。现代天山山地地貌则是在断块山体的基础之上，受第四纪以来的冰川作用、流水作用、干燥剥蚀作用等各种外营力作用的影响，形成了群峰林立、沟壑纵横的断块山与山间断陷盆地，雄伟壮观的山地夷平面与层状地貌，以及典型的现代冰川地貌、古冰川地貌、峡谷地貌、红层地貌等地貌类型。

新疆天山拥有壮观的雪山冰峰、优美的森林草甸、清澈的河流湖泊和宏伟的红层峡谷，将反差巨大的炎热与寒冷、干旱与湿润、荒凉与秀美、壮观与精致奇妙地汇集在一起，给人以强烈的视觉冲击。

自然生态系统

新疆天山是全球温带干旱区正在进行的生物生态演化过程的杰出范例。至少从上新世以来，较之世界其他区域，该地以“两漠夹一山”的独特山盆地貌格局、深处内陆的地理区位和温带大陆性干旱气候，更好地保存和展示了温带干旱区大山脉的地貌、生态、生物和景观特征，在全球山地生态系统类型中独具特色，成为温带干旱区山地生态系统的最典型代表。

新疆天山巨大的山系改变了区域大气环流，导致了南北两部分明显的自然气候差异，成为温带准噶尔盆地和暖温带塔里木盆地的天然地理分界。新疆天山高大的山体拦截了大量的水汽，形成了干旱区中的巨大水塔，成为众多内陆河流的发源地。新疆天山的湖泊具有典型的干旱区山地湖泊特征，主要的湖泊有新疆海拔最高的湖泊赛里木湖、风光优美的天山天池、中国面积最大的内陆淡水湖——博斯腾湖。

新疆天山拥有温带干旱区典型的山地垂直自然带谱，突出代表了温带干旱区山地生态系统的空间分布特征和演变规律，成为研究全球气候变化下干旱区山地生态系统生物群落演替的杰出范例。

生物多样性

新疆天山作为温带干旱区最大的山地生态系统，拥有边界清楚、相对独立和典型完整的垂直自然带谱，在动植物区系、植被类型和生物演化过程等方面集中体现了温带干旱区大型山脉所独有的生物生态特征，成为全球生物多样性关键区域之一。

新疆天山植被垂直带谱明显，南北坡差异显著，区系成分多样，保留了大面积的天山野果林，是众多古近纪残遗物种的避难所，突出代表了帕米尔 – 天山山地生物群落演变和进化的过程。

知识拓展

天山天池是怎么形成的?

第四纪冰期以来，全球气候发生过多次剧烈的冷暖交替。20 万年前，地球第三次气候转冷，冰期来临，天池地区发育了颇为壮观的山谷冰川。冰川挟带着砾石，缓慢地在山谷中移动，强烈地刨蚀着冰床，塑造着山谷，形成了多种冰蚀地形。在这一过程中，天池谷地逐渐演化为一个巨大的冰窖，其冰舌前端则因挤压、消融，成河下泻，所挟带的岩屑巨砾随水流变缓逐渐停积下来，成为横拦谷地的冰碛巨垅。其后，气候转暖，冰川消退，这里便潴水成湖，形成了今天的天山天池。所以，天池实际上是冰川消退后形成的冰碛湖。

湖北神农架

入选时间：2016 年 7 月，在土耳其伊斯坦布尔召开的第 40 届世界遗产大会上，世界遗产委员会根据世界遗产遴选标准Ⅸ、Ⅹ，批准湖北神农架作为世界自然遗产正式列入《世界遗产名录》。

世界遗产委员会评语：神农架位于中国中东部的湖北省。这处遗产地由两部分构成：西边的神农顶 / 巴东和东边的老君山。这里有中国中部地区最大的原始森林，是中国大鲵、川金丝猴、云豹、亚洲黑熊等许多珍稀动物的栖息地。湖北神农架是中国三大生物多样性中心之一，在 19 世纪和 20 世纪曾是国际植物收集探险活动的目的地，在植物学研究史上占据重要地位。

提到神农架，你的脑海里是会联想到野人传说，还是传说中的神农尝百草，抑或是令人沉醉的美景？让我们一起走进神农架，了解这片神奇的区域。

神农架景观

遗产概况

神农架是位于湖北省西部的一片群峰耸立的高大山地，横亘于长江、汉江之间，相传因上古的神农氏在此搭架上山采药而得名。神农架位于中国地势第二阶梯的东部边缘，由大巴山脉东延的余脉组成中高山地貌，区域内山体高大，由西南向东北海拔逐渐降低。最高峰神农顶海拔 3 106.2 米，成为“华中第一峰”，神农架因此有“华中屋脊”之称。

由于一年四季受到湿热的东南季风和干冷的大陆高压的交替影响，以及高山森林对热量、降水的调节，神农架地区形成了夏无酷热、冬无严寒的宜人气候。这里地处中纬度北亚热带季风区，受大气环流控制，气温偏凉且多雨，并随海拔的升高而形成低山、中山、亚高山 3 个气候带，渐次迭现暖温带、中温带、寒潮带等多种气候类型。

自然生态系统

湖北神农架地处大巴山常绿林生态区，拥有中国中部最大的原始森林，是中国特有植物物种的三个中心之一。该遗产地拥有 11 种植被类型和 6 个梯度的完整植被垂直带谱，是世界上落叶阔叶林类型和北半球常绿落叶阔叶混交林类型中树种和属的丰富度无与伦比的地区，也是世界上最完整的高原自然带。

湖北神农架独特的地形和气候受冰川的影响相对较小，因此这里成为许多稀有、濒危和特有物种的天堂。该遗产地物种丰富，已发现约 1 550 只金丝猴。神农架金丝猴是我国川金丝猴三个亚种中濒危程度最高的。

这里有着优美而古老的传说和古朴而神秘的民风民俗，人与自然共同构成了我国内陆的高山原始生态文化圈。神农顶雄居“华中第一峰”，风景垭名跻“神农第一景”；红坪峡谷、关门河峡谷、夹道河峡谷、野马河峡谷雄伟壮观；阴峪河、沿渡河、香溪河、大九湖风光绮丽；万燕栖息的燕子洞、时冷时热的冷热洞、盛夏冰封的冰洞、一天三潮的潮水洞、雷响出鱼的钱鱼洞各有妙趣。

生物多样性

神农架是我国内陆唯一保存完好的绿洲，是北纬 30° 带上的“绿色奇迹”，也是全球中纬度地区唯一的绿色宝地。其独特之处在于保留了全球中纬度地区唯一完好的亚热带森林生态系统，成为最富特色的垄断性的世界级旅游资源。这片地区动植物区系成分丰富、古老、特有且珍稀。苍劲挺拔的冷杉、古朴郁香的岩柏、雍容华贵的桫椤、风度翩翩的珙桐、独占一方的铁坚油杉，枝繁叶茂，遮天蔽日；金丝猴、白熊、苏门羚、中国大鲵以及白鹳、白鹤、金雕等走兽飞禽出没于草丛山林溪涧之间，构成了和谐宁静、自在安详的生态景象。

神农架茫茫的林海、完好的原始生态系统、丰富的生物多样性、宜人的气候条件、原始独特的内陆高山文化，共同构成了绚丽多彩的山水画卷，也使神农架获得了“绿色明珠”“天然动植物园”“生物避难所”“物种基因库”“自然博物馆”“清凉王国”等众多美誉。在地球生态环境日益遭到破坏、环境污染日趋严重的今天，神农架正以其原始完美的生态环境而引起世人瞩目。

重庆五里坡

2021 年 7 月，在第 44 届世界遗产大会上，神农架世界自然遗产边界调整项目——重庆五里坡，被纳入世界自然遗产地。五里坡申遗成功有利于渝东北片区区县采取更加科学有效的措施来保护人类赖以生存的遗传资源基因，挽救濒临灭绝的物种，保护受到威胁的物种，维持渝东北片区生态系统的完整性。

知识拓展

华中屋脊——北半球同纬度上的“绿色奇迹”

神农架是长江和汉江的分水岭，境内有香溪河、沿渡河、南河和堵河 4 个水系。该地区位于中纬度北亚热带季风区，气温偏凉且多雨，“山脚盛夏山顶春，山麓艳秋山顶冰。赤橙黄绿看不够，春夏秋冬最难分”是神农架气候的真实写照。由于一年四季受到湿热的东南季风和干冷的大陆高压的交替影响，以及高山森林对热量、降水的调节，这里形成了夏无酷热、冬无严寒的宜人气候。当南方城市夏季普遍高温时，神农架却是一片清凉世界。当地独特的地理位置和气候特征，孕育了丰富的动植物资源，保存有北纬30°带最为完好的亚热带森林生态系统，被誉为北半球同纬度上的“绿色奇迹”，其自然资源及生态系统的完整性、原真性、不可再生性和不可复制性在全球都是非常珍稀的。

青海可可西里

入选时间：2017年7月，在波兰克拉科夫召开的第41届世界遗产大会上，世界遗产委员会根据世界遗产遴选标准Ⅶ、Ⅹ，批准青海可可西里作为世界自然遗产列入《世界遗产名录》。

世界遗产委员会评语：青海可可西里，位于青藏高原的东北端。这片广阔的高山和草原系统海拔4 500米以上，平均气温低于零度。该地区的地理和气候条件造就了独特的生物多样性。其超过三分之一的植物物种和所有草食性哺乳动物都是高原特有物种。遗产地保护了藏羚羊的完整迁徙路线。藏羚羊是青藏高原特有的物种，是我国濒危大型哺乳动物之一。

可可西里的藏羚羊

2004年，电影《可可西里》上映，它以纪实镜头呈现了20世纪80年代可可西里藏羚羊的生存情况。可可西里地区本来有几万只藏羚羊，但是因为藏羚羊的皮毛很珍贵，一些国家缺乏这种皮毛，便出高价收购，于是在短短十几年的时间里，藏羚羊的数量从几万只锐减到几千只。影片将人性的贪婪与生态环境的脆弱展现给观众，让我们反思生物保护与经济利益的关系，给我们深刻的启迪。

遗产概况

“可可西里”，蒙古语意为青色的山梁。青海可可西里坐落于广袤的青藏高原东北角，是我国面积最大的世界自然遗产地。该遗产地包括了广阔的高山和草原系统，平均海拔超过 4 500 米。可可西里属于高原气候，全年平均温度低于 0℃，最低气温达 -45℃。该遗产地有青藏高原上的大型夷平面和盆地，它是高原上湖泊最集中的地区，在高海拔地区呈现出独特的湖泊盆地和内陆湖泊景观。凭借其广阔壮美的远景和令人惊叹的视觉冲击力，这片荒野景观仿佛将时间冻结了。然而，这里实际上是一个展示不断变化的地貌和生态系统的场所。

生物多样性

可可西里独特的地理形态和气候条件孕育了同样独特的生物多样性。这里超过三分之一的植物物种和所有草食性哺乳动物都是高原特有物种。寒冷的高山草原和可可西里湖泊周围的草地是藏羚羊种群的主要产仔场。遗产地包括了藏羚羊从三江源到可可西里的完整迁徙路线。这条路线虽然受到青藏公路和铁路的挑战，但却是今天所知的藏羚羊迁徙路线中最受保护的路线。

可可西里被誉为“地球第三极”和青藏高原珍稀野生动物基因库，是我国第一个为保护藏羚羊而设置的自然保护区。可可西里自然保护区大部分地区海拔在 5 000 米左右，高寒荒漠生态系统类型保存得原始完整，是地球上原始状态保存最完好的地区之一，各种植被类型均保持着原生状态，这里也成为耐寒的高原动物躲避天敌和人类伤害的天然乐园。

青海可可西里

另外，可可西里也是中国生物多样性保护的关键区域之一，既保留了许多古老的物种，同时又在该地区产生了许多新的种属，成为现代物种分化和分布的中心之一，是我国重要的物种基因库。不允许随意进入和恶劣的气候使得该遗产地不受现代人类生产和发展的影响。然而，可可西里地区正受到全球气候变化的影响。其生态系统和地理环境对这种变化极为敏感，需要控制外部威胁让生态系统适应环境变化。

索南达杰保护站

从 20 世纪 80 年代末开始，藏羚羊遭受了前所未有的大规模盗猎，数量锐减，被列为国际濒危物种。经多次实地考察，杰桑·索南达杰向州委州政府提出了保护可可西里的建议。他为保护可可西里的生态环境、唤起人们对这片土地的关注做出了突出贡献。杰桑·索南达杰，是可可西里和三江源生态环境保护的先驱，是高原儿女献身生态环境保护的杰出代表。他发起了对可可西里生态环境的有组织保护，组建了我国第一支武装反盗猎队伍，开启了可可西里和三江源生态环境保护的新纪元。电影《可可西里》中巡山队长日泰的原型，就是杰桑·索南达杰。

1996 年，索南达杰保护站建立，它是可可西里地区集科研、救护、保护、宣传为一体的中心保护站，是大规模反盗猎行动的前线指挥所，也是藏羚羊及其他野生动物的救助中心。每年在藏羚羊产仔期间，索南达杰保护站野生动物救助中心都会接收到被遗弃或走散的小藏羚羊，在保护站工作人员的悉心照顾下，小藏羚羊茁壮成长，逐渐能够适应野外生活。

梵净山

入选时间：2018 年 7 月，在巴林麦纳麦召开的第 42 届世界遗产大会上，世界遗产委员会根据世界遗产遴选标准 X，批准梵净山作为世界自然遗产列入《世界遗产名录》。

世界遗产委员会评语：梵净山位于武陵山脉的贵州省（中国西南部）境内部分，海拔高度在 500 米至 2 570 米，以丰富多样的植被和地貌类型为特色。这处遗产地就像是喀斯特海洋中的一个变质岩岛屿，是许多动植物物种的家园，这些物种起源于距今 6 500 万年至 200 万年的第三纪。与外界的隔绝导致这里存在高度的生物多样性，既有梵净山冷杉和黔金丝猴等特有物种，也有中国大鲵、林麝和白鹇等受保护的物种。梵净山拥有亚热带地区最大、最完整的原始山毛榉林。

遗产概况

梵净山位于贵州省东北部的铜仁市境内，是国家级自然保护区、联合国教科文组织“人与生物圈”保护网成员。梵净山是武陵山脉的主峰，最高峰海拔 2 572 米。梵净山有着悠久的地质演化历史，是中国南方最早成为陆地的地区之一。梵净山主要由变质岩组成，广阔的喀斯特地貌环绕周围，被称为伫立于喀斯特海洋中的变质岩“生态孤岛”，展现了独特的地质、生态、生物和景观特征。

梵净山

自然生态系统

梵净山是典型的穹隆状山地生态系统，形成了壮观的亚高山山体和丘陵地貌。受东亚季风和山体高度悬殊影响，山体在大区域内具有气候湿润的特征，在小区域内立体气候分异明显，加上受人类活动干扰极少，使得梵净山具有地球同纬度最丰富的生物多样性，是重要的物种基因库。

梵净山地形复杂，环境多变，是全球为数不多的生物多样性基地。这里原始生态保存完好，保存了世界上少有的亚热带原生生态系统，拥有丰富的野生动植物资源，并有大量 7 000 万至 200 万年前的古老珍稀孑遗物种。原始森林里栖息着多种濒临灭绝的国家重点保护野生动物，如：黔金丝猴、藏酋猴、云豹、黑熊等。黔金丝猴和珙桐等国宝级动植物是梵净山生物多样性的杰出代表。

黔金丝猴

黔金丝猴是全世界最濒危的灵长类动物之一，国家一级重点保护野生动物，仅分布于中国贵州东北部的梵净山。梵净山是黔金丝猴的唯一栖息地。梵净山被列为世界自然遗产之后，旅游业快速发展，知名度不断提升，但同时梵净山和黔金丝猴栖息地所面临的压力也不断增加。在这种复杂的人类与自然耦合系统中，管理部门未来还要积极、透明、开放地开展跨学科研究和跨部门保护合作，以梵净山国家公园建设为契机，持续提高对黔金丝猴的科学研究和保护管理水平。

自然景观

梵净山地势雄伟、层峦叠嶂，溪流纵横、飞瀑悬泻。其标志性景点包括：红云金顶、月镜山、蘑菇石、万卷经书、万米睡佛、九龙池、凤凰山等。

蘑菇石，石如其名，上大下小，形似蘑菇，高约十米，是梵净山的标志性代表形象。

佛光是梵净山最奇特的天象奇观之一，当旭日东升或夕阳西下时，在与太阳相对的云雾中经常会出现七色光彩组合成的巨大光环，其景奇异至极，其光绚丽至极。

知识拓展

梵净山的“佛光”是如何产生的?

“佛光”是一种在特定环境中产生的大气光学现象，它的形成必须要求阳光、地形和云雾等自然因素的巧妙结合，只有在少数具备了以上条件的地方才可欣赏到。观察者必须背对着太阳、面对着云雾才有可能看到。梵净山空气中的水分子含量很高，当旭日东升或夕阳西下时，云雾中的水珠对太阳光线发生衍射、反射，于是就出现了“佛光”。在我国的敦煌、庐山、泰山、黄山、太白山等地均有机会欣赏到“佛光”。

中国黄（渤）海候鸟栖息地

入选时间：2019 年 7 月，在阿塞拜疆巴库召开的第 43 届世界遗产大会上，世界遗产委员会根据世界遗产遴选标准Ⅹ，批准中国黄（渤）海候鸟栖息地（第一期）作为世界自然遗产列入《世界遗产名录》。2024 年 7 月，在印度新德里召开的第 46 届世界遗产大会上，中国黄（渤）海候鸟栖息地（第二期）顺利通过评审，上海崇明东滩等五处提名地扩展列入《世界遗产名录》。

世界遗产委员会评语：中国黄（渤）海候鸟栖息地通过了第一期（2019 年）和第二期（2024 年）的分期申报程序，由十二个部分构成，位于世界上最大的潮间带湿地系统中，也是生物多样性最丰富的地区之一。这一自然遗产为 400 多种鸟类提供了栖息地。它地处黄海生态区，是东亚—澳大利西亚迁飞通道上不可替代的枢纽，凭借其独特的生态功能成为候鸟向北 / 向南迁徙过程中不可或缺的停歇地和中转站。黄海和渤海湾是数百万水鸟迁徙的咽喉瓶颈地带，占东亚—澳大利西亚航道迁徙总量的 10% 以上。中国黄（渤）海候鸟栖息地是人与候鸟共享自然遗产案例中的全球典范。

江苏盐城丹顶鹤自然保护区

中国黄（渤）海候鸟栖息地填补了我国滨海湿地类型世界自然遗产的空白，它不仅是中国首个以候鸟栖息地为主题的世界遗产，也是全球候鸟保护的重要里程碑。这片广袤的湿地，不仅是候鸟的乐园，更是地球上独特的生态系统。它见证了地球生命的多样性，是人类与自然和谐共生的典范。这一遗产地分两期列入《世界遗产名录》，第一期于 2019 年获批，第二期于 2024 年扩展。

遗产概况

中国黄（渤）海候鸟栖息地位于中国东部沿海地区，涵盖辽宁、河北、山东、江苏等省份的滨海湿地，拥有丰富的生物种类。这里有680多种脊椎动物和500多种无脊椎动物，其中包括400多种鸟类。这些生物在这里繁衍生息，形成了复杂而稳定的生态系统。它们相互依存，共同维护着这片湿地的生态平衡。

第一期：2019年列入《世界遗产名录》，包含五个保护区：江苏大丰麋鹿国家级自然保护区、江苏盐城湿地珍禽国家级自然保护区、江苏盐城条子泥市级自然保护区、江苏东台高泥湿地保护地块及江苏东台条子泥湿地保护地块。其中盐城境内拥有整个黄海生态区最长的自然岸线，南北超过500千米，以及面积最大的连续分布潮间带湿地。这里是丹顶鹤最大的越冬地，是勺嘴鹬、黑脸琵鹭、小青脚鹬等全球濒危鸟类规模最大的停歇地，也是麋鹿的再野化首选地。

第二期：2024年扩展列入《世界遗产名录》，包括上海崇明东滩、山东东营黄河口、河北沧州南大港、辽宁大连蛇岛—老铁山和辽宁丹东鸭绿江口。上海崇明东滩是候鸟迁徙的重要停歇地，拥有丰富的水鸟资源。山东东营黄河口是黄河入海口处形成的湿地，为候鸟提供了广阔的栖息和觅食空间。河北沧州南大港湿地是华北地区重要的湿地之一，为候鸟提供了丰富的食物和安全的栖息环境。辽宁大连蛇岛—老铁山和辽宁丹东鸭绿江口则为候鸟提供了重要的迁徙通道和停歇地。这些湿地为众多种类的候鸟提供了栖息地，进一步丰富了生物多样性。将其作为世界自然遗产加以保护，不仅提升了中国候鸟栖息地的保护水平，也为全球候鸟保护事业做出了重要贡献。

麋鹿保护地

麋鹿是中国特有物种。在中华文明的曙光时期（新石器时代），麋鹿曾经遍布中国东部的原野，从辽河之滨到华北平原、从云梦泽到珠三角都有麋鹿的足迹。但随着人类活动范围的不断扩大，麋鹿的数量急剧减少，1900年因为战争的影响，麋鹿在中国本土灭绝，到20世纪80年代才失而复得。盐城是麋鹿重返大荒的起点，江苏大丰麋鹿国家级自然保护区有一片麋鹿野放区，这里生活着数百头真正的野生麋鹿。麋鹿苑是第一批回到盐城的麋鹿栖居的场所，至今仍有很多麋鹿生活在这里。在麋鹿回归之前，这片滩涂满是芦苇和入侵植物互花米草。麋鹿回归以后，由于被啃食，高草变成矮草，景观随之发生了改变。麋鹿栖息地内的开阔草地和水面吸引了大量水鸟，包括丹顶鹤、东方白鹳、黑脸琵鹭以及小天鹅，栖息觅食的雁鸭类和鸻鹬类不计其数。

鸟类栖息地

东亚—澳大利西亚迁飞通道是全球九大候鸟迁飞通道之一，每年有超过 5 000 万只候鸟通过这条路线迁徙。中国黄（渤）海候鸟栖息地拥有丰富的湿地生态系统，包括滩涂、盐沼、浅海等，是这条通道上的关键“加油站”，为全球众多迁徙候鸟提供了关键的停歇、换羽、繁殖和越冬地点。

江苏盐城条子泥湿地是东亚—澳大利西亚候鸟迁飞路线上最重要的停歇地、觅食区和中转站。申遗成功后，条子泥湿地不断开展候鸟栖息地保护探索，形成了由科研机构、公益组织和公民志愿者等组成的多元湿地保护力量，积极探索“政府 + 科研 + 公益组织”的湿地生态修复模式，建立起国内第一个人工候鸟高潮位栖息地——“720”高地，被誉为生物多样性保护的“中国样本”。在这里可以观察到很多野生鸟类，如东方白鹳。东方白鹳是国家一级保护野生动物，也是《世界自然保护联盟濒危物种红色名录》认定的全球性濒危鸟种，素有“鸟界国宝”“鸟类大熊猫”之称。它常在沼泽、湿地、塘边涉水觅食，主要以小鱼、蛙、昆虫等为食。该物种已被列入《国家保护的有益的或者有重要经济、科学研究价值的陆生野生动物名录》。

遗产地保护面临的挑战与举措

尽管中国黄（渤）海候鸟栖息地具有极高的生态价值，但由于潮间带面积狭小，极易受外界干扰，因此其生态环境异常脆弱，面临诸多挑战。例如沿海湿地的围垦和开发导致栖息地面积减小；工农业生产和生活污染对湿地生态系统造成威胁、外来物种入侵、过量的拦河大坝建设、海平面上升和极端天气、水产养殖、过度捕捞、过度抽取地下水导致地面塌陷等因素均可能影响候鸟栖息环境。多种因素共同作用，导致潮间带栖息地持续退化甚至消失，从而影响到依赖这些栖息地生存的候鸟种群，并影响到生物多样性的保护。

为应对这些挑战，中国各级政府和相关部门采取了一系列保护措施，包括扩大宣传、建立自然保护区、限制开发活动、加强生态修复、与周边国家合作、推动实施跨国候鸟保护计划等举措。

中国黄（渤）海候鸟栖息地不仅保护了候鸟，还支持了当地渔民的生计，体现了生态保护与可持续发展的平衡，是人与自然和谐共生的典范。保护这一遗产地，就是保护我们共同的地球家园。

知识拓展

候鸟为什么要迁徙？

候鸟迁徙的距离远近不一，近的几千米，远的则可至上万千米。例如，北极的燕鸥在北极繁殖，飞往南极过冬，迁徙的路途达数万千米，生命的大半时间都在飞行中度过。一般来说，候鸟迁徙的原因主要有两个：第一是气候原因，气候寒冷地区食物资源相对较少，很难满足候鸟的生存需要。这也是低纬度地区候鸟较少而留鸟较多，而中高纬度地区候鸟较多而留鸟较少的主要原因。第二是繁殖原因，候鸟在繁殖期需要大量的能量和营养物质。气候温暖地区食物资源丰富，可以为候鸟提供足够的能量和营养物质。在迁徙过程中，候鸟还可以传播种子和花粉，促进植物的繁殖和传播。同时，候鸟又成为很多捕食动物的食物，帮助控制各种生物种群的数量，维持生态平衡。但是，候鸟在迁徙过程中也面临着很多挑战。比如，迁徙途中的风险很高，很容易受到环境污染和生境破坏等因素的影响。因此，只有保护候鸟和它们的迁徙路线，减少人类活动的干扰，才能确保候鸟顺利迁徙，同时保护好我们共同的地球家园。

巴丹吉林沙漠－沙山湖泊群

入选时间：2024 年 7 月，在印度新德里召开的第 46 届世界遗产大会上，世界遗产委员会根据世界遗产遴选标准Ⅶ、Ⅷ，批准巴丹吉林沙漠－

沙山湖泊群作为世界自然遗产列入《世界遗产名录》。

世界遗产委员会评语：巴丹吉林沙漠地处阿拉善高原，属中国西北极干旱的温带荒漠地区，是中国第三大沙漠和第二大流动沙漠。该地区以连绵起伏的高大沙山和丘间的众多湖泊而闻名，展示了沙漠景观不断变换的地质和地貌特征，令人叹为观止，全球少有沙漠可以与之比肩。巴丹吉林沙漠的重要标志包括世界最高的固定沙山（相对高度达 460 米）、最密集的沙漠湖泊、最广阔的鸣沙区域，以及多样的风蚀地貌。如此多样化的景观展示了巴丹吉林沙漠非凡的自然美学价值，代表着地球上重要、典型且持续的风沙地貌发展过程，也造就了丰富多彩的生物栖息地。

巴丹吉林沙漠

遗产概况

巴丹吉林沙漠位于内蒙古自治区西部的银额盆地，主要分布在阿拉善高原中心，集中于额济纳河（古称“弱水”）东岸的古日乃湖以东、宗乃山和雅布赖山以西、拐子湖以南、北大山以北的地区；在行政区划上主要属阿拉善右旗和额济纳旗，沙漠总面积约为 49 200 平方千米，是中国第三大沙漠，也是中国第二大流动沙漠。

地质地貌和气候

巴丹吉林沙漠在地质构造上属阿拉善地块，地貌形态缓和，主要由剥蚀低山残丘与山间凹地相间组成。第四纪沉积物普遍覆盖于地表，形成广泛分布的戈壁和沙漠。巴丹吉林沙漠地区主要属典型的大陆性气候，冬季干燥寒冷，夏季酷热，春秋两季短，年降水量 50 ～ 60 毫米，年均温度 7℃～ 8℃，绝对最低温度 –37℃～ –30℃，绝对最高温度 37℃～ 41℃，沙面最高温度可达 70℃～ 80℃。年温差及日温差大，日照强烈。

沙山和湖泊

巴丹吉林沙漠拥有世界上最高的沙山——必鲁图峰（相对高度 460 米），以及众多超过 200 米的高大沙山和 144 个沙漠湖泊。这些沙山和湖泊的存在，使得巴丹吉林沙漠在全球沙漠中具有独特性。

必鲁图峰屹立在茫茫沙海之上，峰尖耸峙，由峰尖往下延伸出多条沙脊，沙脊之间形成许多沙窝。沙窝是沙漠生命的“摇篮”，一簇簇的梭梭、沙蓬和骆驼刺在这里顽强地生长着。必鲁图峰峰顶还有芨芨草随风摇曳。极目远眺，沙丘如波，层层叠叠，涌向天际，蔚为壮观。

关于巴丹吉林沙漠的沙山形成的原因，国内外研究者看法不一。有人认为，巴丹吉林沙漠的东南部被雅布赖山遮挡，产生与雅布赖山走向垂直的重力波，这一地区又常年吹西南风，刮起的沙粒在山前堆积，重力波中的上升气流将沙粒带到更高处，久而久之聚集成高大的沙山；也有人说，巴丹吉林沙漠一带原本是丘陵地貌，沙化后，沙粒直接覆盖在丘陵上而形成高大沙山。

最新的说法是沙山的形成与水分有关。一种说法是地下水维持了沙山，表层沙子下 20 ～ 30 厘米处为湿沙层，沙子孔隙里含有大量水分，并且下伏深大断裂带地下水上涌、水分蒸发引起沙丘表面湿度增大、固定性增强，进而形成高大沙山。另一种说法是沙山的形成是气候的干湿波动所致，当气候进入湿润周期时，大量的降水使得沙丘中的碳酸钙形成钙结层，将沙子胶结、固定住。当气候进入干旱周期时，流动的沙子不断在钙结层上沉积。如此反复进行，沙山就越来越高大了。

关于巴丹吉林沙漠的湖泊形成的原因，看法也不一致。有人认为，湖泊中的水是大气降水加上凝结水（露水），这里的沙丘在晚上降温快，达到水汽凝结成水的温度，水就会凝结到沙丘表面，进入沙里，这种凝结水一年的总量相当于这里的年平均降水量；也有人说，这些湖水都是气候湿润时期残留下来的；还有人认为，这些湖水是从雅布赖山或祁连山，甚至是从阿尔金山的大断裂中流过来的。

目前，还有一种新的说法是从东南方过来的深循环水形成了湖泊。深循环水是从地壳深处溢出来的，而且是温度较高且稳定的热泉水，它们在经过石灰岩地区后，带来溶解的碳酸钙。这些水涌出地表后，温度、压力发生变化，二氧化碳气体逃逸，碳酸钙重新沉淀下来，形成钙华。而巴丹吉林沙漠中常年有积水的湖泊内就有很多钙华。

巴丹吉林沙漠中的达格图湖

生物多样性

辽阔而神奇的巴丹吉林沙漠是野生动物的天堂，这里生活着狼、鹰、狐狸、沙蜥、大雁、野鸭和天鹅等几十种野生动物。沙漠中生长着多种乔木、灌木、草本植物，如梭梭、柠条、黑沙蒿、霸王鞭、胡杨和骆驼刺等。沙葱是美味的菜蔬，莎草、沙蓬的果实可做面粉的替代品，沙枣的果实中含有大量淀粉，可供多种用途，沙棘、白刺的果实富含维生素，可提取果汁、酿酒等。在沙漠中还有多种药用植物，如锁阳和肉苁蓉。丰富的动植物资源和大量的富含硅、铝、铁、钙等元素的矿物资源，使巴丹吉林沙漠成为“聚宝盆”，有着非常大的开发价值。

知识拓展

沙漠植物的特殊“生存策略”

沙漠植物为了在极端干旱的环境中生存，发展出了多种特殊的生存策略。首先，许多沙漠植物通过改变叶片结构来减少水分蒸发。例如，仙人掌的刺实际上是退化的叶子，这种结构可以减少水分流失。梭梭的叶子变成鳞片状，柠条的叶子两面都长满了银白色的绒毛。这些变化都有利于适应沙漠环境。其次，沙漠植物具有强大的根系，能够深入地下吸收水分。白刺可以将根扎入地下 13 米深，以吸收更多水分。胡杨和沙枣也有强大的根系，能伸到沙里很深的地方吸收水分。再次，沙漠植物还通过快速的生理代谢调节、积累渗透调节物质、提高抗氧化酶活力和细胞抗氧化能力来应对沙漠环境中的光辐射和温度变化。多年生的植物在严重干旱时会落叶或枯梢，进入休眠或假死状态，而等到降雨后，就会萌发新的枝叶。这些独特的生存策略使得沙漠植物能够在极端的环境中生存和繁衍。

三、中国的世界文化遗产

世界文化遗产专指“有形”的文化遗产，主要包括从历史、艺术或科学角度看具有突出的普遍价值的文物，以及从历史、美学、人种学或人类学角度看具有突出的普遍价值的建筑群或遗址。

中国是以汉族为主体的多民族国家，十里不同风，百里不同俗，人们在悠久的历史之中创造了丰富多彩、弥足珍贵的中华文化。我国目前拥有 40 项世界文化遗产，其中包含 6 项文化景观，世界文化遗产数量仅次于意大利，居世界第二。这些世界文化遗产，犹如绚丽的文化宝石般镶嵌在中国的悠久历史与发展传承之中，彰显着卓越的历史价值和文化价值。

江南忆

周口店北京人遗址

入选时间：1987 年 12 月，在法国巴黎召开的第 11 届世界遗产大会上，世界遗产委员会根据世界遗产遴选标准Ⅲ、Ⅵ，批准周口店北京人遗址作为世界文化遗产列入《世界遗产名录》。

周口店遗址博物馆

世界遗产委员会评语：周口店北京人遗址位于北京西南 42 千米处，遗址的科学考察工作仍在进行中。目前已经发现了北京人的遗迹，他们大约生活在中更新世时代，同时发现的还有形式多样的生活物品，以及可以追溯到公元前18 000年到公元前11 000年的山顶洞人的遗迹。周口店北京人遗址是有关远古时期亚洲大陆人类社会的一个罕见的历史证据，对于阐明人类进化的进程具有重要价值。

遗产概况

周口店北京人遗址位于北京市西南房山区周口店镇龙骨山，地处山区与平原交会处，东南方向是广袤的华北平原，而西北方向则是壮丽的太行山脉，自然环境得天独厚，气候宜人。遗址所在地的山区大多是石灰岩地貌，经过长时间的水力作用，形成了众多大小不一的天然洞穴。周口店北京人遗址实际上是由龙骨山上的一系列洞穴组成的。目前共发现不同时期的各类化石和文化遗物地点27处，出土的人类化石超过200件，石器数量超过10万件，此外还有丰富的用火遗迹和上百种动物化石，其中还保留着几乎完整的硕鬣狗化石。这个遗址既是全球著名的人类化石宝库，也是古人类学、考古学、古生物学、地层学、年代学、环境学和岩溶学等多学科研究的重要基地。

经考证，这片区域曾是70万年至20万年前的北京人、20万年至10万年前的第4地点早期智人、约4.2万年至3.85万年前的田园洞人、3万年前左右的山顶洞人的居住地。

1961年周口店北京人遗址被列为首批全国重点文物保护单位。1987年，这个遗址被联合国教科文组织列为世界文化遗产。现在，周口店北京人遗址作为国家爱国主义和青少年科普教育基地，继续为人们深入了解古代人类历史提供着宝贵的资源。

发掘过程

1921年，瑞典地质学家安特生、美国学者格兰阶以及奥地利古生物学家师丹斯基到周口店鸡骨山找化石，被当地人带到了老牛沟，据说有更多化石，当时中国还没有相关技术，发掘的化石全部被送到了瑞典乌普萨拉大学的维曼实验室进行鉴定。1921至1923年间，师丹斯基在龙骨山试掘中又找到两颗牙齿化石，但当时不能区分是人还是类人猿的化石。1926

年，安特生在协和医院小礼堂宣布北京周口店发现古人牙化石，叩开了 50 万年前北京人之家的大门。

龙骨山位于周口店镇西部，山北坡有一个大洞穴，洞穴北侧有一道宽约 7 米的裂隙，即猿人洞，又称周口店第 1 地点。

1929 年 12 月 2 日下午 4 点，我国史前考古学家、古生物学家裴文中在周口店第 1 地点（即猿人洞）的剖面第 10 层，发现了第一块完整的北京人头盖骨化石，为证明北京人的存在奠定了科学基础。1930 年，实验室修复了一块来自第 1 地点剖面第 8 ～ 9 层的头盖骨。1936 年，在贾兰坡的带领下，发掘人员在剖面第 8 ～ 9 层又陆续发现了 3 块北京人头盖骨。1966 年，第 1 地点的剖面第 3 层出土了额骨和枕骨，与 1934 年和 1936 年同层发现的两块头骨恰好匹配，组成了一块相对完整的头盖骨。至此已找到了 6 块北京人头盖骨。截至七七事变，此处共发掘出属于 40 多个个体的大量北京人骨骼。

七七事变后，周口店被日军占领，发掘工作中断。新中国成立后，周口店遗址得到重新发掘。遗址中的大量灰烬堆积层表明北京人已经掌握了使用火的技能。历经几十年的间断性发掘，周口店北京人遗址的科考工作至今仍在持续进行中。这个遗址出土的猿人化石、石器、动物化石以及丰富的用火遗迹，在同时代的其他遗址中绝无仅有。

周口店遗址博物馆

周口店遗址博物馆是专门保护和研究北京人遗址的重要机构。1953 年，周口店遗址及工作站划归中国科学院古脊椎动物研究室领导，在该遗址基础上建立了 300 平方米的“中国猿人陈列室”，这是中华人民共和国成立后全国最早新建的博物馆之一。20 世纪 70 年代初，在中国科学院院长郭沫若的支持下，该馆扩建成 1 000 平方米的“北京猿人展览馆”。1979 年，北京人第一块头盖骨发现 50 周年纪念会与研讨会后，该馆调整了陈列内容，充实了新的研究成果，提升了科学性和综合性，还增加了对其他遗址和全球重要的人类演化化石地点的简要介绍。1994 年，该馆正式更名为“周口店遗址博物馆”。2014 年，周口店遗址博物馆新馆于 5 月 18 日“国际博物馆日”正式建成开放，新馆地上二层，地下一层，面积达 8 000

余平方米，全部展品达到 1 600 余件。

博物馆还推出了多媒体 4D 电影，带观众穿越时空，感受远古人类生活，还用纱幕电影和投影展示北京人的生活和古生物化石，让人仿佛回到远古时期。周口店遗址通过多种形式的活动和科技手段的运用，展现了其丰富的历史文化内涵，帮助公众更好地理解了文化遗产的重要性，增强了人们对文化遗产的保护意识，特别是深化了青少年对文化遗产内涵、价值以及保护的必要性的理解。这些努力有助于培养一批能够守护人类远古文明的人才。

知识拓展

北京人头盖骨化石失踪之谜

1937 年七七事变后，抗日战争全面爆发，周口店发掘工作中断。研究人员转移到北平协和医院的新生代研究室对化石进行整理。日军占领北平后，威胁到了北京人头盖骨化石的安全。为确保头盖骨化石的安全，研究室决定将化石送往美国暂存。按照合同规定，周口店化石不得出境，初时美国公使馆拒绝接收，但在国民政府的协调下，美国公使馆接纳了这批珍贵的古人类化石。

1941 年 12 月 5 日，装载着五枚北京人头盖骨化石的美海军陆战队专列启程离开北平，计划将化石转至秦皇岛后运往美国。然而，太平洋战争爆发后，日军占领秦皇岛，导致化石失踪。

日本投降后，归还了大部分掠夺物资，包括大多数古人类物品。然而，北京人头盖骨化石却下落不明。此后，中国和美国持续寻找，但至今无任何进展。

长城

入选时间： 1987 年 12 月，在法国巴黎召开的第 11 届世界遗产大会上，世界遗产委员会根据世界遗产遴选标准Ⅰ、Ⅱ、Ⅲ、Ⅳ、Ⅵ，批准长城作为世界文化遗产列入《世界遗产名录》。2002 年 11 月，中国唯一的一段水上长城辽宁九门口长城通过联合国教科文组织的验收，作为长城的一部分正式挂牌成为世界文化遗产。

世界遗产委员会评语：约公元前220年，秦始皇下令将早期修建的一些分散的防御工事连接成一个完整的防御系统，用以抵抗来自北方的侵略。明代（1368—1644年）继续修建长城，终于把长城建设成为世界上最大的军事设施。长城在建筑学上的价值，足以与其在历史和战略上的重要性相媲美。

万里长城

长城，又称万里长城，是一道高大、坚固而连绵不断的长垣，是中国古代的军事防御工事。它像一条巨龙跨越崇山峻岭、江河湖海，横卧在中国大地上。

地域分布

现存长城遗址主要为修建于14世纪的明长城，东起辽宁虎山，西至甘肃嘉峪关。2012年，国家文物局完成了长城资源认定工作，我国各时代长城资源分布于北京、天津、河北、山西、内蒙古、辽宁、吉林、黑龙江、山东、河南、陕西、甘肃、青海、宁夏、新疆15个省（自治区、直辖市）404个县（市、区），历代长城总长度为21 196.18千米，包括长城墙体、壕堑、单体建筑、关堡和相关设施等长城遗产43 721处（座、段）。目前，长城作为世界文化遗产，不仅包含上述15个省（自治区、直辖市）境内的长城，还包括湖北的楚长城、湖南和四川境内的苗疆长城。

修建历史

长城的修建持续了2 000多年，最早可上溯到公元前9世纪的西周时期，当时称为“列城”。根据历史记载，从公元前7世纪开始，楚国为防御北方游牧民族和其他势力，开始修筑“方城”。随后，齐、燕、魏、赵、秦等国出于相同的目的也开始修筑自己的长城。秦统一六国后，秦始皇为防御匈奴，下令把各国长城连起来，西起临姚，东至辽东，绵延万余里，遂称“万里长城”。自秦始皇以后，凡是统治着中原地区的朝代，几乎都要修筑长城。汉、晋、北魏、东魏、西魏、北齐、北周、隋、唐、宋、辽、金、元、明、清等十多个朝代，都不同规模地修筑过长城。所以，可以说自春秋战国时期开始到清代的2 000多年一直没有停止过修筑长城。

建筑风格

万里长城的建筑特点是雄、奇、险。它时而匍匐在山脊上蜿蜒而行，时而沿河流岸线平展布置，或穿梭于河谷山川之间，或以峻山险水为依托，将人工构筑的防御工事与自然屏障完美结合，形成了极为丰富的文化遗产和规模庞大的建筑遗产。

长城不是单独的城墙，而是由城墙、敌楼、关城、墩堡、营城、卫所、烽火台等防御工事组成的完整的防御工程体系。这种建筑体系，有利于各级军事指挥系统层层指挥、节节控制。

“因地形，用险制塞”为长城修筑时的重要依据。凡是修筑关城隘口都选择在两山峡谷之间，或是河流转折之处，或是平川往来必经之地。这样既能控制险要，又可节约人力和材料，以达到“一夫当关，万夫莫开”的效果。

建筑技术

在建筑选材和建筑结构上，以“就地取材、因材施用”为原则，使用了夯土、块石、片石、砖石混合等结构；在沙漠中还利用了红柳枝条、芦苇与沙砾层层铺筑的结构。随着社会生产力的进步，制砖技术不断发展，明代砖制品产量大增，已不再是珍贵的建筑材料，所以明长城不少地方的城墙内外檐墙都以巨砖砌筑。在当时全靠手工施工，靠人工搬运建筑材料的情况下，采用重量不大、尺寸大小相同的砖砌筑城墙，不仅施工方便，而且提高了建筑水平。此外，许多关隘的大门，多用青砖砌筑成大跨度的拱门，虽然这些青砖有的已严重风化，但整个城门仍威严耸立，表现出当时砌筑拱门的高超技术。从关隘城楼上的建筑装饰看，许多石雕砖刻的技艺都极其复杂精细，反映了当时工匠匠心独运的艺术才华。

中国的精神象征

长城反映了中国古代农耕文明与游牧文明之间的相互碰撞与交流，是中国古代中原王朝远大的政治战略思想以及强大的军事、国防力量的重要物证，是中国古代高超的军事建筑建造技术和建筑艺术水平的杰出范例，在中国历史上有着保护国家和民族安全的无与伦比的象征意义。

知识拓展

长城：守护中华精神的巍峨屏障

中国的长城是世界上规模最大的文化遗产之一，承载着 2 000 多年的历史与中华民族的荣耀。然而，长城曾一度陷入严重的保护危机。以宁夏为例，20 世纪 80 年代，宁夏长城可见墙体长度约 800 千米，但到了 90 年代中期仅余 500 多千米，而如今只剩下不到 300 千米。2003 年，长城被世界古遗迹基金会列为全球最濒危遗址之一。

为了拯救这一珍贵遗产，中国采取了积极的保护、传承与利用措施。在 2021 年 7 月召开的第 44 届世界遗产大会上，长城被评为世界遗产保护管理示范案例。

长城体现着中国的历史和中华民族的智慧与坚韧，保护古老的长城，对于传承中国文化、维护国家自信具有重要意义。作为中华儿女，保护长城是我们的使命，也是我们对历史的庄严承诺。

明清故宫（北京故宫、沈阳故宫）

入选时间：1987 年 12 月，在法国巴黎召开的第 11 届世界遗产大会上，世界遗产委员会根据世界遗产遴选标准Ⅰ、Ⅱ、Ⅲ、Ⅳ，批准北京故宫作为世界文化遗产列入《世界遗产名录》。2004 年 7 月，在中国苏州召开的第 28 届世界遗产大会上，世界遗产委员会又批准沈阳故宫作为明清故宫文化遗产扩展项目列入《世界遗产名录》。

世界遗产委员会评语：北京故宫作为约五个世纪（1416—1911 年）最高权力机构所在地，包含近 1 万间房间及其家具陈设与工艺，以及众多殿宇及花园景观，是明清两朝中华文明的无价见证。沈阳清朝故宫建于 1625、1626 年至 1783 年间，共有 114 座建筑，其中包括一座极为珍贵的藏书馆。沈阳故宫是统治中国的最后一个朝代权力中心扩大并迁都北京之前的基础之所在，也是这段历史的重要见证，后来成为北京故宫的附属皇宫建筑。这座雄伟的建筑为清朝历史以及满族和中国北方其他部族的文化传统提供了重要的历史见证。

北京故宫太和殿

紫禁城

故宫又称紫禁城。中国古人讲究"天人合一"的规划理念，将天上的星辰与都城规划相对应，以突出政权的合法性和皇权的至高性。紫禁城的"紫"，指的是紫微垣。中国古代的天文学家曾把天上的恒星分为三垣、二十八星宿和其他星座。三垣包括太微垣、紫微垣和天市垣。而紫微垣正位于三垣的中心，而且在天的中央最高处，共有恒星 15 颗，这组恒星被认为是"运乎中央而临至四方"的天帝所居住的宫殿，《广雅·释天》称其为“紫宫”；《后汉书》又说：“天有紫微宫，是上帝之所居也，王者立宫，象而为之。”人间的皇宫便是应天象而建的。古代皇帝喜欢称自己为“天子”，也就是天帝的儿子。既然天帝在上天住的地方被称为“紫宫”，那么天帝的儿子天子居住的地方也应称为“紫宫”。同时，在古代，皇帝居住的地方戒备森严，严禁寻常百姓随意进出，于是“紫宫”也就是一座“禁城”。将二者合并称呼，故得“紫禁城”之名。

北京故宫

北京故宫位于北京中轴线的中心，以三大殿为中心，南北长 961 米，东西宽 753 米，占地面积约 72 万平方米，建筑面积约 15 万平方米。其四面围有高 10 米的城墙，城外有宽 52 米的护城河。紫禁城有四座城门，南面为午门，北面为神武门，东面为东华门，西面为西华门。城墙的四角各有一座风姿绰约的角楼。民间有“九梁十八柱七十二条脊”之说，形容其结构的复杂。

北京故宫内有大小宫殿 70 多座，房屋 8 700 余间，是世界上现存规模最大、保存最完整的木质结构古建筑之一。

北京故宫严格地按《周礼》中“左祖右社，面朝后市”的帝都营建原则建造，充分体现了“天子至尊”的封建宗法礼制。在建筑布局上，以左右对称为基本原则，同时用形体变化、高低起伏的手法，组合成一个整体，在功能上符合封建社会的等级制度。

北京故宫大体可分为南北两部分，南为工作区，即前朝，也称外朝；北为生活区，即后寝，也称内廷。外朝以太和殿（又称金銮殿）、中和殿、保和殿三大殿为中心，东西分别以文华殿、武英殿为两翼。三大殿均建在 8 米多高的汉白玉台基上，四周廊庑环绕，气势磅礴。宫殿多采用重檐庑殿顶结构，殿内沥粉贴金，重施五彩，显得金碧辉煌、雄伟壮丽，是皇帝处理朝政大事、举行重大庆典的地方。其中太和殿是宫城中等级最高、最为堂皇的建筑，皇帝登极即位、大婚、册立皇后、命将出征等盛大仪式或庆典都在这里举行。

故宫垂脊兽

内廷以乾清宫、交泰殿、坤宁宫为中心，东西两翼分别有东六宫、西六宫，这就是人们常说的皇帝的“三宫六院”，是皇帝平日处理政务及皇室中人居住、礼佛、读书和游玩的地方。内廷还有御花园、钦安殿、养性殿等建筑，形成一个布局完美的整体。御花园既有帝苑的雍华气魄，又有民间古典园林的幽雅意境。

北京故宫的宫殿建筑中大量使用了雕刻、贴金、镂金、漆画、景泰蓝、玉石及螺钿镶嵌、绸缎装裱等封建社会所能采用的几乎所有工艺美术手段，将高超的建筑技术与艺术融为一体，体现了我国古代宫殿建筑的最高成就。

北京故宫是中国规模最大的皇家宫殿和现存最完整的古代宫殿建筑群，不仅是中国古典风格建筑的典范，在世界建筑史上亦别具一格。

沈阳故宫

提起故宫，大多数人都会首先想到北京气势恢宏的明清皇家宫殿，而在辽宁沈阳，也有一座故宫。它位于辽宁省沈阳市沈河区，是清代定都沈阳后至迁都北京前的帝王宫殿，又称盛京皇宫。沈阳故宫始建于清太祖天命十年（1625 年），建成于清崇德元年（1636 年），后经康熙、乾隆时期的改建、扩建，形成今日之格局。它不仅是中国仅存的两大皇家宫殿建筑群之一，也是中国关外（明清时期山海关以外的地区）唯一的一座皇家建筑群。

与北京故宫相比，沈阳故宫在建筑风格上更添满、蒙特色。整个宫殿有中、东、西三路。中路的主体建筑是崇政殿，院落包括三进，南起大清门，北至清宁宫。在布局上，东路的大政殿、十王亭建筑群布局仿照八旗行军帐殿（大幄次）的布局。离大殿最近、略微向前突出的两座为左右翼王亭，其余八亭呈雁翅状排列，东为镶黄、正白、镶白、正蓝四旗王亭，西为正黄、正红、镶红、镶蓝四旗王亭。八旗亭是各旗官员处理本旗日常事务的衙署。大政殿与十王亭的布局，与清朝皇帝和八旗旗主出征狩猎时扎设营帐的排列方式一致，体现了清朝八旗制度的文化特色。中路的特点是“宫高殿低”，居住部分位于高台之上，俯瞰理政的正殿区域，这源于满族人喜欢居于台岗之上的生活习惯。其建筑风格以汉族建筑风格为主，兼备满、蒙艺术。西路则是清朝皇帝“东巡”盛京时读书看戏和存放《四库全书》的场所。

沈阳故宫从整体设计到局部建筑，从造型到装饰，都充分体现了满族文化特色，具有浓厚的东北地方建筑风格，是满、汉等多民族文化互相交流融合的产物。这些特点在入关前建成的东路与中路早期建筑中体现得尤为突出。这一时期的建筑风格外观朴实厚重，装饰新奇热烈，色彩绚烂，造型夸张。而建于乾隆时期的中、晚期建筑，外观精巧整齐，装饰典雅规矩，与北京宫苑同期宫廷建筑如出一辙，内部陈设的典籍珍玩也处处体现皇家的华贵典雅气派。

沈阳故宫是中国皇宫建筑发展中的杰作，它以真实留存的景观、建筑、家具陈设和艺术品独特地见证了明清时期的中华文明，也承载着满族人几百年延续下来的传统及习俗。2017 年，沈阳故宫博物院成功晋级为“国家一级博物馆”。

秦始皇陵及兵马俑坑

入选时间：1987 年 12 月，在法国巴黎召开的第 11 届世界遗产大会上，世界遗产委员会根据世界遗产遴选标准Ⅰ、Ⅲ、Ⅳ、Ⅵ，批准秦始皇陵及兵马俑坑成为世界文化遗产，列入《世界遗产名录》。

兵马俑坑

世界遗产委员会评语：毫无疑问，如果不是 1974 年被发现，这座考古遗址中的成千件陶俑将依旧沉睡于地下。秦始皇，这位第一个统一中国的皇帝，殁于公元前 210 年，葬于陵墓的中心。在他陵墓的周围环绕着那些著名的陶俑。结构复杂的秦始皇陵是仿照秦朝的都城——咸阳的格局而设计建造的。那些形态各异的陶俑，连同他们的战马、战车和武器，成为现实主义的完美杰作，具备极高的历史价值。

1978 年 9 月 1 日，时任巴黎市长、后来任法国总统的希拉克参观兵马俑后说："世界上有七大奇迹，秦俑的发现，可以说是第八大奇迹了。不看金字塔不算真正到过埃及，不看秦俑不算真正到过中国。"兵马俑被称为"世界第八大奇迹"由此而来，它的发现被公认为是"20世纪最伟大的考古发现"。

1991年11月5日，希拉克再次前来参观。参观完后，他在留言簿上写道："这次参观兵马俑，再次证实了它不愧是世界文化遗产、'世界第八大奇迹'。西安以其悠久的历史及文化实力，完全可以与雅典、罗马、巴比伦相媲美。"

秦始皇陵

秦始皇陵是中国历史上第一个皇帝秦始皇的陵墓，位于陕西省西安市中心以东31千米的临潼区骊山。陵园仿秦都咸阳修建，分内外两城。现存墓封土高40米，目前尚未发掘。据《史记·始皇本纪》记载，秦始皇从即位秦王初就开始修建陵墓，自公元前247年至公元前208年，征集70余万工匠，建造时间长达39年。但目前学术界认为《史记》中的这一记述是司马迁为了劝谏汉武帝修建陵墓而虚构的。

秦始皇陵兵马俑

秦始皇陵兵马俑陪葬坑坐西朝东，三坑呈"品"字形排列。最早发现的是一号坑，呈长方形，四面有斜坡门道。一号坑北侧左右各一个兵马俑坑，称二号坑和三号坑。目前普遍认为秦始皇陵兵马俑位于秦始皇陵的外围，有戍卫陵寝的含义。

一号坑在南，东西长230米，南北宽62米，占地14 260平方米。一号坑内约埋藏陶俑、陶马6 000件，还有大量的青铜兵器。二号坑东西长124米，南北宽98米，占地面积为6 000平方米。二号坑内埋藏陶俑、陶马1 300余件。二号坑较一号坑的内容更丰富，兵种更齐全，是兵马俑坑中的精华。三号坑东西长28.8米，南北宽24.57米，占地面积520平方米。三号坑内埋藏陶俑、陶马72件。有学者认为，它是统率一、二号兵马俑坑的指挥部，古代称为"军幕"。陶俑身材高大，一般在1.8米左右。陪葬坑里的兵马俑，是守卫"京城"的"卫戍部队"，具有很高的艺术价值。兵马俑是以现实生活为基础创作的，艺术手法细腻、明快。陶俑装束都不一样，光是发式就有许多种，手势也各不相同，脸部的表情更是神态各异。从它们的装束、表情和手势就可以判断出是官还是兵，是步兵还是骑兵；也可以从神态上分辨出是久经沙场的老兵，还是初上战场的新兵。俑坑内出土的青铜兵器有剑、铍、矛、戈、戟、弩等，大部分兵器历经两千多年依然锋刃锐利，充分表明当时已经有了很高的冶金技术。1980 年，在秦始皇陵西侧，还出土了两乘大型彩绘铜车马，每乘车前驾有四马，车上各有一御官俑。铜车马造型逼真，装饰华美，大量使用金银为饰品构件，制作非常精巧，被誉为“青铜之冠”。总之，秦始皇陵兵马俑具有极高的艺术价值，堪称“中国美术史上的革命”。

知识拓展

遗憾与遗产保护

兵马俑中的陶俑是秦朝男子的画像，他们每个人的表情、动作、模样都是不一样的。然而，如今我们看到的陶俑与刚出土时的样貌已大不相同。陶俑在烧制好之后上了颜色，并且颜色艳丽，宛如真人。能在陶俑上用上这么多颜色，在两千多年前是十分难能可贵的。但是，遗憾的是当年兵马俑遭到盗掘，考古学家只能在条件不成熟的状况下进行抢救性挖掘。当颜色艳丽、造型威武的陶俑出土后，由于接触到空气，他们身上的颜料在 15 秒内就卷曲了，4 分钟后就开始零落。

由于当年没有很好的保护技术，考古学家只能眼睁睁地看着陶俑掉色，慢慢变成灰土色。很多亲历兵马俑变色的考古学家其后都引以为憾。这也是至今秦始皇陵没有被全面开掘的一个重要缘由。

秦始皇陵兵马俑的修复与保护，早在 1974 年兵马俑被发现时就已经开始了。现在保护设备日臻完善，可对彩绘陶器、青铜器、石器等文物进行科学的修复与保护，并在此基础上开展相关的研究工作。

莫高窟

入选时间：1987年12月，在法国巴黎召开的第11届世界遗产大会上，世界遗产委员会根据世界遗产遴选标准Ⅰ、Ⅱ、Ⅲ、Ⅳ、Ⅴ、Ⅵ，批准莫高窟成为世界文化遗产，列入《世界遗产名录》。

世界遗产委员会评语：莫高窟地处丝绸之路的一个战略要点，它不仅是东西方贸易的中转站，也是宗教、文化和知识的交汇处。莫高窟的492个（1988年前编号记录的洞窟）小石窟和洞穴庙宇，以其雕像和壁画闻名于世，展示了延续千年的佛教艺术。

莫高窟

遗产概况

敦煌，位于中国甘肃河西走廊西端。作为古代丝绸之路上的重镇，它雄踞中西交通的咽喉之地。在人类文化史的坐标系上，敦煌堪与长安、罗马、耶路撒冷等名城并肩争辉。由于在欧亚文明互动、中原和西北少数民族文化交融的历史进程中占有重要地位，敦煌成为世界文明史的关键地标。在其境内星罗棋布的文化遗产中，世界文化遗产莫高窟是最为璀璨的一颗明珠。

莫高窟又名“千佛洞”，位于中国甘肃省敦煌市东南25千米处鸣沙山的崖壁上。这里全年日照充足、干燥少雨、四季分明，昼夜温差较大。石窟南北长1 600余米，上下共五层，最高处达50米。南北两区现存洞窟735个（北区洞窟多无彩塑和壁画），壁画45 000余平方米，彩塑2 415身，飞天塑像4 000余身。莫高窟规模宏大，内容丰富，历史悠久，与山西云冈石窟、河南龙门石窟并称为中国“三大石窟艺术宝库”。

前秦和尚乐僔在这里开凿了第一个石窟（有三种不同说法，多依此说），后来法良禅师又开凿了第二个石窟。以后历经十六国、北魏、西魏、北周、隋、唐、五代、宋、西夏、元等十几个朝代前后 1 000 余年的不断开凿和维修，莫高窟至今保存着 4 世纪至 14 世纪的石窟、壁画、妆彩塑像，岩石上还有 5 座唐宋时代的木构建筑。莫高窟是第一批全国重点文物保护单位，是我国古代佛教石窟艺术的宝库。

莫高窟壁画

莫高窟艺术的博大精深，主要体现在壁画上。从题材内容上看，莫高窟壁画主要有佛、菩萨、弟子、天王等尊像画，依据佛经故事描绘的佛传、本生、因缘等故事画，根据佛经绘制的经变画，以及描绘瑞像、高僧、佛教流播圣迹的佛教史迹画和供养人的画像，此外还有装饰石窟壁画的各式图案纹样，等等。各个时期壁画的题材、洞窟的选择、整体的布局，各有特点。各个洞窟内一般都有窟顶的装饰或天井图案，佛龛里或佛坛上都列置彩塑尊像，四壁都有各种主题画，地面上还铺有莲花砖。这些金碧辉煌的壁画，仿佛把人们引入神秘的世界，具有令人陶醉的艺术魅力。其中第 254 窟中的《萨埵太子舍身饲虎》、第 285 窟中的《五百强盗成佛》、第 249 窟中的《说法图》、第 257 窟中的《鹿王本生图》、第 290 窟中的《佛传故事》等，绘制精美，结构严谨，构思极具匠心，具有高度的艺术性，历来为艺术史家所称道。

隋、唐壁画在形象塑造上超越了北魏时期的符号化图式，肖像画被导入主要人物的描绘。如第 103 窟的《维摩诘经变》壁画中须眉偾张、目光如炬、达观睿智的形象，已全然是华夏面孔，而无半点异域特征。

《维摩诘经变》

对石窟开掘的资助者的描绘，也成为莫高窟唐代壁画的一种重要题材，最有名的是第 156 窟的《张议潮统军出行图》。张议潮是晚唐时期敦煌所在西北地区的政治首领，此图描绘了张议潮及其妻子出行狩猎或凯旋时的盛大场面。张议潮骑骏马，骑兵夹道护卫，鼓乐号角齐鸣，后有狩骑，还有飞奔的猎犬和黄羊。

《张议潮统军出行图》

莫高窟唐代壁画标志着佛教艺术本土化的完成，也可以说是适应了中国民族性的佛教教义与中国传统绘画形式达到了统一。其人物造型丰富、充实，用线与用色精妙结合，既富丽堂皇，又有磅礴的气势，显得明净、调和。

知识拓展

数字敦煌：永恒传承与文物保护

“敦，大也，煌，盛也。”在开阔的西北，敦煌因莫高窟而闻名世界。

这片古老的石窟见证了多元文化的交流荟萃，是世界上历史最悠久、保存较完整、内容最丰富、艺术最精美的佛教艺术遗存。

然而强盗劫掠、自然侵蚀导致壁画褪色、宫殿破损……保护、传承这一文化遗产，成为代代敦煌人的责任。

为应对游客数量的增长，莫高窟首推“总量控制、预约参观”新模式，并加强文物修复、科学检测，守护千年洞窟，同时运用数字技术永久保留文物珍贵信息。壁画被数字化储存，得以躲过时间的摧残。“数字敦煌”让现实中的精美壁画图像走向世界。

曲阜孔庙、孔林和孔府

入选时间：1994 年 12 月，在泰国普吉岛召开的第 18 届世界遗产大会上，世界遗产委员会根据世界遗产遴选标准Ⅰ、Ⅳ、Ⅵ，批准曲阜孔庙、孔林和孔府作为世界文化遗产列入《世界遗产名录》。

世界遗产委员会评语：孔子是公元前 6 世纪到公元前 5 世纪伟大的哲学家、政治家和教育家。孔子的庙宇、墓地和府邸位于山东省曲阜市。孔庙是公元前 478 年为纪念孔子而兴建的，千百年来屡毁屡建，到今天已经发展成拥有超过 100 座殿堂的建筑群。孔林里不仅有孔子的坟墓，他的后裔中也有超过 10 万人葬在这里。当初小小的孔宅如今已经扩建成一座庞大显赫的府邸，整处宅院包括 152 座殿堂。曲阜古建筑群独特的艺术和历史特色，应归功于 2 000 多年间中国历代帝王对孔子的大力推崇。

孔庙

孔子故里——曲阜

在山东省的西南部，有一个孔姓人口占 1/5 的县级市，它就是有着 5 000 多年悠久历史的“东方圣城”——曲阜。“千年礼乐归东鲁，万古衣冠拜素王”，曲阜这座享誉全球的城市，是与孔子的名字紧密相连的。孔子是世界上最伟大的哲学家之一，中国儒家学派的创始人。在 2 000 多年漫长的历史长河中，儒家文化逐渐成为中国古代的正统文化，并影响到东亚和东南亚各国，成为整个东方文化的基石。曲阜的孔府、孔庙、孔林，统称“三孔”，是中国历代纪念孔子、推崇儒学的表征，以其丰厚的文化积淀、悠久的历史、宏大的规模、丰富的文物珍藏，以及非凡的科学艺术价值而著称。曲阜孔庙、孔林和孔府因其在中国历史和东方文化中的显著地位而被联合国教科文组织列为世界文化遗产，曲阜也被世人尊崇为世界三大圣城之一。

孔府

位于曲阜东华门大街1号孔庙东侧的孔府又被称为“衍圣公府”，是孔子嫡系长支居住的府邸。汉元帝封孔子十三代孙孔霸为“关内侯”，“食邑八百户，号褒成君，给事中，加赐黄金二百斤，第一区”。这是有关封建帝王赐孔子后裔府第的最早记载。宋至和二年（1055年），封孔子四十六代孙孔宗愿为“衍圣公”，宋徽宗时封孔子嫡传子孙为世袭“衍圣公”，孔府也就称“衍圣公府”，是我国仅次于明、清皇帝宫室的最大府第。现在，孔府有厅、堂、楼、轩等各式建筑463间，分为中、东、西三路。东路为家庙，西路为学院，中路为主体建筑。中路以内宅为界，前为官衙，设三堂六厅（大堂、二堂、三堂，管勾厅、百户厅、知印厅、掌书厅、典籍厅、司乐厅）；后为内宅，设前上房、前堂楼、后堂楼、后五间。最后面是孔府的花园，是历代衍圣公及其家属游赏之所。

大堂是衍圣公的公堂，内有八宝暖阁、虎皮大圈椅、红漆公案，公案上有公府大印、令旗令箭、惊堂木、文房四宝等；两侧是仪仗，气势森严可畏。

孔府收藏了大批历史文物，最著名的是“商周十器”，亦称“十供”，其形制古雅，纹饰精美，原为宫廷所藏青铜礼器，于乾隆三十六年（1771年）被赏赐给孔府。孔府还收藏有金石、陶瓷、竹木、牙雕、玉雕、珍珠、玛瑙、珊瑚以及元、明、清各代各式衣冠剑履、袍笏器皿，其中元代七梁冠为国内仅有，另有历代名人字画。孔府还存有明嘉靖十三年（1534年）至1948年的档案，其内容丰富，从不同角度反映了我国古代政治、经济、思想、文化的发展，具有重要历史价值。孔府档案现已整理出9 000多卷，是世界上持续时间最久、范围最广、保存最完整的私家档案。

孔庙

孔庙，位于曲阜市南门内，是奉祀孔子的庙宇。曲阜孔庙是祭祀孔子的本庙，是分布在中国、朝鲜、日本、越南、印度尼西亚、新加坡、美国等国家和地区2 000多座孔子庙的先河和范本，是中国现存规模仅次于故宫的古建筑群，堪称中国古代大型祠庙建筑的典范。

孔子死后第二年（公元前 478 年），鲁哀公将其故宅改建为庙。此后历代帝王不断加封孔子，扩建庙宇，到清代，雍正下令大修，扩建成现代规模，成为全国最大的孔庙。其现存的建筑群绝大部分是明、清两代建成的。孔庙共有九进院落，以南北为中轴，分左、中、右三路，纵长 630 米，横宽 140 米，有殿、堂、坛、阁等 460 多间，门坊 54 座，“御碑亭”13 座。

孔庙四周围以红墙，四角配以角楼，是仿皇宫样式修建的。整个庙宇气势恢宏，布局严谨，是我国现存规模最大的三大古建筑群（故宫、承德避暑山庄、孔庙）之一。南北方向的一条中轴线贯穿孔庙的建筑群。中路从金声玉振坊起，由南向北依次穿越棂星门、太和元气坊、至圣庙坊、圣时门、璧水桥。进大中门后，再经奎文阁、十三碑亭、大成门、杏坛、大成殿、寝殿到最后一座殿堂——圣迹殿，这是孔庙的主体。由大成门向东，进承圣门，达诗礼堂、鲁壁、孔宅故井及崇圣祠，后为家庙，这是孔庙的东路。由大成门向西，进启圣门，达金丝堂、启圣王殿及启圣王寝殿，这是孔庙的西路。

孔林

孔林位于曲阜城北 1 千米处，是孔子及其家族的专用墓地，也是目前世界上延续时间最久、面积最大的氏族墓地，前后延续使用了约 2 500 年。

孔子卒于鲁哀公十六年（公元前 479 年）四月乙丑，葬于鲁城北泗上。其后代从冢而葬，形成今天的孔林。孔林内墓冢累累，碑碣如林，石仪成群，古木参天，分布着自孔子以来历代子孙墓葬 10 余万座，除移入孔庙的汉碑外，地面上还有宋、金、元、明、清、民国等时代的墓碑和谒陵题记刻石等 4 000 余块，保存着宋、明、清各代石人、石马、石羊、石狮、望柱、供桌等石仪近千件。为表彰儒家思想、满足祭祀需要，孔林内还建有门、坊、享殿、碑亭等 60 余座明清建筑。

郭沫若曾说：“这是一个很好的自然博物馆，也是孔氏家族的一部编年史。”孔林延续时间之久、墓葬数量之多、保存之完好，作为一个家族墓地，在世界上是没有先例的，它是儒家思想在漫长的中国封建社会里居统治地位的产物。孔林丰富的地上文物，对于研究我国墓葬制度的沿革，以及我国古代政治、经济、文化、风俗、书法、艺术等都具有很高的价值。

知识拓展

至圣先师——孔子

孔子（公元前551—公元前479年），名丘，字仲尼，鲁国陬邑（今山东曲阜）人，中国春秋末期伟大的思想家、政治家和教育家，儒家学派的创始人，被后世尊为孔圣人、至圣、至圣先师等。

孔子创办了先秦最大规模的私学，门下弟子三千，贤人七十二。他所编订的《诗》《书》《礼》《乐》《易》《春秋》，为儒家六经。他主张“有教无类”，他说“自行束脩以上，吾未尝无诲焉”，即不管一个人的出身如何，只要交上束脩，就可以做他的学生。他把“文行忠信”作为教育的主要内容，在长期的教育实践中，逐步形成了一套行之有效的教育方法。他主张治学要先立人。他重视温习的作用，主张“学而时习之”“温故而知新”，并提倡“知之为知之，不知为不知”的老实态度。在教学中他注重启发、诱导、有的放矢，主张“不愤不启，不悱不发”。他注意因材施教，根据不同的对象确定不同的教育内容，在言传的同时也注重身教，要求自己“学而不厌，诲人不倦”。

孔子去世后，其弟子门生追论夫子之言，整理编成《论语》。《论语》与《孟子》《大学》《中庸》合称“四书”。四书为儒家正经，也是中华圣经。

孔子受到中国人民世代敬仰，也受到历代中华王朝的高度尊崇，被尊为至圣先师、万世师表，有“天下文官祖，历代帝王师”之誉。其思想对中国和世界都有深远广泛的影响，被列为“世界十大文化名人”之首。

承德避暑山庄及其周围寺庙

入选时间：1994年12月，在泰国普吉岛召开的第18届世界遗产大会上，世界遗产委员会根据世界遗产遴选标准Ⅱ、Ⅳ，批准承德避暑山庄及其周围寺庙作为世界文化遗产列入《世界遗产名录》。

世界遗产委员会评语：承德避暑山庄，是清王朝的夏季行宫，位于河北省境内，修建于1703年至1792年，是一个由众多的宫殿以及其他处理政务、举行仪式的建筑构成的庞大的建筑群，建筑风格各异的庙宇和皇家园林同周围的湖泊、牧场与森林巧妙地融为一体。承德避暑山庄不仅具有极高的美学研究价值，而且保留着中国封建社会发展末期的罕见历史遗迹。

承德避暑山庄湖泊区

承德避暑山庄

河北承德避暑山庄，与北京颐和园、苏州拙政园和苏州留园并称为“中国四大名园”。作为河北承德园林城市的标志，它位于承德市双桥区以北，武烈河西岸一带狭长的谷地上，距离北京230千米。其优越的地理条件使得这里气温适宜，空气清新，有山有水，植被茂盛，古树参天，景色秀美。

承德避暑山庄，又名“承德离宫”或“热河行宫”，始建于1703年，历经康熙、雍正、乾隆三朝，耗时89年建成。避暑山庄以朴素淡雅的山村野趣为格调，取自然山水之本色，吸收江南与塞北之风光特色，成为我国现存占地面积最大的古代帝王宫苑，是清代皇帝夏天避暑和处理政务的场所。

当年康熙皇帝在北巡途中，发现承德这片地方地势良好，气候宜人，风景优美，又直达清王朝的发祥地——东北，是清朝皇帝家乡的门户，还可俯视关内，外控蒙古各部，于是选定在这里修建行宫，并于康熙四十二年（1703年）开始在此大兴土木，疏浚湖泊，修路造宫，至康熙五十二年（1713年）建成36景，并建好了山庄的围墙。雍正朝时山庄暂停修建。乾隆六年（1741年）到乾隆五十七年（1792年）清政府又继续修建直至完工，建成的避暑山庄新增加乾隆36景和山庄外的外八庙，约占地564公顷。

承德避暑山庄总体采用前宫后苑的布局方式，分为宫殿区、湖泊区、平原区、山峦区四大部分。宫殿区位于湖泊南岸，地形平坦，是皇帝处理政务、举行庆典和生活起居的地方，占地10万平方米，由正宫、松鹤斋、万壑松风和东宫四组建筑组成。湖泊区在宫殿区的北面，湖泊面积（包括洲岛）四五十公顷，有8个小岛屿，它们将湖面分割成大小不同的区域，层次分明，整体洲岛错落，碧波荡漾，富有江南鱼米之乡的特色。东北角有清泉，即著名的热河泉。平原区在湖泊区北面的山脚下，地势开阔，有万树园和试马埭，这片区域碧草茵茵，林木茂盛，是一片茫茫草原风光。山峦区在山庄的西北部，面积约占山庄的五分之四，这里山峦起伏，沟壑纵横，众多楼堂殿阁、寺庙点缀其间。平原区西部夏日绿草如茵，一派蒙古草原风光；东部古木参天，具有大兴安岭莽莽森林景象。

外八庙

在避暑山庄东面和北面的山麓，分布着宏伟壮观的寺庙群，这就是外八庙，包括溥仁寺、溥善寺（已毁）、普乐寺、安远庙、普宁寺、须弥福寺之庙、普陀宗乘之庙、殊像寺等12座寺庙。外八庙以汉式宫殿建筑为基调，吸收了蒙古族、藏族、维吾尔族等民族的建筑艺术特征，创造了多样统一的寺庙建筑风格，为后人留下了珍贵的古代园林建筑杰作，是中国园林史上一个辉煌的里程碑，是中国古典园林艺术之最高典范。

让文化遗产“活下去”“活起来”

承德文物科技保护修复中心与故宫博物院和中国文化遗产研究院合作，开展承德避暑山庄及周围寺庙的钟表、唐卡、壁画、佛像、彩画、石雕等文物的科技保护，培养文物科技保护修复和研究专业人才。中心对每一件文物都建立专属信息档案、“病例档案”、防患预案和岁修方案，进行动态、长效监测。

同时，文物部门还和中央美术学院、天津大学与河北民族师范学院开展合作，就避暑山庄及周围寺庙的历史原貌、历史沿革、景观风格等方面进行深入研究，依托 VR、AR 等信息技术手段虚拟复原，让被毁的园林重新呈现在世人面前。

通过种种措施，让文化遗产不仅要“活下去”，还要“活起来”，让其蕴含的文化精神得以延续传承。

知识拓展

承德避暑山庄为什么能够避暑

承德避暑山庄能够避暑，主要得益于其独特的地理环境和气候条件。承德避暑山庄地处蒙古高原和华北平原的过渡带，四周环山。山庄周围森林覆盖率高，具有很强的增湿和降温作用，加之地形影响，使得这里夏季凉爽，气温较外部地区低 4℃～ 5℃。另外，承德地势北高南低，避暑山庄位于承德市区以北，海拔相对较高，这一地势特点使得山庄内空气清新，利于降温，加之湿润的海洋风可以直接进入山庄的谷底，形成雨水，从而进一步降低气温。这些因素共同作用，使承德避暑山庄基本没有炎热的夏季，成为一个理想的避暑胜地。

拉萨布达拉宫历史建筑群

入选时间：1994 年 12 月，在泰国普吉岛召开的第 18 届世界遗产大会上，世界遗产委员会根据世界遗产遴选标准 Ⅰ、Ⅳ、Ⅵ，批准拉萨布达拉宫作为世界文化遗产列入《世界遗产名录》。此后，在 2000 年、2001 年，大昭寺和罗布林卡分别被扩入拉萨布达拉宫世界遗产，合称“拉萨布达拉宫历史建筑群”。

世界遗产委员会评语：布达拉宫自 7 世纪起就成为达赖喇嘛的冬宫，象征着藏传佛教在西藏历代行政统治中的中心作用。布达拉宫，坐落在拉萨河谷中心海拔 3 700 米的红山（玛布日山）之上，由白宫和红宫及其附属建筑组成。大昭寺也建造于 7 世纪，是一组极具特色的佛教建筑群。

建造于18世纪的罗布林卡，曾经作为达赖喇嘛的夏宫，也是西藏艺术的杰作。这三处遗址的建筑精美绝伦，设计新颖独特，加上丰富多样的装饰以及与自然美景的和谐统一，更凸显出其在历史和宗教方面的重要价值。

布达拉宫全景

“高原圣殿”布达拉宫

布达拉宫

大家知道第五套人民币50元券背面的景点是哪里吗？这座依山垒砌、群楼相叠、殿宇嵯峨、气势雄伟的建筑就是藏式古建筑的杰出代表——布达拉宫。

7世纪的西藏，在一个叫作“吉雪卧塘”的草泽湖泊旁，耸立起一座雄伟的宫殿，人们称它为“布达拉宫”。它的主人就是吐蕃王朝的首领松赞干布。少年的松赞干布，居住在他祖先建造的吐蕃王朝第一座王宫“雍布拉康宫”中。这里地处山区，不适合部落的发展。松赞干布继位后，将自己的部落迁到了“吉雪卧塘”这个水草丰美的地方，并开始修建布达拉宫为王宫。当时修建的整个宫堡规模宏大，外有三道城墙，内有千座宫室。松赞干布在此划分行政区域，封官建制、立法定律、号令群臣、施政全蕃，并遣使出访周边地区，或与其他政权建立姻亲关系，或订立盟约，加强吐蕃与周边各民族的经济和文化交流，促进了吐蕃社会的繁荣。布达拉宫成为吐蕃王朝的政治中心，地位十分显赫。之后，历经雷击和战火，其宫殿遭到了破坏。直到1645年五世达赖喇嘛时期，开始重建白宫。其去世后，为安放灵塔，后人又扩建了红宫。之后，布达拉宫成为历世达赖喇嘛的冬宫，也是过去西藏地方统治者政教合一的统治中心。从五世达赖喇嘛起，重大的宗教、政治仪式均在此举行，同时这里还是供奉历世达赖喇嘛灵塔的地方。

经过1 300多年的修建与维护，布达拉宫形成了占地面积40余万平方米，建筑面积13余万平方米，主楼高110余米，集宫殿、灵塔殿、佛殿、经堂、重要职能机构办公处、僧官学校、宿舍、庭院、回廊等功能建筑于一体的巨型宫堡建筑群。宫内珍藏有8座达赖喇嘛金质灵塔，5座精美绝伦的立体坛城，瓷器、金银铜器、佛像、佛塔、唐卡、服饰、古籍文献等在册的各类珍贵文物10余万件，是名副其实的文物瑰宝，受到世界各国人民的关注，被誉为“世界屋脊上的明珠”。

布达拉宫宫宇叠砌，迂回曲折，与山体有机融合，气势雄伟，有横空出世、气贯苍穹之势。坚实厚重的花岗石墙体，松茸平展的白玛草墙顶，金碧辉煌的金顶，具有强烈装饰效果的巨大鎏金宝瓶、幢和经幡的交相辉映，红、白、黄三种色彩的鲜明对比，分部合筑、层层套接的建筑形体，都体现了藏族古建筑迷人的特色。宫殿的设计和建造无不遵循高原地区阳光照射的规律，墙基宽而坚固，墙基下面有四通八达的地道和通风口。屋内有柱、斗拱、雀替、梁、椽木等，组成撑架。铺地和盖屋顶用的是名为阿嘎土的硬土，各大厅和寝室的顶部都设有天窗，便于采光和通风换气。宫内的柱梁上有各种雕刻，墙壁上的彩色壁画面积有2 500多平方米。

布达拉宫通过整体的布局、建筑形式的互相制约来保持多样化的统一，如：利用两条“之”字形登山道化解红宫、白宫前面晒佛台的单调；用汉式建筑轻盈的斗拱飞檐，减轻庞大的石质碉楼的压抑感；建筑样式中既有庄严肃穆的经堂与灵塔殿，也有极富生活情调的东西日光殿。整座宫殿不仅利用这些不同的平面组合，通过延伸空间和视点，将宗教意蕴形诸建筑，而且善于利用悬殊的尺度或比例，运用独特的视角来增强建筑的感染力，例如宽阔纵深的殿堂仅在厚重的墙体上方设置狭窄细小的窗户，从而形成强烈的反差，强化殿堂的崇高；狭窄幽暗的殿堂甬道与宽阔的庭院平台形成对比；耸立于山顶的巍峨的宫堡群与山下密如蜂巢的低矮、拥挤且阴暗的民居、马厩、作坊和监狱形成对比，渲染了佛国的美好和尘世的苦难。

“圣城之心”大昭寺

藏族一直有“先有大昭寺，后有拉萨城”的说法，大昭寺位于拉萨市中心，始建于7世纪吐蕃王朝鼎盛时期，传说是为了供奉尼泊尔尺尊公主从家乡带来的释迦牟尼八岁等身像而建造的，是一座在藏传佛教中拥有至高无上地位的寺院。与汉族寺院不同，大昭寺主殿坐东面西，布局方位独具特色，建筑风格融合了藏、汉、尼泊尔、印度等多种文化，成为藏式佛教建筑的瑰宝。寺内保存有大量文物，为藏学研究提供了丰富的素材。

树立在大昭寺门前广场上的“唐蕃会盟碑”见证了汉藏人民的盟约。“劝人恤出痘碑”是清朝乾隆年间驻藏大臣和琳在西藏救治天花患者及改变葬俗时所立，见证了清朝对西藏的关怀。“劝人恤出痘碑”旁的公主柳相传为唐朝文成公主手植。

“珍珠苑”罗布林卡

罗布林卡位于拉萨市西郊、拉萨河的北岸，修建于18世纪中叶，是一座典型的藏式风格园林。罗布林卡藏语意为“宝贝园林”，又称“珍珠苑”，是自达赖七世开始，历世达赖喇嘛处理政务和进行宗教活动的夏宫，故又被称为“拉萨的颐和园”。

罗布林卡占地36万平方米，园内有植物100余种，堪称“高原植物园”。园林内建筑由格桑颇章、措吉颇章、金色颇章、夏典拉康和达旦明久颇章（新宫）等组成，是西藏人造园林中规模最大且古迹最丰富的园林之一。

拉萨布达拉宫历史建筑群是藏式建筑的杰出代表，也是中华民族古建筑的精华之作，见证了西藏历史的变迁和佛教文化的传承。作为西藏佛教中至高无上的殿堂，它不仅仅是宗教信仰的焦点，更是学术研究和文化交流的宝库。

知识拓展

布达拉宫里的色彩

布达拉宫的柱梁上雕刻着各种花纹，柱身和梁枋上布满了鲜艳的彩画和华丽的雕饰，墙壁上还有2 500多平方米的彩色壁画。整个建筑可谓色彩丰富，主要有代表吉祥的白色、代表驱邪的黑色、代表脱俗的黄色、代表护法的红色。

藏式建筑的外墙基本上都为白色和红色，其中白色使用较为普遍，无论宫殿、寺庙还是民居都可以广泛使用；红色的使用较为严格，主要用在寺庙的护法神殿、供奉灵塔的灵塔殿等重要殿堂的外墙面上。

武当山古建筑群

入选时间： 1994年12月，在泰国普吉岛召开的第18届世界遗产大会上，世界遗产委员会根据世界遗产遴选标准Ⅰ、Ⅱ、Ⅵ，批准武当山古建筑群作为世界文化遗产列入《世界遗产名录》。

武当山春景图

世界遗产委员会评语： 武当山古建筑群中的宫阙庙宇集中体现了中国元、明、清三代世俗和宗教建筑的建筑学和艺术成就。武当山古建筑群坐落在沟壑纵横、风景如画的湖北武当山麓，在明代逐渐形成规模，其中的道教建筑可以追溯到7世纪，这些建筑代表了近千年间中国艺术和建筑的最高水平。

风景名胜，道教名山

武当山又名太和山、玄岳山，位于中国湖北省丹江口市西南部，是我国著名的道教圣地。相传道教信奉的“真武大帝”即在此修仙得道飞升。武当意为“非真武不足以当之”。武当山有众多的自然景观，主要包括三潭、九泉、九井、九台、十池、十石、十一洞、二十四涧、三十六岩和七十二峰等，构成了一幅瑰丽无比的丹青画卷。明代时，武当山被皇帝敕封为“大岳”“玄岳”，地位在“五岳”诸山之上。其主峰天柱峰，海拔1 612.1 米，“一柱擎天”。四周群峰向中心倾斜，风光旖旎，气势宏伟，形成了“万山来朝”的自然奇观。

武当武术是国家级非物质文化遗产，一代宗师张三丰创立的武当派与嵩山少林派齐名。武当武术与道教渊源极深，道士修炼学道，往往伴以习武，武当武术以养身练功、防身保健为宗旨，讲究以柔克刚、后发制人，自成一派，被称为“内家拳派”。

武当山能够名扬天下，与明成祖朱棣有关。明代时，藩王朱棣发动“靖难之役”夺取了侄子的皇位。为了使这种违背封建伦理纲常的行为名正言顺、天下归心，他提出的理论依据之一便是皇权神授，说自己得到了武当真武大帝的荫佑。他在功成即位后大兴土木，北修故宫，南修武当，后者便是为了酬谢神灵、巩固统治。朱棣还把真武大帝钦定为皇室的主要保护神。这些举动为武当道教的鼎盛拉开了序幕。此后明朝诸帝一直把武当作为专为朝廷祈福赈灾的朝廷家庙，扶持武当道教，加封武当，扩建宫观，使其成为“天下第一山”及全国的道教活动中心。在明朝，其政治地位如日中天，其他众名山不可同日而语。

古建筑瑰宝

武当山古建筑群分布在以天柱峰为中心的群山之中，总体规划严密，主次分明，大小有序，布局合理。其建筑位置的选择注重与环境相结合，讲究山形水脉布置疏密有致。建筑的设计规划或宏伟壮观，或小巧精致，或深藏山坳，或濒临险崖，达到了建筑与自然的高度和谐，具有鲜明的建筑韵律，体现出建造者天才的创造力。

武当山古建筑群历经沧桑，现存古建筑主要包括太和宫、南岩宫、紫霄宫、遇真宫四座道教宫殿，玉虚宫、五龙宫两处宫殿遗址，以及大量道观、神祠、岩庙，在布局、规制、风格、材料和工艺等方面都保存了原状。建筑主体以宫观为核心，主要宫观建筑在内聚型盆地或山柱台地之上，庵堂神祠分布于宫观附近地带，自成体系，岩庙则占峰踞险，形成“五里一庵十里宫，丹墙翠瓦望玲珑”的神奇景观。除此之外，武当山古建筑群还有许多绝妙之处令人称奇，如：复真观一座五层高楼中，有一柱支撑十二根梁枋的结构奇特的杰作；九曲黄河墙可传递声音，与北京天坛回音壁异曲同工；转运殿里的大钟在撞击时殿内几无声息，而殿外却能听到清晰的钟声；山巅那座铜铸鎏金的金殿是一件工艺珍品，关于它有几大奇观，其中之一为“雷火炼殿”——古时金殿未有避雷设施，雷雨天时，金殿四周往往电光闪烁，火球翻滚，景象绚丽万千，而每次雷击过后金殿非但分毫未损，反而灿然如新……凡此种种使人不由得为古人的智慧发出由衷的赞叹。

在建筑艺术、建筑美学上，武当山古建筑群达到了极为完美的境界，有着丰富的中国古代文化和科技内涵，为研究明初政治和中国宗教历史以及古建筑提供了重要的实物依据。

知识拓展

武当山的“太和”哲学：和谐与平衡的象征

《道德经》认为“道生万物”，天地人三者带有共通的道性，它们在天地间共同存在，以维持一种和谐的平衡状态。早在六朝之前，武当山即被称为“太和山”。北魏时郦道元的《水经注》中记载，武当山“一曰太和山”。明成祖曾下旨大修武当山宫观，称：“武当山，古名太和山，又名大岳。今名为大岳太和山。大顶金殿，名大岳太和宫。”此后，明代皇帝颁布的数百道圣旨及所有官方文件均称之为太和山。

“太和”一词源自《周易·乾卦·彖传》：“乾道变化，各正性命。保合太（一作“大”）和，乃利贞。”意思是在自然的运行变化中，诸事各守其性，保持完美和谐，方能促使万象顺利发展。古代将阴阳融合与天地交感的元气称为“太和”。中国古代智者认为，在宇宙分化出具体事物之前，世界原本是和谐无缺的。宇宙分化成天、地、人等存在之后，只有保持和谐不失，方称为“太和”。实际上，“太和”蕴含着通过人类的主观努力实现普遍和谐的观念，包括天地自然和谐、人与自然和谐、人与人和谐，以及个体内外和谐。若失去了“太和”，“太平”也就无从谈起。被称为“太和山”的武当山，其命名蕴含着天地人合一的哲学，代表着古人对“万国咸宁”“天下太平”的和谐境地的追求，寓意在天地人间实现“和之至”。

苏州古典园林

苏州古典园林拙政园

入选时间：1997 年 12 月，在意大利那不勒斯召开的第 21 届世界遗产大会上，世界遗产委员会根据世界遗产遴选标准Ⅰ、Ⅱ、Ⅲ、Ⅳ、Ⅴ，批准苏州古典园林中的拙政园、留园、网师园和环秀山庄成为世界文化遗产，列入《世界遗产名录》。2000 年 11 月，在澳大利亚凯恩斯召开的第 24 届世界遗产大会上，苏州的沧浪亭、狮子林、耦园、艺圃和退思园 5 座园林作为苏州古典园林的扩展项目也被列为世界文化遗产。

世界遗产委员会评语：没有任何地方比历史名城苏州的九大园林更能体现中国古典园林设计“咫尺之内再造乾坤”的理想。苏州园林被公认为实现这一设计思想的杰作。这些建造于 11 至 19 世纪的园林，以其精雕细琢的设计，折射出中国文化取法自然而又超越自然的深邃意境。

遗产概况

“上有天堂，下有苏杭。”苏州，中国著名的历史文化名城，地处长江三角洲，地理位置优越，气候湿润，从古代开始商业及文化便十分发达，这里出产的蚕丝及刺绣至今世界闻名。同时，这里更是中国古典园林荟萃之地。

苏州古典园林，亦称“苏州园林”，是位于江苏省苏州市境内的中国古典园林的总称。苏州古典园林源于春秋，发展于晋唐，繁荣于两宋，全盛于明清。苏州素有“园林之城”的美誉，境内园林始建于公元前 6 世纪，清末时城内外有园林 170 多处，现存 50 多处。其中，拙政园、留园、网师园、环秀山庄这四座古典园林，建筑类型齐全，保存完整，系统而全面地展示了苏州古典园林建筑的布局、结构、造型、风格、色彩以及装修、家具、陈设等各方面内容，是江南民间建筑的代表作品，反映了这一时期中国江南地区高度的居住文明，体现了当时城市建设的科学技术水平和艺术成就。1997 年，这四处园林被列为世界文化遗产。2000 年，沧浪亭、狮子林、耦园、艺圃和退思园作为苏州古典园林的扩展项目也被列入《世界遗产名录》。

以拙政园、留园为代表的苏州古典园林在世界造园史上具有独特的历史地位和重大的艺术价值，被誉为“咫尺之内再造乾坤”，是中华园林文化的翘楚和骄傲。

自然与艺术的融合

苏州园林是城市中充满自然意趣的“城市山林”，是自然与艺术的完美融合。只要进入园林，便可享受到大自然的“山水林泉之乐”，摆脱城市的喧嚣。在这个浓缩的“自然世界”，“一卷代山，一勺代水”，园内的四季变化以及山水花木的季相变化，使人们可以不出城郭而获山水之怡，身居闹市而得林泉之趣。

苏州园林是文化意蕴深厚的“文人写意山水园”。古代的造园者文化修养也比较高，能诗善画，造园时多以画为本，以诗为题，通过凿池堆山、栽花种树，创造出具有诗情画意的景观，因此园林也被称为“无声的诗，立体的画”。在园林中游赏，游人如在品诗，又如在赏画。为了表达园主的情趣、理想、追求，园林建筑与景观又有匾额、楹联之类的诗文题刻，例如拙政园的“远香堂”，其名便是用清幽的荷香自喻人品，拙政园的“香洲”是园主以清雅的香草自喻性情高洁，而怡园的“画舫斋”体现的则是园主追慕古人乘小船自由漂荡的怡然自得之乐，除此之外，网师园的“真意”、留园的“小蓬莱”无不体现了园主对恬淡的田园生活的企慕，等等。这些充满书卷气的诗文题刻与园内的建筑、山水、花木自然和谐地糅合在一起，使园林的一山一水、一草一木均体现出深远的意境，徜徉其中，可得到心灵的陶冶和美的享受。

苏州园林虽小，但古代造园家通过各种艺术手法，独具匠心地创造出丰富多样的景致，在园中行游，或见“庭院深深深几许”，或见“柳暗花明又一村”，或见小桥流水、粉墙黛瓦，或见曲径通幽、峰回路转，或是步移景易、变幻无穷。至于那些形式各异、图案精致的花窗，那些如锦缎般在脚下延伸不尽的铺路，那些似不经意散落在各个墙角的小品……更使人观之不尽，回味无穷。

平遥古城

平遥古城

入选时间： 1997 年 12 月，在意大利那不勒斯召开的第 21 届世界遗产大会上，世界遗产委员会根据世界遗产遴选标准Ⅱ、Ⅲ、Ⅳ，批准平遥古城作为世界文化遗产正式列入《世界遗产名录》。

世界遗产委员会评语： 平遥古城建于 14 世纪，是现今保存完整的汉民族城市的杰出范例。其城镇布局集中反映了 5 个多世纪间中国的建筑风格和城市规划的发展。特别值得一提的是，这里与银行业有关的建筑格外雄伟，因为 19 世纪至 20 世纪初期平遥是整个中国金融业的中心。

2005 年 9 月 15 日，中国山西平遥与法国普罗万在人民大会堂正式缔结为友好城市。平遥古城完好地保存了明清时期中国汉族地区城市的风貌，而普罗万印证了 11—13 世纪欧洲大陆的巨大变迁。这是被纳入《世界遗产名录》的城市第一次缔结为友好城市。

遗产概况

平遥古城位于山西省中部，距省会太原约 100 千米，是中国境内保存最为完整的一座古代县城，是明清古城的活样板。城区面积 2.25 平方千米。6 000 余米长的古城墙内，199 条街巷、3 700 多处传统民居完好保持着明清时期的风貌。其文物数量之多、品位之高，在全国县级城市中首屈一指。平遥古城申报世界遗产的范围包括三个部分：一是以古城墙为界向外延伸30米绝对保护区之内的整个老城区；二是县城西南的双林寺；三是县城东北的镇国寺。

平遥古城墙

平遥古城墙始建于西周宣王时期，从明洪武三年（1370年）开始，经历代不断的改建、扩建、增建而形成今日之规模。城墙平面呈方形，轴线全长6 142.63米，建有城门和瓮城各六座，南北各一，东西各二。青砖包砌的土城墙高约10米，底宽9～12米，顶宽3～6米，内侧为低矮的女墙，外墙每隔40～100米筑有马面一个，城墙上共有敌楼72座、垛口3 000个。在历经六个多世纪的风雨沧桑之后，城墙至今雄风犹存，被视为平遥古城三宝之一。

平遥古城与票号

高大城墙环抱下的平遥古城，方正规整、中轴对称、等级有序，其阡陌交织的道路街巷、格局严谨的县衙官署、青砖灰瓦的民居院落、鳞次栉比的字号商铺以及华丽精美的寺院道观，真实地呈现了中国明清县城完整的规划布局、历史风貌和起居生活形态，以铅华落尽的端庄沉静和安然自在的生活气息，吸引着各地游客慕名而来。

作为晋商故里，平遥古城商业气息浓厚，近4 000家高大气派的店铺沿街而建，铺面后是青砖灰瓦的四合院民宅，使整座古城呈现出一派古朴风貌。平遥古城内那些与银行业有关的宏伟建筑尤其令人感兴趣。1823年，“日昇昌”票号在平遥古城内诞生，它是全国第一家经营存、放、汇兑业务的金融商号，并在各地设立分号，避免了现银押运的风险，为贸易往来和商业发展带来了极大的便利。随着票号业的发展，平遥票号累计达到22家，占全国先后成立的51家票号的43.14%，成为“汇通天下”的主力军。如今的日昇昌票号已改为中国票号博物馆。

双林寺

双林寺位于平遥县城西南6千米处，它也是平遥古城之一宝。其修筑年代久远，据庙碑记载，曾于北齐武平二年（571年）重修，今日规模为明代在旧址上所重建。寺内的唐槐、宋碑、明钟以及古代建筑、彩塑和壁画，都是绝世珍宝。尤其是寺内 1 000 余尊高度写实的大小塑像，是我国明代塑像中的翘楚，双林寺因此被誉为“东方彩塑艺术宝库”。

镇国寺

镇国寺位于古城东北 12 千米处，该寺的万佛殿建于五代时期，距今已有 1 000 多年的历史，是国内现存最古老的木结构建筑精品之一，也被视为平遥古城之一宝。

平遥古城作为中华灿烂文明的实物载体，是明清古城的活样板，是精美古建的博览地，是匾额篆刻的展示区，是壁画彩塑的百宝库。其建筑文化、晋商文化、吏治文化、漆器文化、饮食民俗等都是宝贵的文化遗产。

知识拓展

中国第一家票号日昇昌

日昇昌票号，是中国最早的民间银行，结束了我国长期依靠镖局押送现银的落后形式，经营网点几乎遍布全国。日昇昌的东家叫李大全，原来经营颜料庄，在利用自家分号帮人兼营汇兑业务时发现获利丰厚，于是在 1823 年投入巨款，改颜料庄为票号，并取名“日昇昌”，取“旭日初升，繁荣昌盛”之意。

票号的汇票分很多种，有票汇、信汇、期票、即票等等。票汇要写密押，无论谁拿了都能去取钱，所以票号实行只认票不认人制度，见票即付，但是付完必须即时销毁票据。信汇，要用信件详细记载汇款人的体貌特征并且通知取款地，别人不能代领。这种既认票又认人的业务，被称为“面生讨保”。期票，要写定取款期限，到期付款。即票，指见票即付，不拖延。

一张汇票，可兑万千银两，从货通天下到汇通天下，体现了晋商敢于创新、善于创新的核心精神。日昇昌能够在外患频频、内乱不断的大环境下，风雨飘摇地经营百余年，除了依靠严谨的制度和防伪技术之外，更重要的是晋商秉承诚信、仁义的经营之道，这是晋商的另一种核心精神。

丽江古城

入选时间：1997 年 12 月，在意大利那不勒斯召开的第 21 届世界遗产大会上，世界遗产委员会根据世界遗产遴选标准Ⅱ、Ⅳ、Ⅴ，批准丽江古城成为世界文化遗产，列入《世界遗产名录》。

世界遗产委员会评语：丽江古城，把经济和战略重地与崎岖的地势巧妙地融合在一起，真实、完美地保存和再现了古朴的风貌。古城的建筑历经数个世纪的洗礼，因融合了各个民族的文化特色而声名远扬。丽江古城还拥有古老的供水系统，这一系统纵横交错、精巧独特，至今仍在有效地发挥着作用。

云南丽江古城

遗产概况

丽江古城坐落于云南省丽江纳西族自治县，因流经境内的金沙江出产沙金，以“金生丽水”而得名“丽江”。古城始建于宋末元初（13 世纪后期），位于玉龙雪山脚下，海拔 2 400 余米，由大研古镇（含黑龙潭景区）、束河古镇、白沙古镇组成，总面积达 7.28 平方千米。古城以大江深峡、高山险关为屏障，在城四周设有关口防守，其城市总体布局和建筑工程融合汉、白、彝、藏各民族精华，并独具纳西族风采。作为具有悠久历史的少数民族城市，这里兼有水乡之容、山城之貌，不仅是四川、云南和西藏之间贸易的重要物流集散地，也是茶马古道上的贸易枢纽，具有重要的经济和战略地位。1986 年，丽江被中国政府列为国家历史文化名城。

丽江古城的美既是大自然赋予的天生丽质，又是纳西族先民顺应自然的巧夺天工。科学的选址、完美的水系、合理的布局、智慧的民居、多元的文化，汇聚成丽江古城的名片。丽江古城西北高、东南低，从总体格局上来说，远处群山环抱，近临象山、狮子山，北倚雪山屏障，既有利于阻挡西北寒风，也有利于日照通风、迎接东南暖阳。周边有良田相拥，水源近在咫尺，水系穿城而过，这种山、水、田、城有机融合的大格局，形成了生动和谐的生态景观与田园风光。

丽江古城不同于我国一般古城的棋盘式布局，城中既没有方方正正的道路网，也没有戒备森严的城墙，而是随地形与水系自由分布。地形高低错落、水系蜿蜒曲折，街巷在平面上不取规则的网格，而是以四方街为中心呈放射状散开。在竖向上不求土地的平整，而是随地势高低灵活处理街道与建筑的布局。道路转角、桥头、河弯尺度适当，形成了静谧的邻里起居空间。城市布局自由，街巷空间大量转折，景随步移，景观变换丰富，屋檐高低起伏，天际轮廓随之而变，极富韵律。丽江古城的街道依山傍水修建，以红色角砾岩铺就，下雨不会泥泞，旱季也不起灰，岩石上的花纹图案自然雅致，与自然环境交相辉映。

大研古镇

大研古镇是丽江古城的主体部分，也可以说是狭义上的丽江古城。

四方街位于大研古镇的中心，是丽江古街的典范。它是云南西北地区重要的商贸中心，其名暗含了“权震四方”之意。这是一个面积不大的梯形小广场，从四角延伸出四条主街，又从四条主街分出众多小巷，从而形成了以四方街为中心、逐层外延、密如蛛网的交通体系，四通八达。街道两旁店铺林立，几百年来商贸繁荣，在漫长的历史岁月中，牛、马、茶、盐、铜器以及各种日用品在这个市场上交易。先民们定期冲洗市场的传统也延续至今。四方街西有西河，东靠中河，打开西河上的活动闸门放水，利用中、西河的自然高差就可冲洗街面。街面上历经岁月洗礼的五花石，低调朴实，泛着历史浸润过的光。

木府始建于元代，原来是丽江世袭土司木氏的办公之地，于 1998 年重建，1999 年竣工后成为古城博物院。坐西向东的木府占地约 30 666 平方米，15 幢主建筑随地势起伏分布在中轴线上，府内沟渠纵横，活水长流。历代皇帝钦赐的 11 块匾额依然高悬于殿内，彰显着木氏家族昔日的荣光。

在当地人对水的尊崇与守护之下，丽江古城古老的城市供水系统几百年来顽强地延续着生命力，使古城呈现出一派家家淌清泉、户户垂青柳的水乡景观。黑龙潭的水通过玉河向南流淌进入古城中河。随着居住范围的不断扩大，元代开辟了西河，清代又兴修了东河，潺潺的河水随地势形成无数支渠，穿街过巷、家家流水、户户临渠。沿主河凿渠分流保证了古城水系的均匀分布，并巧妙利用了自然水位势差，形成城市自动供水系统，既便利了居民的生活，又让古城充满了灵气。

水是丽江古城的灵魂，“三眼井”是古城科学用水的独特方式和典型代表。所谓“三眼井”，即根据地势高差将地下泉修建成三眼相连的水井，分别提供饮用水、洗菜用水和洗涤用水。这种方式既科学卫生，又简单环保，还独具地方民族特色。如今，生活在丽江古城的人们依然遵守着“三眼井”古老的使用规则。

丽江古城因水系发达，故而桥梁众多，并且形态各异。位于四方街以东约百米处的丽江大石桥最为著名，桥长 10 余米，宽近 4 米，由明代木氏土司所建，因从桥下河水中可看到玉龙雪山的倒影而又名“映雪桥”。丽江大石桥桥面用传统的五花石铺砌，坡度平缓，方便往来。其双孔造型独具特色。

丽江古城的民居建筑融合了汉、藏、白、纳西等民族建筑的艺术风格和优点，民居常以天井为中心，采取三坊一照壁、四合五天井、前后院或一进两院等多种形式，流线分明，家家都有宽大的厦子，冬暖夏凉。庭院中布有盆景、栽有果木，地面上有四蝠捧寿、鹿鹤同春等吉祥图案。民居的营建通常就地取材，依山傍水。古城中多数建筑离溪水的距离不超过 30 米，这不仅仅是因为古城人对水的依恋，更是出于木建筑需要防火的考虑。此外，坐落在世界著名地震带上的古城，因其民居建筑中精巧的榫卯结构设计，在遭遇数次地震之后，依然安然无恙。

白沙古镇和束河古镇

白沙古镇坐落于大研古镇以北 8 千米处，这里风景秀丽，纳西族在这里世代繁衍生息。著名的《白沙细乐》是迄今为止依然在纳西族民间传承的大型古典音乐套曲，有“活的音乐化石”之称。束河古镇也是纳西族先民最早的聚居地，位于大研古镇西北 4 千米处，其布局形制与四方街相似，有“微缩的大研古镇”之称。

丽江古城是一个以纳西族居民为主的古老城镇。以纳西族为主的各民族同胞在长期的生产生活实践中，形成了天人合一的宇宙观念，这深刻地影响着丽江古城。对天的崇敬，对山林的敬仰，对水的尊重，对人的友善，孕育出古城人民慢、悠、平、静的生活态度。

知识拓展

东巴文化

主要生活在我国云南省丽江地区的纳西族是一个有着深厚文化底蕴的民族，他们不仅善于吸收其他民族的优秀文化，而且创造了自身独特的民族文化——东巴文化。

东巴文化是由东巴世代传承下来的纳西族古文化。东巴教是纳西族原始宗教，其祭司称“东巴”，是东巴文化的主要传承者，意译为智者。

东巴文化包括东巴象形文字、东巴经、东巴绘画、东巴音乐舞蹈等。其中东巴象形文字被誉为世界上唯一存活的象形文字。2003 年 8 月，纳西东巴古籍文献被列入《世界记忆名录》。

2022 年 3 月 17 日，纳西东巴古籍文献馆开馆仪式在黑龙潭公园举行，以纳西东巴古籍文献为主要内容，建成了一个了解东巴文化不可或缺的人文景点。

北京皇家祭坛——天坛

入选时间：1998 年 12 月，在日本京都召开的第 22 届世界遗产大会上，世界遗产委员会根据世界遗产遴选标准Ⅰ、Ⅱ、Ⅲ，批准北京皇家祭坛——天坛成为世界文化遗产，正式列入《世界遗产名录》。

世界遗产委员会评语：天坛，建于 15 世纪上半叶，坐落在皇家园林当中，四周古松环抱，是保存完好的坛庙建筑群。天坛无论在整体布局还是单一建筑上，都反映出天地之间（人神之间）的关系，而这一关系在中国古代宇宙观中占据着核心地位。同时，这些建筑还体现出帝王在这一关系中所起的独特作用。

遗产概况

天坛位于北京市南部东城区永定门内大街东侧，占地约273万平方米，是中国现存最大的古代祭祀性建筑群。它以严谨的规划布局、奇特的建筑结构、瑰丽的建筑装饰著称，不仅在中国建筑史上占有重要地位，也是世界建筑艺术的珍贵遗产。

天坛祈年殿

天坛始建于明成祖永乐十八年（1420年），原名“天地坛”，是明清两代皇帝祭祀天、地之神的地方。明嘉靖九年（1530年）在北京北郊另建祭祀地神的地坛，此处就成为专门祭祀上天和祈求丰收的场所，并改名为“天坛”。

天坛是一个建筑和景观设计的杰作，它简单而生动地体现了中国古人重要的宇宙观——天地的结构是“天圆地方”。因此天坛围墙平面南部为方形，象征地，北部为圆形，象征天，此墙俗称“天地墙”。主体建筑圜丘坛和祈谷坛均修建在南北向的中轴线上，并由一座长360米、宽30米的丹陛桥相连。

圜丘坛

位于南端的圜丘坛是皇帝冬至时分祭天的中心场所。皇帝选择在冬至日祭天，是因为从天文学角度讲，从冬至这一天起，太阳直射点从南回归线开始向北移动，古人没有南回归线的概念，但是他们认为从冬至开始，天由阴转阳，正所谓“一阳复始”。圜丘坛的周围环绕着两重矮墙，内墙圆而外墙方，正契合了“天圆地方”的思想。圜丘坛四座坛门的取名，也融入了古老的易经文化。四座坛门分别叫作泰元门、昭亨门、广利门、成贞门。将各门名称的第二个字按顺序排列，即：元，亨，利，贞。此句出自《易经》中的乾卦理论，即“乾：元，亨，利，贞”，乾为天。

在中国古人的宇宙观中，“一”“三”“五”“七”“九”这些奇数被认为是阳数，而九是阳数中最大的一个，叫作“极阳数”，因此，古人认为“九”是十分重要的数字。圜丘坛共有三层坛面，表示天、地、人三才，每层坛面上各有九圈艾叶青石环绕。最高层（第一层）的坛面中心是圆形的“天心石”，围绕“天心石”的艾叶青石向外以九的倍数递增，第一圈为九块，第二圈为 18 块，到第九圈为 81 块艾叶青石；第二层、第三层也各为九圈，每一圈的艾叶青石数量都以九的倍数依次增加。整个排列寓意九重天，不断地强调有关“九”的象征意义，这样的设计同样体现了中国人古老的宇宙观。

祈谷坛

位于北端的祈谷坛是皇帝孟春时分祈谷的场所，周围被方墙环绕，也体现了“天圆地方”的设计思想。其主体建筑是祈年殿，每年皇帝都在这里举行祭天仪式，祈祷风调雨顺、五谷丰登。祈年殿呈圆形，直径 32 米，高 38 米，是三重檐亭式圆殿，宝顶鎏金，碧蓝琉璃瓦盖顶；殿内藻井由两层斗拱及一层天花组成，中间为金色龙凤浮雕，极其精致，光彩夺目，富丽堂皇。大殿建于六米高的三层汉白玉石台上，凸显出大殿高耸入云的巍峨气势。

与圜丘坛的建筑用数字反映宇宙观相似，祈谷坛的中心建筑——祈年殿的殿内结构也十分独特，它不用大梁和长檩，仅用楠木柱和枋桷相互衔接支撑屋顶。28 根大柱环列殿内，中央的 4 根称“龙井柱”，象征一年四季；中层有 12 根金柱，象征一年的 12 个月；外层有 12 根檐柱，象征一天 12 个时辰。金柱、檐柱相加为 24，与一年二十四节气相符；金柱、檐柱和龙井柱相加是 28，象征天宇之中的二十八星宿……祈年殿屋顶采用了蓝色琉璃瓦，也是受“天蓝地黄”传统观念的影响。这些反映宇宙观的细节在天坛建筑中比比皆是，不胜枚举。古人对于宇宙天象的理解、对于季节轮回的认识，都通过精心的设计，凝固于天坛的一砖一瓦之中，留存给后世。

皇穹宇

皇穹宇院落位于圜丘坛外壝北侧，坐北朝南，是一座蓝色琉璃瓦单檐攒尖建筑。其主要建筑有皇穹宇和东西配殿，是供奉圜丘坛祭祀神位的场所。皇穹宇殿内有八根内柱，上部挑出鎏金斗拱，承托圆形天花；殿外有环形围墙，俗称回音壁；南面设三座蓝色琉璃瓦顶的券门。皇穹宇作为形体巨大的圆形平面木质结构殿宇，其造型之精致、构思之巧妙，是中国古建筑中罕见的实例。

皇穹宇

回音壁

斋宫

斋宫占地约 4 万平方米，位于天坛西坛门内，是皇帝祭天前沐浴斋戒的地方。斋宫正殿为五间，是京城著名的无梁殿。正殿月台上有斋戒铜人亭和时辰碑亭。铜人手持斋戒牌，传说是仿照唐代名臣魏徵的形象铸造的。内墙四周有廊 167 间，是卫士们躲风避雨之处。东北角的钟楼内悬挂着明成祖永乐帝在位时制造的一口太和钟。当举行祭天仪式时，皇帝从斋宫起驾，此时开始鸣钟，到皇帝登上圜丘坛，钟声即止。祭祀典礼结束时钟声再起，洪亮的钟声为祭祖典礼大壮声威。

天坛建筑是古代能工巧匠呕心沥血之佳作，天坛在建筑设计和营造上集明、清建筑技术与艺术之大成，集中国古代哲学、历史、数学、力学、美学、生态学于一身，堪称我国古代建筑的极品、世界建筑史上的瑰宝。

北京皇家园林——颐和园

入选时间：1998 年 12 月，在日本京都召开的第 22 届世界遗产大会上，世界遗产委员会根据世界遗产遴选标准Ⅰ、Ⅱ、Ⅲ，批准北京皇家园林——颐和园成为世界文化遗产，正式列入《世界遗产名录》。

世界遗产委员会评语：北京颐和园，始建于 1750 年，1860 年在战火中严重损毁，1886 年开始在原址上重新进行了修缮。其亭台、长廊、殿堂、庙宇和小桥等人工景观与自然山峦及开阔的湖面和谐、艺术地融为一体，堪称中国风景园林设计中的杰作。

颐和园万寿山、昆明湖

遗产概况

坐落于北京西北郊的颐和园，是中国清朝时期的皇家园林。它汲取江南园林的设计手法而建，集中国传统造园艺术之大成，气魄宏伟、构思巧妙，被誉为“皇家园林博物馆”，是我国现存规模最大、保存最完整的皇家园林。

颐和园原名清漪园，始建于 1750 年，是康乾盛世时期清朝帝王在北京西郊修造的“三山五园”中的最后一座皇家御苑，是清朝帝王的行宫和花园。咸丰十年（1860 年）清漪园被英法联军焚毁，1886 年开始重建并于 1888 年改名为“颐和园”，作为慈禧太后晚年的颐养之所。从此颐和园成为晚清最高统治者在紫禁城之外最重要的政治和外交活动中心。

颐和园规模宏大，占地面积约 3 平方千米，主要由万寿山和昆明湖两部分组成。园内现存各式宫殿、园林古建 7 万平方米，并有大量珍贵的文物藏品。全园以西山群峰为背景，以万寿山为中心，其建筑群与园内的湖光山色融为一体，景色变幻无穷，堪称中国风景园林设计中的杰作，具有极高的审美价值。

颐和园兼有宫廷和园林双重功能，园中主要景点大致分为三个区域：以仁寿殿为中心的政治活动区，是清朝末期慈禧太后和光绪皇帝坐朝听政、会见外宾，从事内政、外交活动的重要场所。以乐寿堂、玉澜堂、宜芸馆等庭院为代表的生活区，是慈禧太后、光绪皇帝及后妃们居住的地方。而由长廊沿线、后山、西区组成的广大区域，是供帝后休闲娱乐的巡游区。

政治活动区

位于颐和园最东边的东宫门当年只供清朝帝后出入，现在是颐和园的正门，它坐西朝东，朱红色大门上嵌着整齐的黄色门钉，中间檐下挂着九龙金字大匾，上书“颐和园”三个大字。门前御道的丹陛上雕刻着二龙戏珠石雕，为乾隆年代所刻，是从圆明园废墟（安佑宫）中移来的，它是皇帝尊严的象征。

仁寿殿原名勤政殿，始建于清乾隆十五年（1750 年），1860 年被英法联军烧毁，1886 年重建时，取《论语》中“仁者寿”之意改名仁寿殿。仁寿殿为皇帝临朝理政之所，殿前陈设着铸造精美的铜龙、铜凤和铜鼎等吉祥物。值得一提的是，这里的龙凤陈列方式不是龙在内、凤在外，而是凤凰居中、龙伴其侧的格局。这种布局暗喻了慈禧太后垂帘听政的史实。1898 年光绪皇帝在这里召见改良派领袖康有为，由此揭开了维新变法的序幕。

帝后生活区

德和园大戏楼位于仁寿殿北侧，为慈禧太后 60 岁生日而建，是专供慈禧太后看戏的地方。大戏楼高 21 米，在颐和园中仅次于最高的佛香阁。戏楼共有三层，另有后台化妆楼二层。顶板上有七个“天井”，地板中有“地井”。舞台底部有水井和五个方池。演鬼神戏时，演员可从“天”而降，也可从“地”而出，还可引水上台。其建筑设计精巧，气势宏伟，极富科学和艺术价值。清代著名京剧表演艺术家杨小楼、谭鑫培等都曾在此为慈禧太后献艺。游客在园中不仅可以直观地看到慈禧太后当年看戏的场地，还可欣赏到大量珍贵的帝后生活用品及外国馈赠的礼物。德和园大戏楼与承德避暑山庄的清音阁、故宫的畅音阁合称为清代三大戏台。

仁寿殿西南临湖而建的玉澜堂是园中一处重要的历史遗迹。“玉澜”

取湖水似玉、波澜起伏之意。此处是光绪皇帝批阅奏章、处理政务的地方。当年正是在这里，光绪皇帝召见了兵权在握的袁世凯，令其助行新政。玉澜堂是一座三合院式的建筑，原先四通八达，正殿玉澜堂坐北朝南，东配殿霞芬室可到仁寿殿，西配殿藕香榭通往湖畔码头，正殿后门直对隆裕皇后居住的宜芸馆。变法失败后，正殿后檐及东西配殿均被拔地而起的砖墙封闭，光绪皇帝便被慈禧太后幽禁在此，与外界隔绝。

乐寿堂原建于乾隆十五年（1750 年），1860 年被毁，1887 年重建后，这里成为慈禧太后在园内的居所。乐寿堂南临昆明湖，北倚万寿山，东达仁寿殿，西接长廊，地理位置十分优越。庭院内陈列着铜鹿、铜鹤和铜花瓶，种植有玉兰、海棠和牡丹花，取六合太平、玉堂富贵之意。庭院中心摆放着一块巨石，俗称“败家石”。据记载，明朝官僚米万钟于北京房山发现此石，倾尽财力也没能将其运回府中。后来这块巨石被乾隆皇帝花费巨资搬到此地，由于该石状若灵芝，色青而润，乾隆皇帝非常喜欢，赐名为“青芝岫”。

帝后巡游区

万寿山为燕山余脉，是全园的主体，前山中部高高耸立的佛香阁是颐和园的标志性建筑。以佛香阁为中心的建筑群和万寿山前的昆明湖相连构成一个极其开阔的自然环境，这里是颐和园内建筑布局最完整、建筑分布最密集、建筑形式最丰富的区域，殿、阁、廊、亭、桥、房、碑等建筑将园林、寺庙、宫殿和湖岛融为一体，形成了一幅连绵起伏、如锦似绣的风景画卷。

万寿山的山前景区由两条垂直对称的轴线统领，东西轴线是长廊，在南北轴线东侧有“转轮藏”和“万寿山昆明湖”石碑，西侧有五方阁和宝云阁。登临山顶，可俯瞰昆明湖景色。

扬仁风

颐和园长廊全长 728 米，廊中点缀着四座八角重檐亭，象征着春夏秋冬四季。长廊宛如一条彩带，将万寿山和昆明湖的湖光山色巧妙地连为一体。长廊的每根梁枋上都有彩绘，内容包括山水风景、花鸟鱼虫、人物典故等，其中的人物画多取材于中国古典名著。1990 年，长廊以其独特的建筑形式和丰富多彩的绘画，被《吉尼斯世界纪录大全》评为世界上最长的画廊。

坐落在万寿山南麓的听鹂馆，原先是乾隆为其母看戏所建，内有两层的戏台，在德和园大戏楼建成之前，慈禧太后经常在这里听曲看戏。其因古人常以黄鹂鸟的叫声比喻优美动听的音乐，故而得名。新中国成立后，这里改成听鹂馆饭庄，现已成为专营宫廷菜式的餐厅，先后接待过上百位国家元首和政府首脑，是中国著名的宫廷菜系饭庄。

紧邻昆明湖的云辉玉宇牌楼，是万寿山前山中央建筑群南北轴线的起点。牌楼的南面匾额上写着“星拱瑶枢”，寓意这里是众星拱卫的神仙之地。从牌楼经排云门、排云殿、德辉殿、佛香阁直至山顶的智慧海，层层上升，形成一条贯穿南北的中轴线，建筑排列有序、气势恢宏，整个布局充分体现了仙山琼阁的佛国境界和君权神授的封建思想，这是我国古代皇家园林的一大特色。

居万寿山前山核心部位的佛香阁是颐和园全园的中心，慈禧太后每逢初一和十五都在此烧香拜佛。此阁参照钱塘江畔的六和塔设计，是一座三层八面四重檐的建筑，阁高约 36 米，建筑在一个 20 米高的方形石台基上，阁内供奉有一尊明万历年间的千手观音铜像，法相庄严，铸造精美，具有极高的文物和艺术价值。原阁于 1860 年被英法联军烧毁，光绪年间按原样重建。

智慧海位于万寿山之巅。该建筑始建于乾隆年间，完全为砖石砌成，没有枋檩承重，是著名的无梁殿。“智慧海”一词为佛教用语，本意是赞扬佛的智慧如海，佛法无边。整座建筑的外层全用五色琉璃装饰，多为黄、绿两色，色彩鲜艳、富丽堂皇，镶嵌于殿外壁面的千余尊琉璃佛独具特色。

万寿山的后山、后湖景区位于颐和园最北部，与前山的华丽形成鲜明对比的是，这里建筑较少，林木葱茏，山路曲折。一组布局紧凑的藏式建筑和一条具有江南水乡特色的苏州街，使这恬静的山林幽静典雅、妙趣横生。

谐趣园位于万寿山东麓，是仿无锡惠山的寄畅园而建的园中之园，清漪园时期名叫“惠山园”，1811 年重修后改名为“谐趣园”。“谐趣”取自乾隆皇帝“一亭一径，足谐奇趣”的评价。园内的亭、台、堂、榭等13处建筑通过百间游廊和五座桥梁巧妙相连。其中，位于园内东南角的石桥最为有名，桥头石坊上有乾隆帝题写的“知鱼桥”三字，引自庄子和惠子的濠梁之辩。

苏州街是后湖两岸仿江南水镇而建的买卖街，是清代帝后在颐和园内逛市游玩的一条街。苏州街于1860年被英法联军焚毁，1986年在遗址上重建，1990年对外开放。清代时期，岸上有各式店铺，如绸布店、药店、玉器古玩店、点心铺、钱庄、当铺、茶楼、酒楼、金银首饰楼等。这里的店员伙计均由太监、宫女装扮，每当皇帝、皇后、妃嫔等来此游玩购物之时，他们便热火朝天地做起买卖来，犹如一个热闹非凡的民间庙会，反映出别样的清宫生活，展现了18、19世纪中国江南的商业文化氛围。

昆明湖是颐和园的主要水面，面积200余公顷，占园区面积的四分之三。昆明湖上建有南湖岛、藻鉴堂岛和治镜阁岛三座岛屿，根据道教“一池三山”的说法，它们象征着神话传说中的蓬莱、方丈、瀛洲三座海上仙山。从昆明湖畔向西远望山峦起伏，北望楼阁成群。湖中有一道西堤，堤上桃柳成行；十七孔桥横卧在烟波浩渺的湖面上，南湖岛、藻鉴堂岛、治镜阁岛三座岛屿和亭台楼阁掩映在茂林之中，宛若神仙境地。

清晏舫，又称石舫，位于长廊西端湖边，全长36米，用大理石雕刻堆砌而成。船上建有两层船楼，船底花砖铺地，窗户为彩色玻璃，顶部砖雕精巧华丽，是颐和园中唯一带有西洋风格的建筑。它的前身是明朝圆静寺的放生台。乾隆修清漪园时，取名为“清晏舫”，寓“河清海晏”之意。下雨时，落在船顶的雨水通过四角的空心柱子，由船身的四个龙头排入湖中，设计十分巧妙。

颐和园秀美典雅，集中国传统造园艺术之大成，借景周围的山水环境，既有皇家园林恢宏富丽的气势，又充满了自然之趣，高度体现了“虽由人作，宛自天成”的造园准则。

知识拓展

十七孔桥“金光穿洞”奇观

十七孔桥坐落在昆明湖上，连接着东堤的廓如亭和湖心的南湖岛，为园中最大石桥。石桥长约150米，有17个桥洞，两边栏杆上雕有大小不同、形态各异的石狮500多只，是仿照卢沟桥修建的。每年冬至前后，在落日余晖的映照下，颐和园十七孔桥的桥洞被夕阳照亮，每一个孔洞都会出现金光，被称为“金光穿洞”。

十七孔桥

冬至前后，太阳直射南回归线附近，北京地区太阳高度达到全年最低点，日落时太阳位置位于西南方向。此时，夕阳的光线以接近直射的角度照射在十七孔桥的东侧桥孔侧面，使得整个桥洞充满温暖的金色光芒，形成“金光穿洞”的奇景。这一景象只在冬至时节短暂出现，为北京的冬季增添了独特的美丽景观，每年都会吸引大量的摄影爱好者前去拍摄。

大足石刻

入选时间：1999年12月，在摩洛哥马拉喀什召开的第23届世界遗产大会上，世界遗产委员会根据世界遗产遴选标准Ⅰ、Ⅱ、Ⅲ，批准大足石刻成为世界文化遗产，列入《世界遗产名录》。

重庆大足石刻

世界遗产委员会评语：重庆大足地区的险峻山崖上保存着绝无仅有的系列石刻，时间跨度从9世纪到13世纪。这些石刻以极高的艺术品质、丰富多变的题材而闻名遐迩，从世俗到宗教，鲜明地反映了中国这一时期的日常社会生活，并充分证明了这一时期佛教、道教和儒家思想和谐相处的局面。

遗产概况

大足，位于中国西南重庆市郊。大足取意“大丰大足”，寄托着普通人对美好生活的向往。这个拥有美好名字的地方，因连绵山崖上长达数百米、宛若连环画的石刻艺术而闻名世界，这些石刻被统称为大足石刻，其中最具特色的造像集中分布在南山、北山、石篆山、石门山、宝顶山这五座山的山崖上。它代表了9—13世纪世界石窟艺术的最高水平，也是世界石窟艺术史上的一座丰碑。

大足石刻最初开凿于初唐永徽年间（7世纪中叶），历经晚唐、五代、北宋，盛于南宋，明清时期亦有所增刻，最终形成了一处规模庞大、集中国石刻艺术精华之大成的石刻群，堪称中国晚期石窟艺术的代表。大足石刻群共包括石刻造像70多处，数以万计，据大足博物馆统计，总计5万余尊，其中建于南宋的宝顶山大佛湾造像群被誉为大足石刻的巅峰之作。

宝顶山石刻

宝顶山石刻位于重庆市大足区东北12千米处，据大足石刻研究院介绍，宝顶山石刻开凿于南宋淳熙至淳祐年间（1174—1252年）。宝顶山石刻以圣寿寺为中心，包括大佛湾、小佛湾等十余处造像群，共有摩崖造像近万尊，题材以佛教密宗故事人物为主，展现了宋代石刻艺术的精华。与欧洲文艺复兴时期的宗教壁画创作不谋而合的是，宝顶山上这些与真人比例相当的佛教造像，不是单个的供养像造型，而是以连环画式的群体造型展示的。

主持修造宝顶山石刻的总设计师名叫赵智凤，是他开启了这场佛教造像观念的革新。在他的独特设计中，巴蜀地区原有的单独成窟的偶像式的造像风格和意图转变为整体设计的叙事性的造像群，旨在向百姓普及佛教教义。他试图通过视觉艺术，以看图说话这种最直观的方式向大众传播宗教教义。当年的信众们即便不识字、文化水平不高、不懂佛经，面对这样的佛像也能感到亲近，也能从这些直白的画面中分辨出世间善恶，找到修身养性的途径，这正是赵智凤修造宝顶山石刻的初衷：教化众生、净化社会、传承道德观念。

大足宝顶山第15号龛的《父母恩重经变相》，生动展现了父母养育子女的艰辛与幸福。半夜里，熟睡的小孩子尿床了，母亲把孩子挪至干的地方，自己却睡在湿处；吃饭时，母亲把好吃的小饼拿给孩子吃，留给自己的却是苦味的食物；年轻的夫妇相敬如宾，妈妈牵住小生命的手，孩子静静依偎着母亲，一家人其乐融融，生活平凡又幸福。这些取材于凡人生活的雕像能够让观者直观而深刻地感受到其中所宣扬的亲情和孝道。通过世俗化和通俗化的手法来展现佛教深奥的义理，是宝顶山石刻的独特之处。

大足石刻以其规模宏大、雕刻精美、题材多样、内涵丰富、保存完整而著称于世。它集中国佛教、道教、儒家“三教”造像艺术的精华于一身，以鲜明的民族化和生活化特色，成为中国石窟艺术中一颗璀璨的明珠。它以大量的实物形象和文字史料，从不同侧面展示了9世纪末至13世纪中叶中国石刻艺术的风格和民间宗教信仰的发展变化，对中国石刻艺术的创新与发展做出了重要贡献，具有前代石窟不可替代的历史、艺术和科学价值。

知识拓展

力与美的平衡

宝顶山第5号龛的华严三圣像高7米，立于莲花台上，是整个大足地区最为高大的三尊立像。佛像雕凿在峭壁上，峭壁之下仅有一条狭长的走廊供观者立足。按理说，这么近距离抬头仰望这么高的佛像，是无论如何也看不全佛像面容的，而事实上，每一个在佛像脚下抬头仰望的人都能一览无余地看到佛像的面容，与佛像进行目光交流。而且，佛头与躯干保持着惊人的协调，丝毫没有扭曲失真。倾斜俯身的造型、刻意放大的头颅是产生这种协调性的秘诀，这是经验丰富的古代工匠通过透视学的处理创作出的奇特杰作。

倾斜设计在建造领域本是禁忌。在重力的作用下，哪怕是一度角的倾斜，都有可能带来损毁的灾难。与华严三圣像几乎同时期建造的意大利比萨斜塔，修建到三分之一时，塔身开始倾斜，并且倾斜角度随着时间的流逝逐步扩大，历经多次修复，直到21世纪，问题才得以控制。当世界上同时代的工程师们绞尽脑汁想要控制好建筑重心、保持中正的时候，大足石刻的“疯狂”工匠们却创造了一个建筑倾斜的奇迹。

华严三圣像中的文殊菩萨雕像，在整尊雕像向前倾斜达到20° 的同时，左手还托着一座七层宝塔。这座仿木结构的宝塔为石质实心，高1.8米，据估计重400多千克，这样严重头重脚轻的造型竟然在近

10米高的山崖上安安稳稳地悬置了七八百年！

宝顶山文殊菩萨雕像

华严三圣像前倾设计的建筑灵感来源于一种中国传统的木建筑构件——撑拱。撑拱采用的是杠杆原理，当宽大而突出的屋檐给建筑主体造成沉重负担的时候，建造大师们会用撑拱构造出一个稳固的三角形结构来撑起屋檐。

文殊菩萨手托着一个沉重的高塔向前倾斜，却还能保持稳固，秘诀就在于工匠们把一直垂落到脚跟的袈裟披肩做成了建筑物上的撑拱。从侧面看去，文殊菩萨的袈裟恰呈三角形，它既是佛衣也是支柱。宋代工匠们借助袈裟支柱让宝塔虽凌空高悬却稳如泰山，实现了力与美的平衡，堪称建造史上的神来之笔。

明清皇家陵寝

入选时间：2000年11月，在澳大利亚凯恩斯召开的第24届世界遗产大会上，世界遗产委员会根据世界遗产遴选标准Ⅰ、Ⅱ、Ⅲ、Ⅳ、Ⅵ，批准明显陵、清东陵和清西陵以“明清皇家陵寝”的身份列入《世界遗产名录》，成为世界文化遗产。2003年7月，在法国巴黎召开的第27届世界遗产大会上，南京明孝陵和北京明十三陵作为明清皇家陵寝的首次扩展项目被列入《世界遗产名录》。2004年7月，在中国苏州召开的第28届世界遗产大会上，盛京三陵（清永陵、清福陵和清昭陵）作为明清皇家陵寝的第二次扩展项目成功列入《世界遗产名录》。

世界遗产委员会评语：明清皇家陵寝依照风水理论，精心选址，将数量众多的建筑物巧妙地安置于地下。它是人类改变自然的产物，体现了传统的建筑和装饰思想，阐释了中国明清时期500余年间的世界观与权力观。位于辽宁省的清朝盛京三陵建于17世纪，是继2000年和2003年明清皇家陵寝列入《世界遗产名录》之后也被列为世界文化遗产的三座清朝皇家陵寝，分别为永陵、福陵和昭陵，它们是开创清朝皇室基业的皇帝及其祖先的陵墓。这三座陵寝遵照中国传统的占卜和风水理论而建，饰以大量以龙为主题的石雕、雕刻和瓦片，展示了清朝墓葬建筑的发展。盛京三陵及其众多建筑将以前朝代的传统与满族文化的特征融为一体。

明清皇家陵寝之明显陵

遗产概况

明清皇家陵寝建于1368年至1915年，分布于中国北京市、河北省、湖北省、江苏省和辽宁省，包括2000年列入《世界遗产名录》的明显陵和清东陵、清西陵，2003年增列的明孝陵、明十三陵，以及2004年增列的盛京三陵（永陵、福陵、昭陵，均为清代）。

明清皇家陵寝是中国明清两朝皇帝陵寝建筑群，按照严格的等级规制营建，具有完整的地上、地下建筑体系，布局严谨，规模宏大，建筑华美，工艺精细，既体现了中国封建社会最高的丧葬礼制和明清时期中国社会的宇宙观、生死观、道德观和习俗，也体现了当时中国最高水平的规划思想和建筑艺术。

明清时期（1368—1911年）是陵寝建设史上的一个辉煌时期。明朝的开国皇帝朱元璋对陵寝制度做了重大改革。他将地上的封土堆由以前的覆斗式方形改为圆形或长圆形，又取消了寝宫，并扩大了祭奠建筑的规模。清代沿袭明代制度，并更加注重陵园与周围山川形胜的结合，注重按所葬人辈分排列顺序，还形成了帝后妃陵寝的配套序列，在祭祀制度上也更加完善、合理。

明陵综述

明朝历史，始于1368年，终于1644年，两百多年间，共有16位皇帝先后执政。16位皇帝中，只有建文帝朱允炆因“靖难之役”下落不明，没有营建陵园。其余15帝，都依帝制建造了陵园，并且只有太祖朱元璋死后埋葬在南京，称孝陵；其余14帝都因朱棣迁都而葬在了北京。这14帝中只有景泰帝朱祁钰，因英宗朱祁镇复辟，死后只能以亲王身份葬在北京西郊，成化年间恢复帝号后，其王坟被扩建为帝陵，称景泰帝陵。其余13帝均葬于北京昌平区境内的天寿山一带，通称明十三陵。

此外，明代还有生前没有当过皇帝，死后被追尊为帝的，也营建了陵园。明太祖朱元璋就追尊了自己的父亲、祖父、曾祖父和高祖父为皇帝，并将其父亲在安徽凤阳的原墓改建为皇陵；因其曾祖父和高祖父的葬址不详，就将其祖父在江苏盱眙的原葬处改建为帝陵，合葬三祖帝后衣冠，称为祖陵。嘉靖皇帝朱厚熜也追尊他的父亲兴献王朱祐杬为睿宗献皇帝，并将其位于湖北钟祥的原王坟扩建为显陵。

明孝陵

明孝陵坐落于江苏省南京市钟山南麓，是明朝开国皇帝朱元璋和马皇后的合葬陵墓。作为中国明皇陵之首，明孝陵在中国帝陵发展史上有着特殊的地位，享有“明清皇家第一陵”的美誉。

朱元璋奉行以孝治天下，因此其陵寝取名“孝陵”。明孝陵既继承了唐宋帝陵“依山为陵”的旧制，又创立了以宝城宝顶取代覆斗方上的新制，首次按皇宫布局建立“前朝后寝”三进院落制，开创了陵寝建筑平面“前方后圆”的基本格局，并开创性地建立了依山势地形蜿蜒曲折的陵墓神道，它是中国传统建筑艺术文化与环境美学相结合的典范。此后500多年间，分布于北京、湖北、辽宁、河北等地的明清皇家陵寝，均按南京明孝陵的规制和模式营建。

明显陵

明显陵位于湖北省钟祥市，是嘉靖皇帝的父亲朱祐杬和母亲蒋氏的合葬墓。明显陵是嘉靖初年重大历史事件“大礼议”的产物，又因嘉靖皇帝信奉道教，故而明显陵在建造过程中，在政治因素、思想观念、审美情趣等的影响下，形成了自己鲜明的特点和独特的风格。

首先，明显陵“一陵两冢”的陵寝结构，在历代帝王陵寝中绝无仅有。宝城和宝顶是明朝帝王陵墓封土的一种特有形式，宝城即地宫，在宝顶之下，是陵寝的“心脏”部位。明显陵建有两座宝城：前地宫，始建于明正德十四年（1519 年），是兴献王朱祐杬死后按藩王规制所建；后地宫，建于嘉靖十八年（1539 年），是嘉靖在生母病故后，想将其与父亲合葬在明显陵，打开地宫时，发现前地宫渗水，为了妥善安葬父母，他决定增建地宫而钦定的。两座宝城之间以瑶台相连，形成了“一陵双冢”的特殊格局。

其次，陵园双城封建，并建有新、旧两座红门，这在明代帝陵中是非常独特的。陵区面积广大，占地约 183 公顷，在陵区周围建有外罗城，与陵宫区的内罗城相对。内罗城采取“前朝后寝”的平面布局。前面为方形院落，是祭祀的主要场所。后面为圆形的宝顶、宝城，是埋葬帝后的寝宫。整个院落也反映了中国古代“天圆地方”的哲学思想。外罗城修建于嘉靖十八年（1539 年），以新红门为起点，围绕整个陵园，蜿蜒起伏、红墙黄瓦，非常壮观。旧红门，是中轴线的正门、明显陵的第二道门户，建于明嘉靖三年（1524 年），它东西两侧所建围墙与东西砂山和外罗城相连，形成一道封闭区域。新红门，是显陵的第一座门，建于明嘉靖十八年（1539 年），原本也可以直接建在神道中轴线上，但出于风水的考虑，新红门从地形走向上偏离中轴线，以龙尾的形式摆向了东边，使整条神道更像一条游动的活龙。

再次，明显陵是明代帝陵中唯一整体保留神道“龙鳞”的陵寝。明显陵龙形神道又被称为“龙鳞神道”，神道中间铺筑的石板被称为“龙脊”，两侧以鹅卵石填充，谓之“龙鳞”，外边再以牙子石收束。龙鳞神道的走向设计不取笔直，有意蜿蜒。弯曲的神道布局，正是风水理论中“生旺而弯环则吉，衰死而硬直则凶”的体现，在客观上也产生了“曲径通幽”的艺术效果。

另外，明显陵中内、外明塘的建置也为明代帝陵所特有。“明塘”取

“明堂”谐音，在风水理论中为聚“气”之所。内、外明塘的建置可能与嘉靖皇帝和其父亲笃信道教有关。明显陵还有一条人工开凿的河流，俗称“九曲河”，全长近 2 000 米，以神道为中轴左右贯穿整个陵园，不仅仅起到排水、泄洪的作用，更是风水理论的完美体现。

最后，明显陵的祾恩门两侧设有琉璃影壁，这是明代其他帝陵所没有的。其碑亭众多，也远非明代其他各帝陵可比。“八”字形的琉璃影壁做工精美，正面为琼花图案。“琼花”是牡丹花，图案以叶为主，花为点缀，“穷花富叶”谐音为“琼花富业”，寓意草木旺盛、国家繁荣。背面为双龙图案，含有藏龙卧虎之意。明显陵碑亭的数量远远多于明十三陵及其他明代陵墓，正是嘉靖皇帝为了给从未当过皇帝的父亲朱祐杬抬高地位、歌功颂德而建。

明显陵中 30 余处规模宏大的建筑群掩映在山环水抱之中，如同“天造地设”，是建筑艺术与环境美学相结合的天才杰作。

明十三陵

明十三陵位于北京市昌平区天寿山南麓，据北京市政府公布数据，总面积 120 多平方千米。自朱棣迁都北京后，明朝有 13 位皇帝的陵墓修建于此，故称明十三陵。陵内葬有皇帝 13 人、皇后 23 人。明十三陵从选址到规划设计，都十分注重陵寝建筑与自然环境的和谐统一，力求达到“天造地设”的完美境界，体现“天人合一”的哲学思想，是我国历代帝王陵寝建筑中保存完整、埋葬皇帝最多的古墓葬群，其体系完整、建筑雄伟，具有极高的历史和文物价值。

明十三陵的营建特点在于它首次体现了中国皇家陵寝建筑群的整体性。陵区之内，各座帝陵背山面水、尊卑有序地布葬排列，既各自独立，又共用长陵神道。长陵神道作为一条贯穿各陵的“总神道”，使陵区的建筑紧密相连，形成一个整体。

明十三陵陵区青山环抱，明堂开阔，水流弯曲横过，是一块风水宝地。各陵都处于左右护山的环抱之中，除面积大小、建筑繁简有所不同外，其建筑布局和规制基本一样。整个陵区原来四周筑有陵墙，驻有陵卫，陵宫内外及神道两旁栽植有大量松柏，整个陵区掩映在苍松翠柏中。

在各陵中，仅定陵于1956年进行了考古发掘，其他陵寝墓室建筑均保存完整。

明十三陵目前对外开放五个景区，分别是长陵、定陵、昭陵、康陵以及长陵神道。长陵神道全长7.3千米，由石牌坊、下马碑、大红门、碑楼、石像生、龙凤门等组成，是明十三陵的第一个景点，也是明十三陵的总神道。

长陵是明成祖朱棣和他的皇后徐氏（明十三陵中第一个入葬的人）的陵寝，为明十三陵中建造最早和规模最大的一座，以地面建筑宏伟著称。其主体建筑祾恩殿是祭祖的重要场所，大殿面阔九间，进深五间，黄瓦红墙，重檐庑殿顶，坐落在三层汉白玉石台基上，是我国最大的一座楠木殿堂，殿内有60根金丝楠木巨柱支撑，最粗的直径1米多。其梁、柱、檩、椽、斗拱等构件，也都用楠木制作而成。如此宏伟的楠木建筑物，在中国实属罕见。

定陵是明代第十三位皇帝明神宗朱翊钧和他两个皇后（孝端、孝靖）的陵寝，是明十三陵中唯一已发掘、可以参观地下宫殿的帝陵。明神宗朱翊钧，年号万历，是明朝在位时间最长的一位皇帝（48年）。定陵的主要建筑除明楼和宝顶外，其余均屡遭破坏。1956年5月对定陵进行发掘时，出土了大量珍贵文物，揭开了地下宫殿之谜，为研究明代历史提供了宝贵的实物资料。

昭陵是明十三陵中地面建筑最完整且最具代表性的陵寝建筑，这里埋葬着明穆宗朱载垕。康陵是明武宗朱厚照和皇后夏氏的合葬陵墓，是明十三陵中砖碑铭文最多的一座帝陵。

清陵综述

清朝是中国最后一个封建王朝，从1644到1911年的两百多年间，共有12位皇帝先后执政。清代的帝王陵寝，根据建陵年代和地理位置，可分为清初盛京三陵、清东陵和清西陵三个陵区。清东陵和清西陵的陵墓规划与建筑造型均仿照明朝，陵区集中分布，正红门为总入口，经统一的神道后通往各个陵区，其主要布局顺序为：五孔桥、牌楼、碑亭、三孔桥、大月台、宫门、隆恩殿及左右配殿，而后为石平桥、月台、琉璃门、石五供、方城（上立明楼）、月牙城、宝城、宝顶。皇帝、皇后、亲王、公主、嫔妃都有一套程序化的陵制规则，等级森严。

盛京三陵

盛京三陵（永陵、福陵、昭陵）位于辽宁，也称东北三陵，是清朝入关以前，开创清朝基业的祖先的陵墓。盛京三陵加上清东陵、清西陵，构成了一组清朝帝陵体系，是一部浓缩的清朝历史。

永陵坐落于辽宁省抚顺市新宾满族自治县的永陵镇，是清朝皇族的祖陵，陵内埋葬着努尔哈赤的六世祖、曾祖父、祖父、父亲及他的伯父和叔父。“一陵多葬、君臣共陵”正是永陵最大的特点。在盛京三陵中，永陵规模最小、年代最早、保存最为完好。取名永陵，包含着清朝统治者祈求祖先保佑大清江山永固长久的愿望。作为清王朝最早的一座皇陵，永陵较大程度地保留了清朝入关前的满族风韵。如永陵的正红门就采用了皇室建筑中罕见的木栅栏门扇，这是对祖先生活环境和习俗的尊重，表示后世不忘祖先创业的艰难。

福陵是清太祖努尔哈赤与皇后叶赫那拉氏的陵墓。福陵始建于后金天聪三年（1629年），竣工于清顺治八年（1651年），经康熙、乾隆两帝增建，才具今日规模。陵墓面临浑河，背依天柱山，山环水绕，林密草深，32座（组）古建筑随坡势起伏错落有致、气势恢宏。

昭陵是清太宗皇太极及其皇后的陵墓，坐落在沈阳市北端，故又称北陵。沈阳地势北高南低，昭陵位于沈阳的制高点上，因此可鸟瞰全城。1643年皇太极去世之后，昭陵才开始动工兴建；1651年昭陵初建完成，此后经康熙、乾隆及嘉庆多次改建和扩建，累积形成今天的昭陵建筑群。昭陵在盛京三陵中规模最大，结构最完整。它既按中原王朝的陵寝规制建造，又保留了清初关外的陵寝特点和独特的东北地方风格。陵园占地面积约50万平方米，其建筑群以神道为中轴线对称排列，庄严肃穆、灵秀清幽。

清东陵和清西陵

清东陵位于河北遵化的昌瑞山下，是我国现存规模最宏大、体系最完整、布局最得体的帝王陵墓建筑群。如前所述，清朝入关以前，清帝葬在沈阳和抚顺的“盛京三陵”。清朝入关以后，顺治皇帝亲自寻得这块风水宝地，从他开始到雍正帝之前的所有清帝，都葬在了清东陵。在这占地78平方千米的15座陵寝中，长眠着乾隆帝、慈禧太后、香妃等161位帝、后、妃及皇子公主。

按清朝的规矩，皇帝都要子随父葬。按理说，雍正帝也应该葬在清东陵，但是追求完美的雍正帝在此没有找到理想之地，加之一些营建于此的帝陵相继出现问题，于是这位以铁腕整顿纲纪、革除弊端、锐意拓新而著称的皇帝打破了子随父葬的传统，放弃清东陵，另寻他址。

位于北京西南约125千米处的河北省保定市的易水河畔，以绝佳的风水条件，被雍正最终选定为陵址，这就是清西陵。清西陵群山环卫、树木繁茂，金碧辉煌的陵墓古建点缀其间，既雄奇壮丽又清幽典雅，与约250千米外的清东陵遥相呼应，成为大清帝国从繁华到衰落的见证。

1730年，雍正开始营建泰陵，历时6年，耗银240多万两，泰陵基本建成。作为清西陵中的首陵，泰陵建筑年代最早，建造规模最大，风水格局最为完整。最南端的大红门，便是清西陵的总门户。矗立于大红门前的三座“品”字形石牌坊巍峨高大、雕饰精美，其建筑形式与规格在国内尚属首例。

雍正之后，乾隆想出了“昭穆相建”的办法来平衡东西二陵的关系，东陵为“昭”，西陵为“穆”。如果父陵在昭，子陵则在穆，以此类推，以解决之后帝葬的难题。但此制度只实行了一代，道光即未遵此制。后来清西陵又相继埋葬了嘉庆（昌陵）、道光（慕陵，原应葬于东陵，后因故迁至西陵）和光绪（崇陵）3位皇帝，以及他们的皇后、嫔妃、公主、阿哥，加上之前的雍正帝妃等，共计80人。

崇陵是中国历史上最后一座帝王陵寝，这里埋葬着光绪皇帝和隆裕皇后。光绪帝生前并没有建陵，宣统皇帝溥仪登基后才开始在西陵为其建造崇陵。崇陵建于1909年至1915年，1912年宣统帝退位后，由民国政府出资继续修建崇陵，致使崇陵成为一项跨朝代的陵寝工程，崇陵也由此见证了时代的更迭。1938年崇陵地宫被盗，后经考古发掘及修复后于1980年正式对外开放，成为清西陵中唯一开放地宫的陵墓。

值得一提的是，清西陵的慕陵也有其特殊之处。慕陵是道光皇帝的陵寝。道光皇帝一生节俭，然而慕陵却外俭内奢。原来，道光皇帝建于清东陵的帝陵因地宫进水改迁至清西陵。因重新建造，道光皇帝下诏要节俭，就省去了明楼、方城、石像生、华表、圣德神功碑楼等重要建筑，只留下隆恩殿、三座小桥和宝顶，因此，相比其他帝陵，慕陵面积最小，规制也非常简单。然而，慕陵的隆恩殿却很特别。首先，隆恩殿为单檐，中央明间与东西两侧之间各施隔扇外绕走廊，而清东、西陵其他帝陵的隆恩殿均为重檐。其次，慕陵隆恩殿和东、西配殿内的木构件均选用珍贵的金丝楠木制作，而且所有木构件表面不施油饰彩画，而采用烫蜡技法以凸显楠木本色。最后，殿内的天花板、雀替、隔扇、门窗上还雕刻着 1 000 多条形态各异、活灵活现的云龙、游龙和蟠龙，精美绝伦，堪称一座木雕艺术殿堂。道光帝陵由于修建了两次，再加上用料考究，耗费银两竟远超陵墓规制完整且规模庞大的泰陵。

清西陵的修建从 1730 年开始至 1915 年结束，包含了帝、后、嫔妃、公主、王爷、阿哥陵寝，营房、衙署、寺庙、行宫、牌楼等古建筑，是清代陵寝建筑类型最为齐全的皇家陵墓群，具有极高的历史及艺术价值。作为清朝最后一个帝王陵墓群，它成为中国几千年封建历史结束的实证，展现了中国博大精深的传统文化、建筑艺术与历史悠久的皇权思想。

知识拓展

大清龙脉

清王朝在关外的三座皇陵中，清永陵辈分最高，又被称作关外一号陵。传说明朝万历皇帝有一天派大臣观察天象，发现在我国东北出现了一片紫气。风水先生告诉他，东北地区将出现真龙天子。于是万历皇帝就派出了大量的风水先生到辽东去“破龙”。风水先生在辽东总共破坏了 99 条龙，却唯独漏了一条龙，那就是清永陵后面的坐山——启运山。传说中启运山就是清朝龙脉的起源，努尔哈赤也正是受到了这条传说中的悬龙的庇护，他的子孙们也因此才得了天下。其实，这种传说只是清朝统治者为皇权更替以及维持接下来的统治所找的一个借口罢了。

龙门石窟

入选时间：2000 年 11 月，在澳大利亚凯恩斯召开的第 24 届世界遗产大会上，世界遗产委员会根据世界遗产遴选标准Ⅰ、Ⅱ、Ⅲ，批准龙门石窟成为世界文化遗产，正式列入《世界遗产名录》。

世界遗产委员会评语：龙门地区的石窟和佛龛展现了中国北魏晚期至唐代最具规模和最为优秀的造型艺术。这些翔实描述佛教题材的艺术作品，代表了中国石刻艺术的最高峰。

龙门石窟卢舍那大佛

在由美国《国家地理》杂志公布的 2023 年度全球推荐旅游地名单（25 处）中，世界文化遗产龙门石窟因代表中国石刻艺术的最高峰而入选“文化类”旅游地。

遗产概况

龙门石窟位于河南洛阳城南约 12.5 千米处，这里香山与龙门山东西对峙，伊河于山间蜿蜒北流，远望犹如一道天然门阙，史称“伊阙”。隋代建都洛阳后，因伊阙正对洛阳外郭城的正南门定鼎门，恰似定鼎门前的天阙，而龙又是中国古代帝王的象征，故而隋炀帝就把“伊阙”改称为“龙门”。

龙门石窟始凿于北魏孝文帝年间，历经东魏、西魏、北齐、隋、唐、五代等朝代，开凿时间前后长达 500 多年。2 000 多个窟龛分布在伊河两岸南北长达 1 千米的东西崖壁上，星罗棋布、密如蜂房。据河南省文化和旅游厅数据，东西两山现存编号窟龛 2 300 余座，碑刻题记 2 800 余块，佛塔近 80 座，造像近 11 万尊。龙门石窟以窟龛造像数量众多、工程浩大、题材丰富、雕刻精美、气势恢宏而中外闻名。

龙门石窟是北魏和唐代皇家贵族发愿造像最集中的地方，具有典型的皇家风范，反映出浓厚的国家宗教色彩。如：古阳洞为北魏孝文帝下令所凿；奉先寺、惠简洞是为唐高宗和武则天等雕凿的；极南洞是唐代名相姚崇为其母找工匠所凿。此外，古阳洞、宾阳洞、奉先寺等，都是后妃、王公、贵族、文武百官发愿祈福之所。因此，龙门石窟的大规模开凿和盛衰兴废，直接反映了 5—10 世纪中国佛教信仰的兴衰变化，也从一个侧面反映了当时的政治风云变幻和社会态势发展。

龙门石窟又有“古碑林”之称。据统计，龙门石窟现存碑刻题记 2 800 余块，共计 30 多万字，其数量之多，居世界石窟之首。碑刻内容涉及政治、经济、军事、宗教、地理、医药、民俗、姓氏、书法及中外文化交流等诸多方面，具有补史之阙、证史之误的重要价值。题记中的纪年，也是石窟考古分期断代的重要依据。

按雕刻时间来划分，在龙门的所有洞窟中，北魏洞窟约占 30%，唐代洞窟约占 60%，其他朝代洞窟仅占 10% 左右。北魏时期的主要代表洞窟有古阳洞、宾阳中洞、莲花洞等。东、西魏造像，大都是在北魏洞窟壁面上补刻小龛，龛形变化不大，装饰也趋于简化。药方洞中的五尊佛像都具有北齐时期的造像特征。隋唐五代时期的主要洞窟有奉先寺、敬善寺、万佛洞、惠简洞等，它们是龙门石窟鼎盛时期的造像代表。

北魏洞窟

古阳洞是龙门石窟中开凿最早、内容最丰富的一座。古阳洞的很多佛龛造像都有题记，记录了当时造像者的姓名、造像年月及缘由，这些都是研究北魏书法和雕刻艺术的珍贵资料。广为人知的“龙门二十品”是指选自龙门石窟的北魏时期的二十方造像题记，是龙门石窟碑刻书法艺术的精华。在这二十品中，有十九品来自古阳洞。

宾阳中洞历时 24 年建成，是开凿时间最长、最为富丽堂皇的一个洞窟。洞内共有 11 尊大佛像，主像释迦牟尼面部清秀，神情自然，堪称北魏中期石雕艺术的杰作。在前壁第三层南侧的北魏文昭皇后礼佛图浮雕中，可以看到一位女供养人手持三枝不同形态的莲花，做出要将其插入面前侍女所持圆形浅口花瓶的动作，这大概是中国流传至今的最早的插花刻像。

莲花洞因窟顶雕有一朵极为罕见的高浮雕大莲花而得名。莲花周围的十身飞天，其裙带当风的飞舞动作，与盛开的莲花动静相宜，使这富丽典雅的宝莲藻井生机盎然。

唐代洞窟

奉先寺洞窟因隶属于当时的皇家寺院奉先寺而得名，它高近 20 米，宽、深各 30 余米，是龙门石窟所有窟龛之中规模最大、艺术最为精湛的一组摩崖型群雕，代表了唐代炉火纯青的石刻艺术水平。其中的卢舍那大佛雕像堪称精美绝伦的巅峰之作。卢舍那大佛总高 17.14 米，面容丰满端庄，双目清澈宁静，笑容含蓄亲切，体现出雍容典雅和圣洁慈祥的风度，被国外游客誉为“东方的蒙娜丽莎”。这尊历经千年的巨佛，岩体光滑洁净，呈现出洗尽铅华般干净而柔美的色泽，面部细节和服饰造型栩栩如生，保存非常完好。

其他朝代洞窟

药方洞始凿于北魏晚期，经东魏、西魏、北齐、隋朝，到唐初仍有雕刻，因洞门两侧刻有大量唐代药方而得名。洞中五尊佛像具有北齐造像的特征，身躯壮硕硬直、脖子短粗，菩萨头冠两旁的带子垂到胳膊上部。洞门两侧刻有 150 多种药方，涉及内科、外科、小儿科、五官科等，所用药材都为民间能够找到的植物、动物和矿物药。这些药方给老百姓提供了极大方便，是中国现存最早的石刻药方，对研究中国医药学起到了重要的作用。

龙门石窟是一座博大精深、内涵丰富的石刻艺术博物馆，它延续时间长、跨越朝代多，以大量的实物形象和文字资料系统地保存了 5—10 世纪中国政治、经济、宗教、文化等许多领域的发展变化，其窟龛造像数量之多、石质之优、艺术之奇、内容之丰，举世罕见，是中国石刻艺术史上的典范之作，也是全世界共同的优秀历史文化遗产。

知识拓展

龙门石窟鱼跃龙门

鲤鱼跃龙门的故事传说，就发生在洛阳龙门石窟所在地。相传，大禹疏浚伊水以后，水流湍急，游息于孟津黄河中的鲤鱼，顺河逆行而上，当游到伊阙龙门（今洛阳龙门石窟所在地）时，因波浪滔天而纷纷跳跃，试图翻过。跳过者为龙，跳不过者额头上会留下一道黑疤，所以唐代大诗人李白在《赠崔侍御》诗中写道："黄河三尺鲤，本在孟津居。点额不成龙，归来伴凡鱼。"

鱼跃龙门，又称鲤鱼跳龙门、鲤跃龙门等，比喻中举、升官等飞黄腾达之事，也比喻逆流前进，奋发向上，事业成功或地位高升，等等。

皖南古村落——西递、宏村

皖南古村落

入选时间：2000年11月，在澳大利亚凯恩斯召开的第24届世界遗产大会上，世界遗产委员会根据世界遗产遴选标准Ⅲ、Ⅳ、Ⅴ，批准皖南古村落——西递、宏村成为世界文化遗产，列入《世界遗产名录》。

世界遗产委员会评语：西递、宏村这两个传统的古村落在很大程度上仍然保持着在20世纪已经消失或改变了的乡村的面貌。其街道规划、古建筑和装饰，以及供水系统完备的民居，都是非常独特的文化遗存。

西递和宏村位于安徽省黄山市黟县，由功成名就的官商回乡兴建而成，深受安徽传统文化的影响，以地域文化独特而著称。身处幽深僻静的群山怀抱，使西递和宏村保留了村庄在几百年前初建时的原始风貌，建于明清时期的民居、祠堂和牌楼等古建筑至今保存完好，是徽派建筑的典范之作。

遗产概况

明清时期，经营木材、茶叶、丝绸和盐业等的徽州商人，积累了大量的财富和很高的声望，号称徽商，是中国历史上著名的“三大商帮”之一，称雄商界长达二三百年。中国人叶落归根的思想根深蒂固，漂泊在外的徽商最终大都会回到故里，投入大量资金在家乡建住宅、立祠堂、传宗接代。在雄厚的资金支持下，徽派建筑的发展达到了巅峰。

徽派建筑风格独特、精致典雅，粉墙黛瓦和马头墙是徽派建筑中最为醒目的建筑特色。尽管墙面已经斑驳，但群山环抱下粉墙黛瓦的村落依然素净淡雅，美如神话。走进村庄，高耸的马头墙与家族的建筑群连成一体，犹如群马扬蹄奋勇奔腾，气势恢宏，彰显着百年老屋过去的荣耀与辉煌。

天井是徽派建筑中的重要组成部分，是整个徽派建筑中最具有亲和力的地方，人们坐在厅堂内可晨沐朝阳、夜观星斗，共享美好时光。从顺应自然的角度看，天井承载了采光、通风、排水等重要功能。从讲究风水的角度看，天井要相对狭小才能聚气，太阔则会散气，而下雨时雨水会从四面屋顶流入天井，称为“四水归堂”，因为水在中国人的观念中代表了财富，“四水归堂”就形象地反映了徽商积聚财富、财不外流的营商理念。

徽派建筑内部精雕细琢的装饰与外部的简洁朴素形成鲜明对比。其著名的三雕，即木雕、砖雕和石雕，把老屋内的繁复精致体现得淋漓尽致。这些精美绝伦的雕刻代表着徽州人对美好生活的理解与追求。深受儒家思想影响的徽州人非常重视文化教育，在古徽州村落崇尚读书蔚然成风，无论出身贫富贵贱，人们都一致认为读书才是天下头等好事。徽州人将崇尚读书的家族精神栩栩如生地雕刻在屋内的石头、木头和砖头上，时刻提醒着自己的子孙后代“万般皆下品，唯有读书高”。

西递和宏村是中国传统村落建设的典范。西递四面环山，两条溪流分别从村北、村东经过村落在村南会源桥汇聚。宏村位于山脚下，一条溪流汇成两个水潭，其中“月沼”在村中心，另一个在村南。西递、宏村依山傍水而建，街坊小巷幽深宁静，水乡园林景色如画，体现了人与自然的和谐共生。

西递

西递位于安徽省黄山市黟县东南部，距黄山风景区仅 40 千米。该村形状似船，因有水流从村东流向西，古代又有递送邮件的驿站，故而得名“西递”，享有“桃花源里人家”的美誉。西递现有 14—19 世纪的祠堂三幢、牌楼一座、古民居 200 多幢，完好地保存着典型的明清古村落风貌，被称为“古民居建筑博物馆”。

相传西递始祖为唐昭宗李晔之子，他因为战乱从长安出逃，流落民间隐姓埋名，成为西递胡氏的始祖，从此李唐皇室之后就在此地生息繁衍。中原盛行的儒家礼教文化和耕读礼俗也随着望族的迁入而在皖南生根发芽，逐渐枝繁叶茂。

西递的明清古民居建筑 224 幢中有 124 幢保存完好。以敬爱堂、追慕堂为中心，徽派建筑沿着溪水前后呈带状分布，错落有致，大量的砖、石、木雕点缀其间。目前敬爱堂、追慕堂、笃谊庭、大夫第、履福堂、刺史牌楼、凌云阁、青云轩、应天齐西递村艺术馆等 20 余处景点对外开放。

敬爱堂造型宏伟、结构严谨，明显高于其他建筑，是西递的胡氏宗祠。宗祠，是供奉祖先灵牌和祭祀的地方，是村落中最为庄严神圣之地。建于明万历二十八年（1600 年）的敬爱堂，面积 1 800 多平方米，堂前为飞檐翘角的门楼，气势非凡，不容轻慢；中间设有祭祀大厅，为胡氏子孙集体祭祖的场所。对于背井离乡、漂泊在外的徽商来说，最魂牵梦萦的就是故土家园。祠堂，就是他们的精神家园；祭祖，就是他们最神圣的朝拜。在儒家思想熏陶下成长起来的徽商，与官宦关系亲密。宗族通过参与科举在朝廷中谋取的权势有力地推动、护佑了徽商集团的发展。

追慕堂的主人是乾隆年间靠经营粮食生意成为江南六富之一的胡贯三。追慕堂建于清乾隆五十九年（1794 年），是胡贯三为追念祖父和父亲一生崇文尚义、乐善好施而建。胡贯三从商数十载，毕生注重商德和修养，赚来的钱也多用于兴文重教和置田济人。堂内供奉着胡氏远祖唐太宗李世民。

大夫第建于清康熙三十年（1691年），为临街亭阁式建筑。大夫第门额上“作退一步想”的题字，意在训诫后人要做到“退一步海阔天空，让三分心平气和”。这里的每一副楹联都从不同层面表达了西递的徽商们为人处世、待人接物的行为准则，以及修身、齐家、治国、平天下的人生抱负。这些保存完好的楹联不仅记录着历史，也沿袭着徽州人的风骨。“桃花源里人家”六个大字高悬在阁楼的楼额上。今天，这里已成为西递举办“抛绣球”民俗活动的场所。

西递民居大多临水而建，建房多用黑色大理石，大街小巷均采用黟县青石板铺设，道路两旁砌有排水明沟，街巷空间时而封闭、时而开敞，天际线变幻无穷。精雕细刻的入口门楼，高耸的马头山墙，曲折的墙面，形状各异的石雕漏窗，街头巷尾的石凳、水井，横跨水溪的石板桥，依旧保持着明清时期的原有风貌，其“布局之工，结构之巧，装饰之美，营造之精，文化内涵之深”，为国内古民居建筑群所罕见，堪称徽派古民居建筑艺术之典范。

宏村

宏村又名弘村，位于安徽省黄山市黟县县城东北角，距县城11千米。该村始建于1131年，原为汪姓聚居之地，是典型的徽派民居建筑群，也是电影《卧虎藏龙》的取景地。全村现保存完好的明清古民居有140余幢。建筑造型独特并拥有绝妙田园风光的宏村被誉为“中国画里的乡村”。

宏村北侧是高大的山体，南侧是一片湖泊，而宏村坐落在山水之间的低平地区，从地理位置的角度看，冬季高大的山脉会阻挡来自北方的寒冷空气，村落背风向阳，相对温暖；村落南侧面向湖泊，不仅便于村民日常用水，还可以使村民在盛夏季节享受到来自南方的凉爽舒适的夏季风。可见，宏村的选址和布局是生态适应的典范。

整个宏村从高处看，宛若一头斜卧山前溪边的青牛。这是古宏村人别出心裁开“仿生学”之先河而规划建造的“牛形村落”和人工水系，成为“建筑史上一大奇观”，堪称“中华一绝”。

明永乐年间（1403—1424年），村民为了方便防火、洗涤、灌溉，开凿了一条二尺多宽、长达千米的水圳，从村外将溪水引入村中心半月形的池塘“月沼”。“月沼”被视为“牛胃”，而盘绕在“牛腹”内九曲十八弯的水圳，被称作“牛肠”，村西的四座木桥，被当成“牛脚”，形成了“山为牛头，树为牛角，屋为牛身，桥为牛脚”的牛形村落。至万历年间（1573—1620年），宏村因人口增多，单靠月沼蓄水已不够用，故又凿深村南的百亩良田，周围砌石立岸，建成南湖，形成“牛肚”。将月沼水引入南湖后，水域面积扩大数十倍。

宏村水系从每家每户门前流过，使得全村家家门巷有清渠。“牛肠”流入被称为“牛胃”的月沼，将已经略显混浊的溪水汇聚于此，溪水中的混浊物自然沉淀到湖底，过滤后的溪水又变得清澈见底，经过过滤后，溪水又穿屋绕户，流向村外被称作“牛肚”的南湖，再次过滤后流入河床。水渠中的水流因天然的地势落差，始终保持着活性。几百年来，村民们享用着源源不断的生产、生活和消防用水，稠密的活水系还终年调节着当地的气温和环境。这种九曲十八弯、挨家穿户的村落水系设计，堪称中国古代村落建筑艺术之一绝，是实用与美学相结合的水利工程典范。

承志堂是清末大盐商汪定贵的住宅，大约建于清朝咸丰五年（1855年），至今仍保存完好，在宏村民居中最为气势恢宏、富丽堂皇，从布局到建造都可以称为徽派民居的巅峰之作。在胡贯三和汪定贵这些富商的带动下，当年能工巧匠云集西递、宏村，他们选用上好的石头、木材在精雕细刻上下功夫，于是就有了惟妙惟肖、细致入微的徽派建筑三绝——砖雕、木雕、石雕。承志堂的三雕精美绝伦，尤以木雕为最，仅木雕上镀的黄金就达百两，由20个工匠历时4年才雕刻完成，堪称徽派木雕中的极品。到此参观的国内外游客，无不为之倾倒。

西递和宏村是历经千年却依然活着的文化遗产，它们保留着世外桃源般的田园风光、完整的村落形态、工艺精湛的徽派民居和丰富多彩的历史文化内涵，具有很高的科学、文化和美学价值，是研究区域历史和传统村落文化的理想场所，更是全人类的珍贵文化遗产。

知识拓展

“粉墙黛瓦”和马头墙

徽派建筑“粉墙黛瓦”，呈现出清新淡雅的水墨画风格。这主要是因为当地盛产黏土、石灰、青石和水杉，古徽州人建造房屋时往往就地取材，从而形成了徽派建筑平淡质朴的美感。从外形上看，外墙的形状酷似马头，俗称“马头墙”。除了美观和装饰作用外，马头墙的存在还有更深层的原因。古徽州人大多聚族而居，民居建筑密度大，火灾隐患突出，高高的马头墙可以防火，因此又称“封火墙”。此外，马在传统观念中被视为吉祥之物，昂首奋进的马头造型，象征着家族兴旺昌盛。

由此可见，徽派建筑文化，顺应了当地的自然环境，充分体现了当地人的生存智慧，彰显了我国“天人合一”的生态哲学思想，对我们今天的生态文明建设具有重要的借鉴价值。

青城山－都江堰

入选时间：2000 年 11 月，在澳大利亚凯恩斯召开的第 24 届世界遗产大会上，世界遗产委员会根据世界遗产遴选标准Ⅱ、Ⅳ、Ⅵ，批准青城山－都江堰成为世界文化遗产，列入《世界遗产名录》。

世界遗产委员会评语：都江堰灌溉系统始建于公元前 3 世纪，至今仍控制着岷江的水流，灌溉着成都平原肥沃的农田。青城山是中国道教的发源地，因有许多古庙而著称。

都江堰

都江堰水利工程，是中国战国时期秦国蜀郡太守李冰及其子率众修建的一座大型水利工程，是全世界迄今为止年代最久、唯一留存且仍在使用、以无坝引水为特征的宏大水利工程，被誉为世界水利文化的鼻祖、中华水文明集大成者。它位于四川省成都平原西部的岷江上，处于岷江从山区泻入成都平原的地方，在今都江堰市城西。

都江堰

在都江堰建成以前，岷江江水常常泛滥成灾。公元前256年，秦国蜀郡太守李冰和他的儿子，吸取前人的治水经验，率领当地人民兴建水利工程。都江堰建成后，成都平原沃野千里，成为中国著名的粮仓，享有“天府之国”的美誉，这项工程直到今天还在发挥着重要作用，被称为“活的水利博物馆”。

都江堰的修建，以不破坏自然环境，充分利用自然资源为人类服务为前提，变害为利，使人、地、水三者高度协调统一。在生产工具和施工技术比较落后的情况下，它充分利用当地西北高、东南低的地理条件，根据江河出山口处特殊的地形、水脉、水势，因势利导，无坝引水，自流灌溉，使堤防、分水、泄洪、排沙、控流相互依存、共为体系，保证了防洪、灌溉、水运和社会用水综合效益的充分发挥。

都江堰水利工程包括鱼嘴、飞沙堰和宝瓶口三个主要组成部分。鱼嘴是在岷江江心修筑的分水堤坝，最早由一个个竹笼堆砌而成，迎着江水将岷江分为内江和外江。西边的外江是岷江正流，主要用于泄洪排沙，沿东边山脚而行的内江则用于引水灌溉。鱼嘴具有四六分水、二八排沙的功能。当水量小的时候，内江引水满足灌区需要，占六成，而外江只占四成；当水量很大的时候就倒过来了，内江只占四成，而外江占六成。这样既有利于灌溉，又有利于防洪。

飞沙堰是在分水堤坝中段修建的泄洪道，因排沙显著而得名飞沙堰。在洪水期，飞沙堰不仅可以排泄洪水，利用漫过飞沙堰流入外江水流的旋涡作用还可以有效地减少泥沙在宝瓶口前后的淤积。

宝瓶口是内江的进水口，形似瓶颈。除了引水，它还有控制进水流量的作用。内江由这里流进成都平原，是“水旱从人”的关键。

勤奋智慧的蜀地人民就地取材，以当地盛产的竹、木、卵石为主要材料，创造出竹笼、杩槎、干砌卵石等具有都江堰特色的传统堰工技术，沿用至今，并已被列入省级非物质文化遗产，成为见证中国治水科学不断进步的“活文物”。

都江堰水利工程，以最小的工程量巧妙解决了引水、泄洪、排沙等一系列技术难题，成为兼具交通运输、行洪排涝以及生产、生活、生态供水等功能的综合性水利枢纽。“因势利导”“道法自然”是治堰的精髓，既体现了古人对自然和自然规律的敬畏和尊崇，又体现了古人发挥主观能动性，顺应自然规律对工程进行的巧妙改造。它在不破坏生态的前提下使人受益，符合生态科学的原则，对于我们人类保护生态环境、人和自然和谐相处、实现永续发展来说，是宝贵的智慧。

都江堰水利工程的修建并非一蹴而就，伏龙观前有条堰功道，是专门为纪念 12 位治水建业的先贤而建。为了确保这项伟大的水利工程历久弥新，持续发挥效能，他们率领广大民众不断扩大灌区面积，建立了一系列管理维护的制度。其中，岁修制度影响最为深远。所谓岁修，就是在枯水季节淘挖淤积的沙砾卵石，修补堤堰。岁修时淘挖的深浅关系到来年灌溉和排洪的效果。淘挖太浅，影响来年春灌引水。淘挖过深，过量洪水又会涌入内江，引发洪涝。聪明的先民在飞沙堰对面的凤栖窝放置卧铁，作为淘挖深浅的参照，并总结出“深淘滩、低作堰”“遇弯截角、逢正抽心”的宝贵经验。

岁修完成后的放水仪式始于汉代，是都江堰灌区沿袭千年的盛大农事与民俗活动，是都江堰人感恩李冰父子、缅怀历代堰功、祈求五谷丰登的盛大节日。每年清明，这里的老百姓编竹笼、砍杩槎、祭李冰、放水入渠，完成一套完整的祭祀仪式，代代相传，延续至今。2006 年，都江堰放水节被列入首批国家级非物质文化遗产。

在世界古老的著名水利工程中，古巴比伦王国建立的纳尔－汉穆拉比渠和古罗马的人工渠道都早已荒废，只有都江堰建堰两千多年来经久不衰，而且创造着越来越大的效益，成为集防洪、灌溉、运输、发电、水产养殖、旅游及城乡工业、生活用水为一体，综合效益巨大的大型水利工程。都江堰水利工程，不愧为中华文化划时代的杰作，也是世界水利工程技术的伟大奇迹。

青城山

青城山位于中国四川省都江堰市西南 15 千米处。因为山上树木繁茂，四季常青，故历来享有“青城天下幽”的美誉。青城山是中国本土宗教——道教的重要发祥地，汉安二年（143 年），道教创始人张陵来到青城山创立了“五斗米道”，即天师道，张陵“羽化”山中，青城山便成为道教的发源地和天师道祖山、祖庭。道教由此传遍全国各地。

青城山的建筑充分体现了道家追求自然的思想，道观完全顺应地理环境建造，上下重叠，错落有致，并都以“三”为建筑构思，体现了道家“道生一、一生二、二生三、三生万物”的宇宙观念。全山的道教宫观以天师洞为核心，包括建福宫、上清宫、祖师殿、圆明宫、老君阁、玉清宫、朝阳洞等10余座建筑。其建筑装饰也反映了道教追求吉祥、长寿和升仙的思想。

在蜀文化的滋养下，道教文化与蜀文化相通相融。蜀文化以水为脉，道教也崇拜水。在道教尊奉的神灵三官中，除了天官和地官以外，就是水官。道教强调道法自然。李冰建都江堰的科学精神，也以顺应自然为原则，其以柔克刚的哲学理念与道教的思想不谋而合，因此李冰又被道教尊崇为清源妙道真君，成为宗教与科学完美结合的代表。

青城山因其秀丽的自然风光和众多道教建筑而成为天下名山，自古就是游览胜地和隐居修炼之处，文人墨客留下了大量珍贵的“墨宝”，为这座名山增添了丰富的人文景观。镌刻在建福宫后殿楹联柱上的394字对联，被赞为“青城一绝”。上联细致入微地描写了青城山36峰108景，令人神往。下联旁征博引讲述了与青城山有关的历史名人与典故，引人入胜。这些楹联，不但赞美了青城山的美丽，还颂扬了道教思想和道家经典，表达出对中华民族的人文祖先由衷的敬意，以及对国家兴衰、民生荣辱的关注。

清朝咸丰年间，青城道士张孔山在二王庙修道。他常年在岷江岸边古堰旁，聆听变化万千的岷江水声，尽毕生古琴研究所得，谱出了一首将道教音乐推向极致的古琴曲《流水》，被世界视为东方音乐的杰出代表。这首古琴曲《流水》，于1977年被美国录入镀金唱片，由“旅行者二号”探测器带入太空，在茫茫宇宙中寻觅知音。

青城山和都江堰在历史深处相遇，一路相生相伴，相得益彰，诠释着“道法自然”“天人合一”“因势利导”的古老东方智慧。

知识拓展

道教养生与炼丹

植被丰富的青城山，不仅是道教的圣山，还拥有700多种木本植物和大量珍贵药材，吸引了众多道士前来养生悟道。唐太宗时期的医学家、道士孙思邈来到了青城山，他在这里采集了大量药材，研究了解各种药性，撰写了医学著作《千金要方》，成为一代药王。

道家强调修身养性以延年益寿，为寻找长生不老之法，道士们经常采集各种药材，放在炼丹炉中焚炼，希望炼出长生不老的丹药。8世纪中叶，一名叫作清虚子的道士，经常采用各种古怪的配方来炼制丹药，在一次使用硫黄、木炭和硝石为燃料炼丹时，意外发生了爆炸。这次爆炸，使中国掌握制造火药的技术比西方早了1 000多年。

云冈石窟

入选时间： 2001年12月，在芬兰首都赫尔辛基召开的第25届世界遗产大会上，世界遗产委员会根据世界遗产遴选标准Ⅰ、Ⅱ、Ⅲ、Ⅳ，批准云冈石窟成为世界文化遗产，列入《世界遗产名录》。

云冈大佛

世界遗产委员会评语： 位于山西省大同市的云冈石窟，现存洞窟252座，造像约51 000尊，代表了5世纪至6世纪初中国高超的佛教艺术成就。其中的昙曜五窟，整体布局严整，风格和谐统一，是中国佛教艺术第一个巅峰时期的经典杰作。

遗产概况

云冈石窟位于中国山西省大同市以西约16千米处的武州（周）山南麓。石窟依山而凿，东西绵延约1千米。据云冈石窟（云冈研究院）官网信息，现存主要洞窟45座，大小造像59 000余尊（比世界遗产委员会评语中数字要大不少），最大者高达17米，最小者仅高2厘米。云冈石窟的造像内容丰富，气势宏伟，堪称5世纪至6世纪初中国石刻艺术之冠，被誉为中国古代雕刻艺术的宝库。它形象地记录了佛教艺术从印度及中亚向中国发展的历史轨迹，反映出佛教造像在中国逐渐世俗化、民族化的过程。多种佛教艺术造像风格在云冈石窟实现了前所未有的融会贯通。

据云冈石窟官网信息，云冈石窟的开凿大概始于460年，一直延续到约524年，其中大部分完成于北魏迁都洛阳（494年）之前。按照开凿的时间，可将云冈石窟分为早、中、晚三期，不同时期的石窟造像风格也各有特色。早期的“昙曜五窟”气势磅礴，具有浑厚、纯朴的西域情调。中期石窟则以精雕细琢、装饰华丽著称，显示出复杂多变、富丽堂皇的北魏时期艺术风格。晚期窟室虽规模小，但人物形象清瘦俊美，比例适中，是中国北方石窟艺术的榜样和“瘦骨清像”的源起。此外，石窟中留下的乐舞和百戏杂技雕刻，也是当时佛教思想流行的体现和北魏社会生活的反映。

早期石窟

云冈石窟中的第16～20窟是最早开凿的5座洞窟，由著名的高僧昙曜主持雕凿，因此也称昙曜五窟。据说，昙曜为推广佛教，劝说年轻的文成帝将北魏太庙中供奉的5位皇帝雕刻为5尊顶天立地的大佛，这一智慧之举使得武州（周）山石窟寺上升为皇家祖庙，成为国家一号工程。虽然这一传言并非十分可信，但其所造佛像形象的确与北魏皇帝有很大渊源。这5座洞窟的主佛身躯都在13米以上，高大雄伟，气宇非凡，呈现出君临天下的气势，显示了皇权的至高无上。

第20窟的露天大佛是云冈石窟的代表作，由于前立壁的崩塌，佛像显露在外。大佛造像明显受到外来文化影响，宽额高鼻、两眉细长，斜披袈裟，袒露右肩，呈现出当时印度西北部、巴基斯坦和阿富汗山区的造像特征。挺拔健硕的大佛，神情刚毅自信，将鲜卑民族的剽悍与威猛、豪放与智慧表现得淋漓尽致，震撼人心。

南北朝时期佛教在中国得到迅猛发展，尤其是北魏太武帝拓跋焘出兵西域，更是迎来了中国历史上第二次中西文化的大交流，佛教强势融入中华文化，昙曜五窟的雕刻便吸收并融合了古印度犍陀罗、秣菟罗艺术的精华，呈现出独特的艺术风格。

中期石窟

中期石窟主要有第1、2窟，第5～13窟以及未完工的第3窟。471—494年，是云冈石窟雕凿的鼎盛时期。迁都洛阳以前的北魏孝文帝时期，社会稳定、国力兴盛，能够以强大国力为保证，集全国的能工巧匠，雕凿出更为精美的石窟造像。到孝文帝迁都前，皇家营造的10余座洞窟都已完成。

这些洞窟一改以往“大窟高像”的特点，出现了平面方形洞窟、中心塔柱洞窟和前后殿堂式洞窟的形式。此外，洞窟雕刻的题材也更加丰富，突出了释迦牟尼佛、弥勒佛的地位，流行释迦牟尼与多宝二佛并坐、七佛造型、维摩诘与文殊问答，出现了飞天、伎乐天、金刚、力士、比丘、供养天等。雕刻造型更加工整华丽，雕刻风格均更具汉化特征。佛像的衣着很少袒露右肩，而是褒衣博带式的佛像盛行，出现了许多新的题材和造像组合，侧重于护法形象和各种装饰。中期是积极改革创新的时期，掀起了佛教石窟艺术中国化的过程，石窟艺术中国化在这一时期起步并完成。

色彩华丽的第9～13窟，俗称五华洞，中西文化在此交融激荡。在装饰纹样上既有中国的博山炉，也有印度的摩尼宝珠；在建筑风格上不仅有中国建筑的斗拱造型，还能看到带有古希腊、罗马特色的廊柱式风貌。

第12窟又称音乐窟，洞窟高壁上的伎乐天正在上演一场欢歌曼舞的音乐大戏。他们手中的乐器有来自西域的箜篌、琵琶、筚篥，也有中国的排箫、古琴、埙等。脱壁而出的六身高浮雕夜叉逆发圆目，胡容胡貌，边舞边奏。整个洞窟洋溢着欢乐的佛国气氛，是中外音乐史上的奇观。

晚期石窟

北魏迁都洛阳（494年）后，虽然云冈石窟大规模的开凿活动停止了，但凿窟造像之风在中下阶层蔓延开来，亲贵、中下层官吏以及邑人信众充分利用平城（今山西大同）旧有的技艺在云冈开凿了大量的中小型洞窟，这种小窟小龛的镌建一直延续到孝明帝正光五年（524年）。平城作为北都仍是北魏佛教要地。这一时期大窟减少，中、小型窟龛从东往西布满崖面，主要分布在第20窟以西，还包括第4窟、14窟、15窟和11窟以西崖面上的小龛，约有 200 余座中小型洞窟。洞窟大多以单窟形式出现，不再成组。造像题材多为释迦牟尼、多宝或上为弥勒、下为释迦牟尼。佛像和菩萨像面形消瘦、长颈、肩窄且下削，这种造像是因北魏晚期推行“汉化”改革而出现的一种清新典雅的“瘦骨清像”的艺术形象，成为北魏后期佛教造像的显著特点。这一特征和风格在龙门石窟北魏窟亦有表现，对中国石窟寺艺术的发展产生了深刻的影响。

云冈石窟是石窟艺术“中国化”的开始。云冈中期石窟出现的中国宫殿建筑式样雕刻，以及在此基础上发展出的中国式佛像龛，在后世的石窟寺建造中得到广泛应用。敦煌莫高窟、龙门石窟中的北魏时期造像均不同程度地受到云冈石窟的影响。云冈晚期石窟的窟室布局和装饰，更加突出地展现了浓郁的中国式建筑、装饰风格，反映出佛教艺术中国化的不断深入。

知识拓展

“马识善人”的传说

453 年的一天，一位名叫昙曜的和尚游历到北魏都城平城，也就是今天的山西大同。当昙曜在大路上遇到文成帝的车队时，他连忙躲到一边给皇帝让路。然而，就在昙曜躲避张望的时候，一件神奇的事情发生了：只见一匹御马眼睛直勾勾地看着昙曜，然后跑到他的面前用嘴将昙曜的袈裟叼了起来。这个情景让在场的所有人都大吃一惊，文成帝也是惊诧不已，他相信自己的御马是有灵性的。随后，文成帝把昙曜叫过来，刨根问底询问一番后决定，让昙曜做他的老师。这便是“马识善人”的故事。

昙曜是一位慧根深厚的高僧，他年少出家，在精读佛教经典之外，对建筑学也深有钻研。如前所述，正是在昙曜的提议和主持下，才有了令后人叹为观止的昙曜五窟。

高句丽王城、王陵及贵族墓葬

入选时间：2004 年 7 月，在中国苏州召开的第 28 届世界遗产大会上，世界遗产委员会根据世界遗产遴选标准Ⅰ、Ⅱ、Ⅲ、Ⅳ、Ⅴ，批准高句丽王城、王陵及贵族墓葬成为世界文化遗产，列入《世界遗产名录》。

世界遗产委员会评语：本遗址包括3座王城和40座墓葬的考古遗迹：五女山城、国内城、丸都山城，14座王陵及26座贵族墓葬。这些都属于高句丽文化的代表，从公元前37年到668年，高句丽王朝一直统治着中国东北部部分地区和朝鲜半岛的北部，这里的文化因此而得名。五女山城是唯一被部分挖掘的王城。国内城位于今集安市内，在高句丽迁都平壤之后，它成为“别都”。丸都山城是高句丽王朝的都城之一，城内有许多遗迹，包括一座雄伟的大型宫殿和37座墓葬。一些墓葬的顶部设计精巧，无须支柱就可支撑宽敞的墓室，还能承载置于其上的石冢或土冢，表现出极大的独创性。

高句丽王陵及贵族墓葬

高句丽是中国古代边疆少数民族政权。距唐王朝摧毁高句丽政权将近百年后，李白创作了名为《高句丽》的诗篇，以简洁生动的笔墨，栩栩如生地再现了那个时代高句丽人的形象，为我国古代多民族的历史留下了生动且珍贵的记录。

遗产概况

高句丽王城、王陵及贵族墓葬分布于辽宁省桓仁县、吉林省集安市等地，主要包括五女山城、国内城、丸都山城、12座王陵、26座贵族墓葬、好太王碑和将军坟一号陪冢（世界遗产委员会评语中将二者也列为王陵）。

据史料记载，公元前37年中国东北地区的扶余国（又作夫余国）庶出王子朱蒙为躲避兄弟迫害，逃离扶余国南下至卒本川（今辽宁省桓仁县一带），建立了高句丽王国。3年，高句丽迁都至国内城（今吉林省集安市一带），427年再次迁都至平壤。668年，高句丽被唐及朝鲜半岛的新罗联军所灭，在其政权延续的705年间，高句丽的最大势力范围包括中国吉林省东部、辽宁省东北部以及朝鲜半岛北部地区。

高句丽经济以农业为主，兼营渔猎。高句丽通用汉字，中后期深受中原文化影响，儒、佛、道文化盛行。

王城

五女山城位于辽宁省本溪市桓仁县县城东北的五女山上，是高句丽创建的第一个都城。其依山势而建，在鸭绿江两岸现存的上百座高句丽山城中，以规模宏大、体系完备、保存较为完整而闻名。山城包括位于山腰平缓坡地上的外城和山顶的内城两部分，西、北、东三面都是悬崖峭壁，南面也是险峻的陡坡，地形险要，易守难攻。山城巧妙地利用悬崖峭壁作为天然屏障形成天然城墙，只在山势稍缓的位置筑人工墙加以封堵。五女山城在选址布局、城墙筑法、石料加工等方面传承了中国北方民族构筑山城的传统，同时也进行了创新，形成了独具特色的山城形式。它是中国东北和东北亚地区山城建筑的标志，展现了人类智慧与大自然的完美结合。

西汉元始三年（3年），高句丽迁都至国内城，同时建造了尉那岩城，后称丸都山城。这两座城市位于吉林省集安市，是高句丽早中期的都城，也是高句丽政权持续使用时间最长的都城，持续使用了425年（迁都平壤后作为“别都”），成为高句丽的政治、经济、文化中心，拥有大量珍贵的历史遗存。国内城、丸都山城分别坐落在平原与附近的高山上，形成了高句丽的一对“附和式都城”，完美地展现了高句丽王城的平原城和山城形式，被誉为都城建筑的杰作。高句丽人充分利用自然地理环境和资源，在平原城附近建造了带有军事防御性质的山城，平时高句丽国王居住在平原城——国内城中，遇到危险则退守到深山中的卫城——丸都山城中。这种平原城与山城相结合的“附和式都城”结构，充分展示了高句丽人的建筑才华和筑城理念，具有浓郁的民族特色，开创了我国“附和式都城”建筑模式的先河。国内城和丸都山城作为高句丽时期建筑的杰出代表，为世界古代都城史书写了壮丽的篇章。

王陵及贵族墓葬

在国内城与丸都山城城外，鸭绿江中游北岸的山麓、河谷和平原中散布着众多古墓，1966 年清点时有古墓葬 1 万余座，绝大多数为高句丽于 3—7 世纪留下的遗存，是墓葬数量最多、分布最集中的一处高句丽墓群，也被称为洞沟古墓群。这个古墓群以将军坟、太王陵为代表，共有十几座大型高句丽王陵，其中包含精美的王室贵族壁画墓，展现了高句丽高超的建筑技艺和辉煌的艺术成就。可以说，古墓群从不同侧面反映了高句丽的历史发展进程，是高句丽留给人类的弥足珍贵的文化与艺术宝库。

高句丽墓葬主要分为两类：积石墓和封土墓。积石墓是高句丽早期的传统丧葬方式，不论是王公贵族还是平民百姓，在死后都会采用积石成山的方式建造坟墓，坟墓的规模会因墓主身份不同而有所差别。到 4 世纪末，受中原文化影响，积石墓渐渐转变为封土墓。目前集安境内发现的高句丽王陵大都以石材构筑。在所有王陵和贵族墓中，最为著名的当数长寿王陵。长寿王陵又称将军坟，建于 5 世纪初，除少数异议观点外，一般认为这是高句丽第二十代王长寿王的陵墓，也是现存古墓群中保存最为完整的石结构陵墓。将军坟因陵墓结构设计考究、工艺精湛，被誉为“东方金字塔”。将军坟主墓东侧现仅存一座陪坟，形制与主墓相同，只是规模较小，被称为将军坟一号陪冢，应是地位高的嫔妃或近臣的葬地。

高句丽部分陵墓中的壁画被视为不可多得的艺术瑰宝，是古代东北亚地区壁画艺术成就的重要标志，被誉为“东北亚的敦煌”。这些珍贵的遗存为我们展现了高句丽文化的瑰丽与辉煌。

好太王碑

好太王碑是中国现存最大的石碑之一，是高句丽第二十代王长寿王为他的父亲好太王所立的纪功碑，四面环刻汉字隶书（也保留部分篆书和楷书）碑文 1 775 个字，也是现存最早、文字最多的高句丽考古史料，备受史学家的珍视。这一重要遗迹的发现确认了被世人遗忘的高句丽文明及其中心所在地，在东北亚考古遗迹中占有重要地位。

高句丽坚固的山城、雄伟的陵墓、精美的古墓壁画，已成为中华文明的重要组成部分，展现了高句丽文化的瑰丽与辉煌。这些珍贵的遗产见证了高句丽民族卓越的建筑技艺、文化成就以及在东亚地区的重要地位。

澳门历史城区

入选时间：2005 年 7 月，在南非德班召开的第 29 届世界遗产大会上，世界遗产委员会根据世界遗产遴选标准Ⅱ、Ⅲ、Ⅳ、Ⅵ，批准澳门历史城区成为世界文化遗产，列入《世界遗产名录》。

大三巴牌坊

世界遗产委员会评语：澳门是一个繁华兴盛的港口，在国际贸易发展中有着重要的战略地位。从 16 世纪中叶开始，澳门逐渐被葡萄牙人侵占，直到 1999 年中国对澳门恢复行使主权。澳门历史城区保留着葡萄牙和中国风格的古老街道、住宅、宗教和公共建筑，是东西方美学、文化、建筑和技术相互影响交融的独特见证。此城区是在国际贸易蓬勃发展的基础上，中西方之间最早且持续时间最长的沟通交流之一的见证。

1999 年 12 月 20 日零时，澳门正式回归，全称澳门特别行政区，央视大型纪录片《澳门岁月》的主题曲《七子之歌・澳门》唱响神州大地。

遗产概况

澳门位于中国南部，珠江口西侧，北接珠海，南临南海，三面环海，是中国大陆与中国南海的水陆交会处。澳门是中国面积最小的省级行政区，也是中国唯一一个法律允许经营赌场的地区，博彩业及旅游业为澳门的支柱产业。

据史料记载，自秦始皇三征岭南后，澳门便归入了秦朝版图，属南海郡番禺县地。这里原本是一个小渔村，古称蚝（后改“濠”）镜澳，意为盛产蚝且水域如镜的港湾，澳外有“十字门”，故合称澳门。

澳门历史城区以旧城区为核心，包括22座位于澳门半岛区域的历史建筑物和8块相邻的前地。这些历史建筑包括妈阁庙、港务局大楼、郑家大屋、岗顶剧院、民政总署大楼、卢家大屋、玫瑰堂、大三巴牌坊和大炮台等，它们和广场、街道串联在一起，形成了澳门独特的历史城区。

澳门历史城区的建筑风格多样，其中不乏中国最古老的教堂遗址和修道院、最古老的基督教坟场、最古老的西式炮台建筑群、第一座西式剧院、第一座现代化灯塔和第一所西式大学等重要遗迹。澳门是中国境内接触近代西方文化最早、最多、最重要的地方，这些建筑物见证了近代西方文化和器物首次传入中国的历史。澳门历史城区既是珍贵的文化遗产，也是中西文化交流历史的珍贵见证。

主要建筑

走进澳门历史城区，会深刻体会到欧式建筑与中国传统元素的完美融合。

妈祖阁是澳门现存庙宇中具有实物考证的最古老庙宇，也是澳门文物中保存时间最久的建筑之一，俗称为“妈阁庙”。这座庙宇香火鼎盛，吸引着众多善男信女前来上香祈福。据传，葡萄牙人在登陆澳门附近海岸时，询问当地人地名，得到的答复是“妈阁”，于是葡萄牙人将澳门称作“MACAU”。这一传说至今仍为人们所熟知。

港务局大楼建成于1874年，由意大利设计师卡苏杜负责设计，原为澳门印度籍警察的营地，又称摩尔兵营；1905年改为船政厅（相当于现在的港务局）和水师巡捕所（相当于现在的水警稽查队）的办公地点，故又被称为水师厂。由于港务局大楼位于半岛西南端内港入口附近的山坡地带，因此在其楼顶设置了台风信号站，让渔民、船只与居民能够及时获知热带气旋警告信号。除靠近妈阁山的一侧外，建筑三面均建有长长的回廊，在适应当地夏季炎热多雨气候特点的同时也便于观赏风景。由于葡萄牙历史曾深受阿拉伯影响，加之考虑到印度籍警察的思乡之情，港务局大楼采用了阿拉伯建筑风格，同时体现出哥特式建筑特色，展示了澳门多元文化的魅力。港务局大楼既是澳门历史的见证，也是东西方文化交流和文化多样性在建筑上的体现。

郑家大屋是中国近代著名思想家郑观应的故居，约建于1869年前，属院落式大宅。建筑主要采用中国传统建筑形式和风格，在细节处理上融合了西方元素，处处体现着中西结合之美。这栋大屋是郑观应之父郑文瑞所建。郑家有文人世家的背景，但郑观应并没有走学而优则仕的道路，而是投身实业，他曾受直隶总督李鸿章之托，出任上海机器织布局及上海电报局总办。他是中国近代著名思想家、实业家、文学家、教育家、慈善家和热忱的爱国者。郑家曾辉煌显赫一时，不过郑观应中年遭遇破产，事业受挫，晚年回到这座大屋，创作了《盛世危言》，这部著作对近现代众多历史人物产生了深远的影响，可谓郑观应对中国做出的最重要贡献。郑观应的四子郑景康后成为中国著名的职业摄影家，1949年10月1日举行开国大典时天安门城楼上悬挂的毛泽东画像就是根据他拍摄的照片绘制而成。郑家大屋作为郑观应家族的居所，在一段时期内曾是康有为、梁启超在澳门的落脚点，它不仅仅是一座建筑，更是一段历史的见证。它见证了郑观应作为思想家对中国社会的深远影响。郑家大屋承载着中国近代历史的片段，以及人们对自由、改革和发展的追求。

岗顶剧院原名伯多禄五世剧院，因位于澳门岗顶前地而得名，是定居在澳门的葡萄牙人为了纪念葡萄牙国王伯多禄五世而建。其1860年初只建成主体部分，直至1873年又加建了具有新古典主义风格的正立面。它是中国第一所西式剧院，也是澳门唯一的欧式剧院建筑物。除剧场外，建筑内还设有舞厅、阅览室和桌球室等，昔日为澳门官绅名流的大会堂和聚会之地。其建筑设计采用"新古典希腊复兴"风格，主色为绿色，并以墨绿色门窗作为衬托。

大三巴牌坊是澳门现存的地标性建筑之一，它其实是圣保禄教堂的前壁遗址。圣保禄教堂隶属于圣保禄学院，该学院成立于1594年，是远东地区第一所西式大学。1835年一场大火烧毁了圣保禄学院及其附属的圣保禄教堂，只留下教堂正面前壁、大部分地基以及教堂前的石阶，这些残留建筑组成了世界闻名的圣保禄教堂遗址遗迹。由于圣保禄在粤语中类似"三巴"的发音，再加上遗留的前壁看似中国传统的牌坊，所以得名"大三巴牌坊”。这座中西合璧的石壁是全世界天主教教堂中的独特建筑。

澳门是世界上罕见的拥有众多教堂的地方，它们代表着不同的建筑风格，如古典主义、巴洛克式、哥特式等。在这里，美丽无处不在，只需留心欣赏，便能感受到无尽的美妙。

东望洋灯塔始建于1864年，坐落在澳门半岛最高峰东望洋山的山顶上，是东望洋炮台的一部分。它是中国海岸上第一座现代灯塔，其位置的坐标值即澳门在世界地图上的地理定位。

澳门历史城区是中国现存规模最大、保存最完整、最集中的中西特色建筑共存的历史城区，也是澳门历史与文化的重要见证。它见证了400多年来中西文化交流和多元共存的历史过程。这里独特的建筑风格、丰富的历史遗迹以及多元文化的融合展现了澳门独特的魅力和中西方文化交融之美。澳门历史城区不仅是澳门的骄傲，也是中国乃至全世界历史和文化宝库中的重要组成部分。

知识拓展

《七子之歌》

1925年3月，闻一多在纽约求学期间创作了组诗《七子之歌》，其中“七子”指的是香港、九龙岛、澳门、台湾、广州湾、旅大（旅顺、大连）、威海卫这七个被列强割让或租借的地方。在这篇组诗中，闻一多巧妙地运用拟人手法，将这七个地方比喻为被从母亲身边掠夺走的孩子，表达了它们对祖国母亲的怀念和渴望回归的强烈情感，同时抒发了对帝国主义列强的愤怒，呼吁收复失地，振兴中华。

目前《七子之歌》之中的澳门、台湾和广州湾这三节已被谱曲，其中《七子之歌·澳门》成为央视大型纪录片《澳门岁月》的主题曲；《七子之歌·台湾》则是电视剧《郑成功》的片尾曲。这些歌曲继续传颂着闻一多的思想和对祖国的热爱。

殷墟

入选时间：2006年7月，在立陶宛维尔纽斯召开的第30届世界遗产大会上，世界遗产委员会根据世界遗产遴选标准Ⅱ、Ⅲ、Ⅳ、Ⅵ，批准殷墟成为世界文化遗产，列入《世界遗产名录》。

世界遗产委员会评语： 殷墟考古遗址靠近安阳市，位于北京以南约500千米处，是商代晚期的都城，它见证了中国早期文化、工艺和科学的黄金时代，是中国青铜器时代最繁荣的时期。在殷墟遗址挖掘出了大量王室陵墓、宫殿，是中国后来建筑的原型。遗址中的宫殿宗庙区（1 000米×650米）拥有80余处房屋地基，还有唯一一座保存完好的商代王室成员墓葬"妇好墓"。殷墟出土的大量工艺精美的陪葬品证明了商代手工业的先进水平。在殷墟还发现了大量甲骨窖穴。甲骨上的文字对于证明中国古代信仰、社会体系以及汉字这一世界上最古老的书写体系之一的发展有着不可估量的价值。

殷墟王陵遗址

1959年，郭沫若来到了向往已久的甲骨文出土地——安阳殷墟，他冒雨踏访，即兴挥毫，写下了关于殷墟的诗篇《访安阳殷墟》。

遗产概况

殷墟位于河南省安阳市区西北洹河南北两岸小屯村一带，是商代后期的王都遗址，主要由殷墟宫殿宗庙遗址、殷墟王陵遗址、洹北商城遗址等部分组成。殷墟是中国历史上第一个有文献记载并得到甲骨文和考古发掘证实的古代王都遗址。

在对殷墟的考古发掘中，考古学家发现了大量的甲骨文和其他珍贵文物。甲骨文是商代晚期用于占卜的文字，刻画在龟甲和兽骨上，是中国历史上最早的文字记载之一。这些文物的发现对研究商代社会、经济、政治和文化具有极其重要的意义，对于深入研究古代中国的历史和文明具有重要价值。

1928年，在时任中央研究院院长蔡元培的领导下，殷墟考古发掘工作正式开始，这里是最早由中国学术机构自行组织科学发掘的地点，被誉为中国现代考古学的摇篮。

名称来源

据《尚书》《史记》《竹书纪年》等古文献记载，3 000 多年前，中国历史上曾存在商朝。公元前 16 世纪初，商汤灭夏，在亳都（具体位置历史上共有 6 种说法，即南亳说、北亳说、西亳说、杜亳说、垣亳说及郑亳说）建立政权，该王朝历经 31 位商王统治，延续 500 余年。商朝的建立标志着中国上古历史的开端。

商朝中期经历了“九世之乱”，王位频繁更迭，原有的王位继承制度被破坏，导致统治力量被削弱。商汤的第九代孙盘庚继位后，为稳定政局、缓和社会矛盾，决定将都城从奄（今山东曲阜）迁到殷（今河南安阳）。在殷地的良好自然条件下，盘庚大力发展农业生产，避开原都城周边叛乱势力的袭击，加强了统治地位，逐渐恢复了国力，成就了盘庚中兴，为后来的武丁盛世奠定了基础。自盘庚迁都至帝辛灭亡，历时 273 年，商朝再未迁都。

由于商朝后期的统治中心一直在殷地，因此商朝又被称为殷朝。周武王伐纣灭殷后，殷民大量外迁，商都逐渐废弃，成为一片荒芜的废墟，后来被称为殷墟。在南北朝时期，郦道元在《水经注》中对殷墟的位置进行了较为确切的描述。

宫殿宗庙遗址

殷墟宫殿宗庙遗址位于安阳洹河南岸的小屯村、花园庄一带，是商王处理政务和居住的场所，也是殷墟最重要的遗址和组成部分。这里共有 80 余座宫殿、宗庙等大型建筑基址，大多坐落在高大的夯土台基上，建筑造型庄重、质朴、典雅。夯土台基有正方形、长方形和“凹”字形等几种形状，其中“凹”字形基址是中国传统四合院的雏形。

宫殿宗庙遗址的西、南两面有人工挖掘的宽 10 ～ 20 米、深 5 ～ 10 米的防御性壕沟，这些壕沟东、北两端与洹河河曲相连，将宫殿宗庙环抱其中，形成了一个巧妙的防御体系，既能防止洪水泛滥，又能防御外敌入侵，这样的设计使得殷墟宫殿宗庙遗址成为一个坚固的防御要塞。这种防御体系的建造，充分体现了当时中国人民的智慧和技术水平。

小屯村西北约百米处是商王武丁王后的墓葬——妇好墓，墓室内埋葬有 16 名殉人，同时出土了大量珍贵器物。其中不少青铜器上还铸有“妇好”二字。经过专家学者研究，确认这就是在甲骨卜辞中出现过 200 多次的商王武丁的王后妇好。因此妇好墓成为唯一能与甲骨文联系起来并由此断定年代、墓主人及其身份的商代王室成员墓葬，也是迄今为止唯一一座保存完整的商代王室成员墓葬。妇好庙号“辛”，墓中还出土了司母辛鼎。

殷墟宫殿宗庙遗址内分布着众多的甲骨窖穴，共出土了约 15 万片甲骨。甲骨文是刻写于龟甲、兽骨（主要是牛肩胛骨）上的文字，用于占卜记录或记事。作为汉字的前身，甲骨文被认为是世界上最古老的三大文字体系之一，它的发现证明了古代汉字具有独立起源的特点。甲骨文还为中国古代提供了独立的文字造字法则，对中国文化的演变产生了根本性的影响。

殷墟甲骨文的发现将中国有文字记载的可信历史前推到商朝时期，具有重要意义。甲骨文内容丰富，涉及殷商政治、经济、文化、天文、气象等多个领域，对全面还原殷商社会历史具有重要价值，被誉为中国古代乃至全人类最早的“档案库”。对甲骨文的研究还催生了一门新的学科，即甲骨学。甲骨学不仅为研究中国古代历史和文化进程提供了宝贵资源，也为研究古代中国文字的起源和发展提供了重要的线索，对考古学和历史学的研究具有深远的影响。

王陵遗址

殷墟王陵遗址位于河南省安阳市洹河北岸侯家庄与武官村北高地，与殷墟宫殿宗庙遗址隔河相望。这里是殷商王朝的陵地与祭祀场所，也是中国目前已知最早的完整王陵墓葬群，开创了中国帝王陵寝制度的先河。这处遗址累计发现大墓及较大墓 13 座，还有陪葬墓、祭祀坑与车马坑 2 000 余处，此外还出土了大量制作精美的青铜器、玉器、陶器、石器等文物，被学术界公认为是殷商王陵所在地。

1939 年 3 月在殷墟王陵遗址出土的后母戊鼎是当今世界上出土的最大的青铜器，目前收藏于中国国家博物馆。这件青铜方鼎是商朝后期王室祭祀用的器物，因鼎腹内壁铸有“后母戊”三字而得名。它在造型、纹饰、工艺上均达到了极高的水平：庄重大气的造型体现了商代青铜器雄浑和庄重的特点；精细而繁复的纹饰展现了商代人对于神圣力量的崇拜与追求；精湛的工艺显示出商代青铜器工匠的高超技艺和对细节的极致追求。后母戊鼎一直被视为商代青铜器文化的巅峰之作，彰显了古代青铜器文化的辉煌成就。

殷墟出土的大量青铜器，种类繁多，器形普遍厚重，纹饰繁缛又不失精美，高超的铸造工艺达到了前所未有的水平。

洹北商城遗址

1999 年，河南省安阳市北郊洹河北岸发掘出了洹北商城遗址。城址呈方形，四周有夯筑的城墙基槽，宫殿宗庙区位于城址南北中轴线南段。通过对城址内发现的文物、建筑遗迹以及相关地层关系和碳 -14 年代等资料的研究，学者们认定洹北商城属于早商与晚商之间的中商文明时期，早于以小屯为中心的传统意义上的“殷墟”。洹北商城遗址的发现填补了以郑州二里岗为代表的早商文化与以殷墟为代表的晚商文化之间的空白，完善了商代的编年框架，这一发现被视为继殷墟发现甲骨文之后最重要的商代历史科研突破，对商代研究具有重要意义。

殷墟的考古发掘彻底改变了我们对夏、商、周三代历史的传统认知，确立了殷商社会作为可信史的科学地位。这一重大发现为商周时期的考古研究奠定了可靠的年代学基础，对于深入了解早期商文化和夏文化起到了重要的基础作用。“中原文化殷创始，观此胜于读古书”，郭沫若先生的诗句足以道出发现殷墟之重大意义。

知识拓展

“后母戊鼎”的名称争议

中国国家博物馆馆藏“后母戊鼎”是世界上最大也是最重的青铜礼器，是名副其实的“国之重器”。它最初被称为“司母戊鼎”，是因为鼎腹内壁铸有铭文“司母戊”三字，学者认为“司”字意为“祭祀”，“戊”可能是武丁的妻子“妇妌”（祖庚、祖甲之母）的庙号。据考证，该鼎可能是商王祖庚或祖甲为祭祀母亲而铸造。

2011 年 3 月，中国国家博物馆新馆试运行，司母戊鼎由中国历史博物馆正式移至中国国家博物馆，鼎前标牌显示“后母戊鼎”，后中央电视台新闻频道《新闻 30 分》播发了一条简单的文物新闻，主持人和记者称之为“后母戊鼎”，引发广泛学术争议。

之所以会出现“司”“后”之争，是因为该鼎铸造于晚商时期，商代字体书写较为自由，无论是甲骨文还是金文，都存在正反通用的情况。也就是说，大方鼎腹内壁所刻铭文看上去是“司”的字形，其实也完全有可能是“后”的异体。有学者认为“后母戊”的“后”是王后、母后的意思，有受人尊敬、伟大之意，“后母戊”是指此鼎献给“敬爱的母亲戊”；还有学者认为鼎腹内壁的文字为“后女戊”，“女”意为嫔，指商王武丁的妻子，代表该鼎为商王妻子戊所用。

目前中国国家博物馆称之为“后母戊鼎”，但殷墟博物馆仍称之为“司母戊鼎”。“司”“后”之争至今仍存在并备受关注。这一争议也反映了对于这件珍贵文物的历史考证和解释工作的复杂性。

开平碉楼与村落

入选时间：2007 年 6 月，在新西兰基督城召开的第 31 届世界遗产大会上，世界遗产委员会根据世界遗产遴选标准Ⅱ、Ⅲ、Ⅳ，批准开平碉楼与村落成为世界文化遗产，正式列入《世界遗产名录》。

世界遗产委员会评语：开平碉楼与村落以广东省开平市的多层塔楼式乡村民居——碉楼而著称，展现了中西建筑和装饰形式复杂而华丽的融合，反映了 19 世纪末至 20 世纪初开平侨民在南亚、大洋洲和北美等地区的国家发展进程中所起的重要作用，以及开平侨民与其故里的密切联系。此次被列入《世界遗产名录》的项目包括四组共计 20 座最具象征意义的碉楼。这些建筑有三种形式：由几个家族共同建造并用作临时避难所的众楼、由富裕家庭独自建造并同时具有防卫和居住功能的居楼，以及为联防预警之用的更楼。这些建筑由石头、泥土、砌砖或混凝土建成，反映了中西方建筑风格复杂而完美的融合。碉楼与周围的乡村景观和谐共生，见证了明代以来为了应对当地匪患而兴起的本地建筑传统的最后繁荣。

开平锦江里村鸟瞰图

2010年上映的电影《让子弹飞》中的鹅城不仅取景于开平碉楼，还取材于当时的匪患背景。编剧借用影片中的汤师爷之口道出了开平碉楼的特点："竹林掩映，碉楼耸立，易守难攻，万夫莫开。"开平碉楼掩映在村落竹林中，傲然耸立，凭借其坚固的建筑，成为易守难攻的防御要塞。

遗产概况

广东省开平市地处珠江三角洲西南部，毗邻香港、澳门，是我国著名侨乡。开平碉楼与村落主要坐落于开平市西部和南部，共包括四个遗产片区——赤坎镇三门里迎龙楼、塘口镇自力村村落与方氏灯楼、百合镇马降龙村落、蚬冈镇锦江里村落。

开平碉楼是中国乡土建筑的一个独特类型，也是中国首个华侨文化的世界遗产项目，除居住、防匪、防洪功用外，还展现了中西建筑艺术融合的精髓，有古希腊、古罗马和伊斯兰等多种风格，具有重要的历史、文化和艺术价值。

建造背景

开平碉楼的兴起与其地理环境、当时的社会治安和华侨历史文化密不可分：位于广东省新会、台山、恩平、新兴四个县级行政区划之间的开平地区，长期被称为"四不管"之地，尤其是明朝以来，土匪横行，社会治安混乱；加之该地区河网密布，水利失修，每逢台风暴雨，洪涝灾害频发，当地居民为了自保不得不修建碉楼，以防匪防洪；同时，华侨汇回开平的侨汇为开平碉楼的大量修建提供了坚实的经济基础。

1840年鸦片战争之前，开平碉楼数量并不多。鸦片战争后，开平地区“土客械斗”盛行，当地人民生存环境恶化，同时西方国家在中国沿海地区招募华工前往美国、加拿大等国开发金矿、建设铁路，大批开平人为了生计远涉重洋，使开平逐渐形成侨乡。

对于大多数华工来说，“衣锦还乡”“落叶归根”是他们的愿望，也是他们对家乡割舍不断的情结，因此他们在赚到钱后首先就要汇钱回家或者回国投资：买地、建房。二十世纪二三十年代，当地战乱频繁、土匪猖獗，兼有防匪避洪功能的碉楼自然受到人们的青睐，得以大量修建，最多时达3 000多座，目前登记在册保存完好的有1 800余座。20世纪20年代后，碉楼的修建逐渐减少并最终停止。1949年兴建的赤坎镇两堡村委会新塘村健庐是开平地区兴建的最后一座碉楼。

开平碉楼群是珠江三角洲乡村建筑艺术与西方建筑风格相结合的独特作品，集聚了不同时期和风格的建筑样式，展现了当地人对外来文化的开放、包容和自信。在设计和建造碉楼时，工匠们不拘泥于固定的建筑法式，而是结合楼主的需求、审美情趣和经济实力，用自己的创造力及工匠精神使碉楼成为留存于故土的精神守望地。

碉楼形制

开平碉楼是多层建筑，高度从两层到九层不等，居高临下有利于防御。按照功能，碉楼可分为众楼、居楼和更楼三种形式；按照建材，碉楼可分为石楼、夯土楼、砖楼和钢筋混凝土楼四种类型。为了满足防御需要，碉楼的中下部通常采用简约实用的造型，而上部造型却因楼主的攀比心态和个人审美而呈现出廊柱式、平台式、城堡式和混合式等多种风格。尽管在材料、结构和装饰上各有特色，但碉楼都具备门窗窄小、铁窗铁门，以及墙体厚实和设有枪眼的共同特点。墙体坚固耐用，窗户较小，设有铁栅和窗扇，外部装有铁板窗门，使其易守难攻，具备良好的防御能力。碉楼的上部结构方便人们活动和观察周围，同时居高临下可实现全方位火力控制。碉楼顶层通常设有瞭望台，许多还会配备火炮、铜钟、报警器、发电机、探照灯等防卫设施。

典型碉楼

迎龙楼位于开平赤坎镇三门里村，是开平市现存最早的碉楼。该碉楼坐西北朝东南，采用砖木结构，由关氏家族兴建。迎龙楼是整个村庄的制高点。根据《开平县志》的记载，清光绪九年（1883 年）开平发生大水灾，淹没了许多村庄的房屋，三门里村居民登上全村制高点迎龙楼，成功躲过了灾害。迎龙楼风格古朴，造型简洁，展现了最原始的开平碉楼特色。

瑞石楼坐落于开平蚬冈镇，是开平最高、最豪华的碉楼，楼有九层，高 28.37 米，采用钢筋混凝土结构，被誉为“开平第一楼”。瑞石楼在外观上与其他碉楼截然不同。每层楼都装饰有从香港购买的用坤甸木或柚木制作的屏风，上面雕刻着篆、隶、楷、行、草等多种字体的对联，如“花开富贵，竹报平安”“雀屏中目，鸿案齐眉”，彰显着浓厚的传统文化氛围。瑞石楼也是原貌保存最好的一座碉楼。

铭石楼始建于 1925 年，坐落于自力村。自力村碉楼群是开平最精美、最集中的碉楼群，其中最精美的碉楼就是铭石楼，是电影《让子弹飞》中鹅城一霸黄四郎的老巢的取景地。楼主方润文是旅美华侨，他曾经在美国经营餐馆，后以“其昌隆”杂货铺发家，致富后回到家乡斥巨资修建了这座铭石楼。铭石楼由主楼、附楼和庭院组成，主楼高五层，建筑材料多为进口，如英国的水泥、德国的铁门。楼顶的六角形望亭是影片中黄四郎张望的地方，是瞭望匪情的重要位置。

开平碉楼与村落既是一处独特的华侨历史文化奇观，也是一条令人惊叹的中西建筑融合的艺术长廊。

知识拓展

开平碉楼的历史作用

开平碉楼的主要功能包括居住、防匪和避洪，然而在不同的历史时期，它们还承担了其他不同的角色。在中国共产党不同阶段的革命活动中，一些碉楼被用作地下活动

开平碉楼之南楼

场所，发挥了积极的作用，适庐和中山楼就是其中著名的例子。在抗日战争后期，有的碉楼还成为抗日据点，其中最为知名的是南楼，这些碉楼在抵御日军侵略中发挥了重要的作用。

南楼位于开平市赤坎镇，紧邻潭江，地理位置极为重要。建于1912年的南楼最初是司徒家族为抵御盗匪和水患而兴建的。这座楼共七层，约19米高，采用钢筋混凝土结构。每层都设有长方形枪眼，第六层是瞭望台，楼顶装有机枪和探照灯。在抗日战争时期，南楼成为司徒氏四乡自卫队的队部所在地。

1945年，司徒氏四乡自卫队将南楼、北楼作为抗敌的堡垒，全力阻止侵华日军从水上撤退。尽管敌我力量悬殊，南楼的七名队员在粮食、水源和弹药都十分匮乏的情况下，仍坚守南楼长达七天七夜，延迟了侵华日军撤退的时间。然而，最后日军公然违反国际法，释放毒气弹。七位壮士被捕后，受尽酷刑，甚至被肢解，抛入江中。他们以热血和生命谱写了一曲抗击日寇的悲歌。

目前，南楼已成为爱国主义教育基地。

福建土楼

入选时间：2008年7月，在加拿大魁北克城召开的第32届世界遗产大会上，世界遗产委员会根据世界遗产遴选标准Ⅲ、Ⅳ、Ⅴ，批准福建土楼成为世界文化遗产，列入《世界遗产名录》。

福建土楼内景

世界遗产委员会评语：福建土楼位于福建省西南部台湾海峡内陆地区，分布在120多千米的范围内，由46座15至20世纪建造的建筑组成。这些建造在稻田、茶叶和烟草田间的土楼为土质建筑。土楼通常为多层，建筑内沿为圆形或方形，每座土楼可供800人居住。土楼最初是以防御为目的建造的，围绕中央的开放式庭院，只有一个入口，一楼以上才有对外侧开放的窗户。这些房屋可容纳整个氏族，具有村落单位的功能，被称为“家族小王国”或“繁华小城市”。土楼有着高大坚固的泥墙，顶上是瓦片铺就的屋顶和宽大的悬垂屋檐。其中最精致的建筑可追溯到17和18世纪。建筑内部纵向区分不同家庭，每户每层拥有两到三间房间。与其朴实的外观不同，土楼的内部非常舒适，通常装饰华丽。土楼作为建筑传统和功能的典范，以实例展现了一种特殊的群体生活和防御性组织形式，就其与环境的和谐关系而言，是人类居住形式的杰出范例。

2016年，电影《大鱼海棠》上映，其浓浓的中国风令观众深深沉醉，其中展现天圆地方理念的建筑造型、高高悬挂的大红灯笼，正是众多国人心目中的客家风情建筑——土楼的典型写照。

遗产概况

土楼由于大多为客家人建造和居住，所以又称客家土楼，主要分布于福建、江西和广东梅州等客家人聚集地，其中以福建西南山区最为典型。

福建土楼申报世界遗产的范围为“六群四楼”，包括龙岩市永定区的洪坑土楼群、高北土楼群、初溪土楼群、衍香楼、振福楼，漳州市南靖县的田螺坑土楼群、河坑土楼群、和贵楼、怀远楼，漳州市华安县的大地土楼群，共46座土楼，其中保存较为完整的是永定、南靖的土楼。

建造背景

土楼是我国建筑史上的一朵奇葩，它特殊的构造和生活功能令世人称奇。究其原因，可以说它是特殊社会环境的产物。它的形成最早可追溯到宋元时期，成熟于明末、清代和民国时期，并一直延续至今。当年中原地区的居民为了躲避战乱或者朝廷迫害迁徙而来，并在此定居，形成了中国的特有族系——客家人。

在偏僻的山林中，为了防御猛兽的袭击、避免盗匪或当地人的袭扰，客家人选择在山区范围狭小的平地或较平缓的斜坡上修建了适合当时居住条件的土楼。山区中建筑材料匮乏，智慧勤劳的客家人就地取材，将当地的土、木、石、竹作为主要的建筑材料。他们使用未经焙烧的土，按一定比例将沙质黏土和黏质沙土拌和起来，用夹墙板夯筑成厚度达1～2米的土坯，在施工中沿袭了中原地区汉族建筑技艺，建造出一座座或圆或方的“抵御性”城堡式住宅——土楼。

建筑特色

客家土楼与黄河流域的古代民居建筑非常相似，布局十分合理。在选择楼址时，主要考虑向阳避风、临水近路的地方，利于生活和生产。土楼大多坐北朝南，如果条件允许，那么尽可能按照左边靠近水源、右边紧邻道路，前面有池塘、后面有丘陵的规制，在达到避风防潮目的的同时，使楼、山、水配置和谐。这种规制显然与地质地理学、生态学、景观学、建筑学、伦理学、美学密切相关。

由于方形土楼四角较为阴暗，通风采光效果不佳，客家人便又设计出通风采光良好的圆形土楼。土楼除了方形、圆形外，根据地形和实际需求，还有半圆形、四角形、五角形、交椅形等多种形状，常常形成土楼群。

土楼一般有三到四层高，一、二层没有窗户，仅有一个大门。土楼内可容纳数百人，成为几十户乃至上百户人家的居住地。这种建筑形式不仅能防御盗匪和野兽的袭击，还有隔热、保暖、防震功能。土楼体现了客家人聚族而居的民俗风情，表现出了追求居住安全、家族兴旺团结、御外凝内的客家文化特色。

典型代表

福建省南靖县田螺坑土楼群

福建土楼中最为知名的莫过于漳州市南靖县书洋镇田螺坑土楼群。它坐落在海拔 787.8 米的湖岽山半坡上，由中间方形的步云楼和四周圆形的振昌楼、瑞云楼、和昌楼，以及椭圆形的文昌楼组成。这些土楼依照“金、水、木、火、土”五行相生次序建造，被民间形象地称为“四菜一汤”。

知识拓展

土楼的起源

关于土楼的起源地，目前大致有“客家说”和“闽南说”两种说法。福建土楼主要分布于客家人所在的闽西地区及闽南人所在的漳州地区。在知名度上“客家说”占据上风，加上客家文化宣传力度大，土楼成为客家文化的重要符号之一。

登封“天地之中”历史建筑群

入选时间：2010年7月，在巴西首都巴西利亚召开的第34届世界遗产大会上，世界遗产委员会根据世界遗产遴选标准Ⅲ、Ⅵ，批准登封“天地之中”历史建筑群成为世界文化遗产，列入《世界遗产名录》。

世界遗产委员会评语：位于中国河南省的嵩山，被认为是具有神圣意义的中岳。在海拔约1 500米的嵩山脚下，距河南省登封市不远，有八座占地共40平方千米的建筑群，其中包括三座汉代古阙——中国最古老的道教建筑遗址——中岳庙、周公测景台与登封观星台。这些建筑物历经九个朝代修建而成，它们以不同的方式展示了人们对天地中心的认识，并且体现了嵩山作为宗教中心的力量。登封“天地之中”历史建筑群是古代建筑中用于祭祀、科学、技术及教育活动的最佳典范之一。

少林寺塔林

九州是古代中国的代称，战国屈原、宋代陆游等一众文人在其作品中都有提及。《尚书》中的《禹贡》中记载，夏朝大禹时期，天下被分为九州，分别为冀州、兖州、青州、徐州、扬州、荆州、梁州、雍州、豫州。其中，豫州为九州之中。先民们“求中”于黄河中游的嵩山地区，中国历史上的“天地之中”由此而来。

遗产概况

登封“天地之中”历史建筑群，位于河南省郑州市登封市嵩山地区，包括周公测景台和登封观星台、嵩岳寺塔、太室阙和中岳庙、少室阙、启母阙、嵩阳书院、会善寺、少林寺建筑群（包括常住院、塔林和初祖庵）等 8 处 11 项优秀历史建筑。

登封“天地之中”历史建筑群历经汉代以来两千余年不断建设、不断丰富，成为中华文化独特宇宙观的具体体现。其历史跨度、建筑种类、文化内涵，堪称中国中原地区古代建筑群之最。

“天地之中”

在中国古代的宇宙观中，中国居天地中心，而中国的中心则在中原。河南地处中原，素有“九州腹地、十省通衢”之称，而中原的核心在登封，登封因此被称为“天地之中”。中国早期王朝曾在此建都，中华文化也在此发源传播，儒、佛、道在这里汇聚，这里也成为人们测天量地的中心。中国古代的“天地之中”宇宙观在登封“天地之中”历史建筑群中得以体现，登封因此而汇聚和留存了大量珍贵的文化纪念建筑。

嵩岳寺塔

嵩岳寺塔建于北魏孝明帝正光年间（520—525 年），是嵩山地区历史上建造的第一座塔，也是中国现存最古老的砖塔，历经约 1 500 年风雨侵蚀仍巍然屹立。

嵩岳寺塔是一座塔身中空的砖筑密檐式塔，同时也是我国最早创造性地采用筒体结构的、唯一平面为正十二边形的古塔。它高约 37 米，由地宫、台基、塔身和塔刹四部分组成。塔的平面近似圆形，塔身分为上下两段，整体风格与印度的“窣堵波”（stupa）相似，是密檐塔的早期形态，在结构、造型等方面对后世砖塔建筑有着巨大影响。嵩岳寺塔修建时采用糯米汁拌黄泥做浆，小青砖垒砌，这种选材及用料属世界独创。该塔的修建涉及地质、几何、物理、化学、佛学、美学等多领域原理与技艺，约 1 500 年来，历经多次地震及长年风雨侵袭仍巍然屹立。嵩岳寺塔在建筑艺术、建筑技术方面的成就，使其成为中国和世界古代建筑史上的珍贵范例。

少林寺

少林寺始建于北魏太和十九年（495 年），是孝文帝为了安顿来传教的天竺僧人而兴建的一座寺院，寺院坐落于嵩山西峰少室山的茂密丛林间，故以“少林寺”命名。

少林寺作为禅宗的发源地，被誉为“禅宗祖庭”“功夫圣地”，也被誉为“天下第一名刹”。它不仅仅是中国功夫的发源地，更是少林拳起源的历史见证，素有“天下功夫出少林，少林功夫甲天下”之说。少林派是中国武术中最庞大的门派，其武艺高超，享誉海内外。“少林”一词已成为中国传统武术的象征之一，代表着中国传统武术的精髓和卓越技艺。

少林寺塔林是少林寺历代得道高僧的墓地，占地面积 1.4 万余平方米，历经多代增建和重修。现存的塔林包括唐、五代、宋、金、元、明、清等时期的 241 座砖石墓塔。塔的种类和制式各异。这里是中国现存古塔数量最多的地方，见证着少林寺千年来的历史和文化传承。

观星台

观星台由元代著名天文学家郭守敬于至元十三年（1276 年）至至元十六年（1279 年）主持建造，是我国现存时代最早、保存较完好的天文台，也是世界上最早的天文建筑之一。观星台内设有多种天文仪器，如周公测景台、浮漏、正方案、仰仪、景符、日晷等。郭守敬以此为中心点进行观测，推算出了当时世界上最先进的历法《授时历》，其精确度不逊于现行公历，其创制时间早于公历约 300 年。观星台见证了我国古代卓越的历法成就，在世界天文学史上有着重要地位。

知识拓展

“中国第五大发明”

观星台是我国现存最古老的天文台，也是中国古代用于验证和测量二十四节气的重要天文场所。元朝天文学家郭守敬在建造过程中，采用创新方法解决了多个关键问题。首先，他运用小孔成像原理，成功解决了虚影问题，使观测结果更加准确可信。其次，他通过在观星台的天尺上设置水槽，巧妙解决了水平问题，进而实现了对天体运动的更精确测量。基于这些重要的技术突破，他精确地等分了天尺，确立了验证和测量二十四节气的准确标准，达到了前所未有的精准水平。这些天文学上的重大成就不仅在中国古代科学史上占有重要地位，而且对世界天文学的进步产生了积极影响。

郭守敬等人创制的《授时历》在1281年被颁布并在全国使用，使二十四节气的划分更准确。二十四节气被誉为“中国第五大发明”，这一历法体系在农业、气象等方面起到了关键的作用，至今仍然在中国传统文化中扮演着重要角色。

元上都遗址

入选时间： 2012年6月，在俄罗斯圣彼得堡召开的第36届世界遗产大会上，世界遗产委员会根据世界遗产遴选标准Ⅱ、Ⅲ、Ⅳ、Ⅵ，批准元上都遗址成为世界文化遗产，列入《世界遗产名录》。

世界遗产委员会评语： 位于长城以北的元上都遗址包含着元朝都城的大量遗存，该都城是由蒙古统治者的汉人幕僚刘秉忠于1256年设计的，占地25 000多公顷。该遗址是蒙古游牧民族文化和汉族文化相融合的独特尝试。在此基础上，忽必烈建立了统治中国一个多世纪的元朝，并将其疆域扩展到了空前广阔的水平。曾在此地进行的宗教辩论令藏传佛教在东北亚地区得以传播，这一文化与宗教传统至今仍在许多地区流传。遗址遵循中国建筑传统依山傍水而建。元上都遗址的遗存主要有寺庙、宫城、墓葬、

元上都遗址满目翠绿

游牧民族帐篷以及包括铁幡竿渠在内的水利工程等。

“一代天骄”成吉思汗建立蒙古汗国以后，四处征战，经过成吉思汗及其子孙的扩张，元朝疆域东起日本海、西抵天山、北包贝加尔湖、南至暹罗，成为中国疆域最辽阔的王朝。元上都自忽必烈继承汗位时成为大蒙古国的都城，也是元代的陪都，在元代政治史上占有重要地位。

遗产概况

元上都遗址，位于内蒙古自治区锡林郭勒盟正蓝旗上都镇，地处闪电河畔金莲川草原之上，始建于蒙古宪宗六年（1256 年），总占地面积达 250 平方千米，是元朝在定都大都前的都城遗址、蒙古民族文化的发祥地，曾经是元朝政治、经济、文化、宗教及对外交往中心。

元上都遗址由宫城、皇城、外城、关厢、寺庙、墓葬、水利工程等遗存组成，它以宫殿为核心，形成分层、放射状分布的布局。整体建筑形式既体现了中原文化以土木工程为主的宫殿与庙宇建筑，又融合了游牧民族传统的蒙古包式建筑。这里不仅是农耕文明与游牧文明的交汇之地，也是古代城市规划与生态文明建设的杰出代表。

追踪溯源

元上都是元朝开国皇帝忽必烈继承蒙古汗位时确定的首都，在北京兴筑元大都之后，元上都成为陪都，也成为皇帝和大臣们夏季的避暑胜地。自元世祖忽必烈开始，元朝先后有 6 位皇帝在元上都登基或复位。随着忽必烈逐步接受汉文化，蒙古统治中心南移，最终形成了两都制，兼顾中原与草原的需要。从元上都的前身开平府于 1256 年开始修建，直至元上都于 1358 年被元末农民起义军第一次焚毁，再到元朝 1368 年灭亡，这个草原都城见证了大蒙古国向中原传统王朝的演进中至关重要的历史场景。

遗产价值

元上都遗址作为一个草原都城遗址，见证了元朝时期的繁荣与辉煌，它以保存良好的宫城、错落有致的建筑、众多的历史遗迹以及独特的生态环境构成了中国目前保存最完整的大型古代都城遗址。自元上都开始，忽必烈不仅统一了中国的农耕文明地区，部分吸收了其文化，还将元朝的疆域延伸到亚洲北方。遵循中国传统的建筑原则，位于草原上的城址和相关墓葬群具有南北轴线和背山面水的风水学特征。元上都的规划包括寺庙、宫城、皇城、外城、水利工程以及墓葬群和周边特色景观等等，是文化融合的杰出范例。元上都还是佛道大辩论的场所，也是藏传佛教扩张发展之地。这里为马可·波罗提供了创作灵感，并由此把他的传奇传遍世界。

作为草原都城遗址，元上都遗址融合了华夏文明与蒙古文化，展现了亚洲北方游牧与农耕两大文明之间的碰撞、融合和相互吸收。元上都遗址被列入《世界遗产名录》，有助于中国世界文化遗产的类型平衡，以及为世界文化多样性做出贡献。

大运河

入选时间： 2014 年 6 月，在卡塔尔多哈召开的第 38 届世界遗产大会上，世界遗产委员会根据世界遗产遴选标准Ⅰ、Ⅲ、Ⅳ、Ⅵ，批准大运河成为世界文化遗产，列入《世界遗产名录》。

世界遗产委员会评语： 大运河是中国东北部和中东部平原上的一条巨大水道系统，北起北京，南至浙江省。大运河从公元前 5 世纪开始分段修建，7 世纪（隋朝）时首次被设想为全国统一的交通手段。大运河的修建，成为工业革命之前世界上最大和最广泛的土木工程项目。它构成了当时中国内陆交通系统的骨干，负责运输粮食和战略物资，并供应大米以养活人口。到 13 世纪时，它已形成 2 000 多千米的人工水道，连接了中国的五个主要河流流域，在确保国家经济繁荣和社会稳定方面发挥了重要作用，至今仍是重要的交通手段。

京杭大运河徐州段

相信很多读者欣赏过《清明上河图》这幅画。不知道大家有没有发现有一条河贯穿了整幅画作，而画中描绘的就是河两岸无比繁华的汴京街市和怡然自得的百姓生活。正是这条河，让整幅画都灵动了起来。这条河就是历史上著名的汴河，从地理位置上看，汴河简直就是给汴京这颗心脏“搭的桥”，一下子就把黄河和淮河这两条大动脉中的“血液”引到了汴京。

遗产概况

大运河遗产范围包括横贯中国中东部地区的隋唐大运河、京杭大运河和浙东运河，分布在北京、天津、河北、山东、江苏、浙江、安徽和河南共八个省（直辖市）的 27 个城市，由 31 处独立的遗产区构成，具体包括典型河道（27 段）、运河水工遗存、运河附属遗存及其他运河相关遗产共计 58 处遗址点，展示了沿岸历史的发展、河道航行景观、水管理技术设施，以及与运河相关的城市景观、历史遗迹和文化传统。

隋唐大运河以洛阳为中心，北至涿郡（今北京），南至余杭（今杭州），途经今河北、河南、安徽、山东、江苏、浙江诸省，后通过浙东运河延伸至会稽（今绍兴）、宁波。

宸宸：大运河的时空纽带

京杭大运河南起余杭（今杭州），北到涿郡（今北京），途经今浙江、江苏、山东、河北、天津、北京四省两市，贯通钱塘江、长江、淮河、黄河、海河五大水系，全长近 1 800 千米，它与长城、坎儿井并称为中国古代的三项伟大工程。杭州亚运会三大吉祥物之一的“宸宸”的名字就源于京杭大运河杭州段的标志性建筑——拱宸桥。“宸宸”头顶举世罕见的钱塘大潮，额头上镶嵌着拱宸桥的图案，架起了亚洲人民乃至世界人民之间友谊的桥梁。

浙东运河又名杭甬运河，西起杭州，流经会稽（今绍兴），东至宁波市甬江入海口，为京杭大运河的延伸段，也是连通大运河与海上丝绸之路的通道。

历史追溯

隋代统一中国后，采取了一系列加强君主集权、发展社会经济的措施，发展江淮漕运就是其中的重要措施之一。借助人工运河和天然河流，隋炀帝开凿了通济渠、邗沟、永济渠、江南运河，疏通了以国都洛阳为中心，连通海河、黄河、淮河、长江、钱塘江五大水系，有机贯通南北的隋朝大运河。唐代的运河基本上是在前朝已完工的人工运河的基础上，进行了局部的变更和整修。唐朝后期基本依赖运河将东南地区的粮食运往关中，运河促进了当时的经济发展。

宋朝时期，大运河沿岸的开封成为都城，被称为“东京”。北宋通过开凿整治重要运河河道，把江浙、两淮、荆湖等与河北、京畿地区连接起来，大运河成为连接北方和南方的重要水路。南宋也大力疏浚江南运河。为了保证大运河的运输和通行，宋朝还兴建了许多码头、船闸和桥梁。

元朝时期，中国的政治重心北移，元、明、清三个朝代都选择北京为建都之地。元世祖忽必烈统治时期，开凿了济州河、会通河、通惠河等运道，将运河“拉直”贯通南北。1293 年大运河全线通航，奠定了今天京杭大运河的基本走向和规模。在随后的明清时期，又对运河进行了进一步的疏通扩宽，明朝的永乐皇帝、清朝的康熙皇帝在整修运河工程方面功不可没。这些修建和整修工程使得京杭大运河成为世界上最长、规模最大的运河之一，在政治、经济、交通等方面发挥了重要作用，成为中国水利工程史上的一大壮举。

非凡成就

大运河是人类在工业革命之前取得的一项杰出技术成就，是解决复杂自然条件下水利问题的杰出实践范例。大运河的众多建筑物展示了人类应对复杂多样的自然环境的智慧，充分地体现出古代中国的开凿整修技术日渐成熟的过程。

大运河包括许多具有重要创新意义的水利和水运工程，特别是早期的杰出案例。它还展示了在筑堤、建堰和桥梁修建方面的独到技巧，以及对不同材料（如石头、夯土、黏土、秫秸等）的巧妙应用，体现了古代中国的卓越技术水平和对水文地质学的深刻理解。同时，大运河的漕运管理和水利管理日臻完善，形成了严密有效的管理体系和管理机制，确保了运河的航运畅通。

一批取得了卓越成就的水运专家，如元代郭守敬、明代潘继训、清代靳辅等，也因为对大运河的贡献而被载入了史册。

中国大运河在全球人工运河中具有独特的地位，其开凿时间早、规模大、线路长，是世界运河史上的重要里程碑。作为古代中国的重要交通枢纽，大运河促进了南北货物的大规模流通，增强了中央的领土控制，为南北方经济、文化交流创造了便利条件。这一史诗级的水利水运工程杰作因其卓越的历史和科技价值，被列入《国际运河古迹名录》，成为世界上“具有重大科技价值的运河”。这项人类历史上的伟大壮举展示了中国古代工程技术的卓越水平，在沿途经济发展中发挥了重要作用，展现出非凡的魅力。这条世界上最长、最古老的人工水道，历经两千余年的持续发展与演变，至今仍在交通、运输、行洪、灌溉、输水等方面发挥着重要作用。从古至今，大运河在保障中国的经济繁荣和社会稳定方面一直扮演着不可或缺的重要角色。

知识拓展

唐诗与大运河

唐诗是中华民族珍贵的文化遗产，是中华文化宝库中的明珠。唐诗中有大量的篇章描写了运河及沿岸的繁荣。

“隋家力尽虚栽得，无限春风属圣朝。”薛能的《杨柳枝》道明了隋朝开凿了大运河，直接受益者却是大唐王朝。

“汴水通淮利最多，生人为害亦相和。东南四十三州地，取尽脂膏是此河。”李敬方的《汴河直进船》反映出大运河对促进经济发展的重要作用，并借大运河讽刺了统治者的横征暴敛。

“尽道隋亡为此河，至今千里赖通波。若无水殿龙舟事，共禹论功不较多。”皮日休的《汴河怀古二首》更是从历史视角揭示出大运河独特的价值。

“淮浪参差起，江帆次第来”“山映南徐暮，千帆入古津”。卢纶的《送魏广下第归扬州》《泊扬子江岸》描写了运河及沿岸的繁荣。

“夜市桥边火，春风寺外船”“鱼盐聚为市，烟火起成村”“水门向晚茶商闹，桥市通宵酒客行”。杜荀鹤的《送友游吴越》、白居易的《东楼南望八韵》、王建的《寄汴州令狐相公》展现了运河沿岸城市的兴起和商业的繁荣。

“女为胡妇学胡妆”“五十年来竞纷泊”。元稹的《法曲》描写了运河流域各民族接触交流的场景。

“天涯同此路，人语各殊方。草市迎江货，津桥税海商。”王建的《汴路即事》有趣地记录了操着不同语言的异域客商进行贸易往来的场景。

丝绸之路：长安－天山廊道的路网

入选时间：2014年6月，在卡塔尔多哈召开的第38届世界遗产大会上，世界遗产委员会根据世界遗产遴选标准Ⅱ、Ⅲ、Ⅴ、Ⅵ，批准中国、吉尔吉斯斯坦、哈萨克斯坦三国联合申报的古丝绸之路的东段“丝绸之路：长安－天山廊道的路网”成为世界文化遗产，列入《世界遗产名录》，该遗产成为世界上首例跨国合作成功申遗的项目。

麦积山石窟

世界遗产委员会评语：长安－天山廊道的路网是广阔的丝绸之路网络中的一部分，从中国汉唐时期的都城长安/洛阳一直延伸到中亚的七河地区，全长约5 000千米。它形成于公元前2世纪至1世纪之间，一直延续使用到16世纪，连接了多种文明，促进了贸易、宗教信仰、科学知识、技术创新、文化习俗和艺术等方面的交流。该路网包括33个组成部分，涵盖了不同朝代和可汗王朝时期的都城和宫殿建筑群、贸易和居住点、古道、驿站、关隘、烽火台、长城、防御工事、陵墓、佛教石窟寺和其他宗教建筑。

歌曲《丝绸之路》，时而缠绵悠扬，时而磅礴恢宏，生动演绎了那段震撼世界的历史，把我们带到了悠悠驼铃、大漠孤烟的千年古道。

遗产概况

“丝绸之路：长安－天山廊道的路网”是古代丝绸之路的重要组成部分。它起始于古代中国的长安，穿越河西走廊，进入天山山脉地区，路网跨距近5 000千米，总长达8 700多千米，沿线包括中心城镇遗迹、商贸聚落遗迹、交通及防御遗迹、宗教遗迹以及关联遗迹等5类33处代表遗迹，其中中国22处，哈萨克斯坦8处，吉尔吉斯斯坦3处。中国的22处遗迹主要分布在河南省、陕西省、甘肃省和新疆维吾尔自治区。

丝绸之路是历史上横贯欧亚大陆的贸易交通线，是东西方文明融合与交流对话之路，为人类的繁荣发展做出了重要贡献。它始于中国古都长安，跨越陇山山脉、河西走廊，沿帕米尔高原，通过中西亚和北非，最终抵达欧洲。历史上，经由丝绸之路流通的商品，以中国的丝绸最具代表性。19世纪下半叶，德国地理学家将其称为“丝绸之路”，该名称一直沿用至今。

“丝绸之路：长安－天山廊道的路网”位于丝绸之路东段，分布于今中国、哈萨克斯坦和吉尔吉斯斯坦境内，因其具有距离长、文化丰富、景观壮美、影响力深远等特点，故而在丝绸之路路网中具有独特的地位和突出的代表性。

文化特色

“丝绸之路：长安－天山廊道的路网”在东亚古老的中华文明中心与中亚历史悠久的区域性文明中心之间建立起长距离的交通联系，沿线遗迹包括了不同朝代和可汗王朝时期的都城和宫殿建筑群、贸易和居住点、古道、驿站、关隘、烽火台、长城、防御工事、陵墓、佛教石窟寺和其他宗教建筑。这些遗迹呈现了不同的民族文化、历史风貌和地域特点，反映出公元前2世纪至16世纪欧亚大陆多元文化并存、文明发展进步的历史。它们见证了人类历史上的商贸、文化、宗教、技术和民族交流，构成了多元文化交融的交通网络。

跨国联合申遗

1988年，联合国教科文组织启动“对话之路：丝绸之路整体性研究”项目。1990年至1995年，联合国教科文组织对丝绸之路进行了考察。

2006年，中国和哈萨克斯坦、吉尔吉斯斯坦、塔吉克斯坦、土库曼斯坦、乌兹别克斯坦等国通过《丝绸之路跨国申报世界遗产吐鲁番初步行动计划》，正式提出中国与中亚五国跨国联合申报丝绸之路世界遗产。

2011年，世界遗产委员会专家建议将以下两条廊道作为首批跨国申遗项目：一条是中国、哈萨克斯坦和吉尔吉斯斯坦的跨国廊道；另一条是塔吉克斯坦、土库曼斯坦和乌兹别克斯坦的跨国廊道。

2012年，中国、哈萨克斯坦和吉尔吉斯斯坦三国根据专家建议确定联合申报世界文化遗产。2013年，三国确定申遗项目为“丝绸之路：起始段和天山廊道的路网”，提交申遗文本，申请将项目列为2014年评审项目。

2014年6月22日，该项目成功申遗，列入《世界遗产名录》。同时，世界遗产委员会建议将其命名为“丝绸之路：长安－天山廊道的路网”。

知识拓展

丝绸之路命名的来源

丝绸之路，通常是指“陆上丝绸之路”，起源于西汉。汉武帝派张骞出使西域，开辟了一条从长安（今天的西安）出发，经过甘肃、新疆，连接中亚和西亚，最终抵达地中海各国的陆上贸易通道。东汉时期，丝绸之路的起点转移到了洛阳。这条道路起初并没有固定的名称。由于中国古代出产的丝绸是贸易的重要物资，1877年，德国地理学家李希霍芬在其著作《中国》一书中，首次将这条通道称为“丝绸之路”。这个名称很快被学术界接受，并沿用至今。

“海上丝绸之路”是古代中国与外国之间进行贸易和文化交流的海

上通道。它分为东海航线和南海航线两条线路，形成于秦汉，繁荣于唐宋，转变于明清。东海航线以泉州为起点，南海航线以广州为起点，连接亚洲、欧洲和非洲等地。2013 年，国家主席习近平提出了共建“一带一路”（即“丝绸之路经济带”和“21 世纪海上丝绸之路”）的重大倡议。如今，“一带一路”已从倡议变为行动，从理念变为实践，成为深受欢迎的国际公共产品和国际合作平台。

土司遗址

入选时间：2015 年 7 月，在德国波恩召开的第 39 届世界遗产大会上，世界遗产委员会根据世界遗产遴选标准Ⅱ、Ⅲ，批准土司遗址成为世界文化遗产，列入《世界遗产名录》。

世界遗产委员会评语：该遗址主要位于中国西南山区，包括若干个部落领地的遗迹，这些部落领地的首领由中央政权任命为“土司”，即 13 世纪至 20 世纪初该地区的世袭统治者。土司制度起源于公元前 3 世纪少数民族政权的统治体系。其目的是保证国家统一管理，同时允许少数民族保留自己的习俗和生活方式。湖南永顺老司城遗址、湖北唐崖土司城遗址和贵州播州海龙屯遗址就是这种治理形式的特殊见证。

贵州播州海龙屯遗址

“土司遗址”反映了 13 世纪至 20 世纪初期中国在西南群山密布的多民族聚居地区推行的管理制度。留存至今的土司城寨及官署建筑遗存曾是中央委任、世袭管理当地族群的首领“土司”的行政和生活中心，它们在选址特征、整体布局、功能类型、建筑形式、材料和工艺等方面既展现出当地民族鲜明的文化特色，又表现出尤为显著的土司统治权力象征、民族文化交流和国家认同等土司遗址特有的共性特征。

遗产概况

中国土司遗址位于土司管辖地区与中央政权主体地区地理和文化交汇地带，主要分布于湘、鄂、黔三省交界的武陵山区。现存的主要遗址类型包括土司城遗址、土司军事城址、土司官寨、土司衙署建筑群、土司庄园、土司家族墓葬群等。这些遗址是土司制度鼎盛时期的遗存，其中湖南永顺老司城遗址、贵州播州海龙屯遗址、湖北唐崖土司城遗址三处遗址是中国土司遗产中的典型代表。土司遗址是中国南方多民族聚居地区土司制度和管理系统的见证，展现了中央政权与地方族群在民族文化传承和国家认同方面的交流和融合。

湖南永顺老司城遗址

湖南永顺老司城遗址位于湘西土家族苗族自治州永顺县城东 20 余千米处的灵溪镇老司城村，是南宋至清代中国古溪州永顺彭氏土司的统治中心，历经 23 代土司的精心营造。其本名福石城，因是土司王朝 800 余年统治的古都，也被称为司城或老司城。老司城分内罗城、外罗城，当年的老司城“城内三千户，城外八百家”。这里曾经出土文物 5 万余件，印证了当时人户稠密、市店兴隆的繁荣景象。经考古专家认定，湖南永顺老司城遗址是当代国内规模最大、保存最完整、历史最悠久的古代土司城遗址。

贵州播州海龙屯遗址

贵州播州海龙屯遗址位于贵州省遵义市老城西北约 15 千米处的龙岩山上、湘江上游，今属遵义市汇川区高坪镇。海龙屯是宋末时抵抗蒙古的产物。南宋宝祐五年（1257 年），南宋朝廷与播州的土司杨氏共同营建海龙屯，军事建筑与宫殿建筑相结合，面积达 1.59 平方千米，环屯城墙长约 6 千米。屯内两组最大的建筑分别是“老王宫”“新王宫”，面积均在 2 万平方米左右。贵州播州海龙屯遗址既是中国保存完好的古代城堡遗址，也是中国西南地区历史最悠久、规模最大、保存最完整的土司城堡之一。海龙屯毁于1600年对抗明朝廷的战争，今天，海龙屯遗址长约6千米的环屯城墙尚存。

湖北唐崖土司城遗址

湖北唐崖土司城遗址位于湖北省恩施土家族苗族自治州咸丰县唐崖镇东3千米处，是湘、鄂、川、黔少数民族地区最典型的遗址。唐崖土司城始建于元朝至正年间，废弃于清雍正年间，其间共历土司16代、381年，城址占地总面积74万平方米，格局清晰，功能完备，保存完整，从外至内分为外城、内城和宫城。该遗址东临唐崖河，西倚玄武山，人文景点与自然风光完美融合。

知识窗

土司制度

要了解土司遗产，首先要了解“土司制度”。

土司制度是中国古代中央王朝对西南少数民族地区采取的带有自治性质的管理制度。“土司”由中国古代中央王朝任命和分封，相当于地方行政官员，中央王朝承认土司的世袭统治。土司制度具备严密的统治机构，政治上依靠中央王朝，军事上依靠土兵武装，经济上依靠辖境土地。追溯起来，土司制度上千年的历史，起于秦，成于宋，盛于明，溃于清，废于新中国。土司制度是时代和历史的产物，在一定程度上维护了地方的稳定，维系和巩固了民族统一，促进了各民族交流和社会经济的发展。随着历史的发展，土司制度的消极影响逐步扩大，废除土司制度成为历史发展的必然趋势。

鼓浪屿：历史国际社区

入选时间：2017年7月，在波兰克拉科夫召开的第41届世界遗产大会上，世界遗产委员会根据世界遗产遴选标准Ⅱ、Ⅳ，批准“鼓浪屿：历史国际社区”成为世界文化遗产，列入《世界遗产名录》。

世界遗产委员会评语：鼓浪屿是一座位于九龙江入海口的小岛，与厦门市区隔海相望。1843 年厦门开设商埠，1903 年鼓浪屿成为国际公共租界后，这座位于中国南部沿海的小岛成为中外交流的重要窗口。鼓浪屿是中外交流融合的卓越范例，这种融合如今在其城市结构中依然清晰可见。岛上的建筑融合了多种建筑风格，包括传统的闽南风格、西方古典复兴风格和外廊式风格。不同风格融合的最杰出体现是形成了一种新的建筑风格——厦门装饰风格，它是 20 世纪初现代主义风格和装饰艺术风格的综合体。

鼓浪屿

现代诗人舒婷创作于 20 世纪 70 年代的《日光岩下的三角梅》，吸引着众多读者踏上鼓浪屿，寻觅他们梦中的三角梅，在这座诗之岛上，静心感受秀丽风光与多元文化。

遗产概况

鼓浪屿是福建省厦门市的一个小岛，位于福建省厦门岛西南隅，面积 1.88 平方千米，与厦门岛隔着鹭江海峡相望。元末鼓浪屿始有人迹，明代鼓浪屿得以开发，始用“鼓浪屿”名称。目前，鼓浪屿除环岛电动车外，禁止机动车通行，岛上氛围宁静，有“海上花园”“钢琴之岛”等美称，2005 年《中国国家地理》杂志将鼓浪屿评为“中国最美的城区”第一名。

鼓浪屿世界文化遗产地镶嵌在厦门湾的碧海绿波之中，范围包括鼓浪屿全岛及其近岸水域，包括 51 组代表性历史建筑及宅院、4 组历史道路、7 处代表性自然景观以及 2 处代表性文化遗迹，总面积 316.2 公顷，宛如一颗璀璨的海上明珠。

中外建筑

第一次鸦片战争后，厦门被迫开放为通商口岸，由于优越的地理与自然条件，鼓浪屿成为开放之后殖民者的办公地和居住地，西方国家在鼓浪屿陆续建设民居，立领事馆，兴建教堂，开办学校、医院以及洋行等，使鼓浪屿成为中西文化交流的重要窗口，留下了较多的中西合璧风格的建筑。20 世纪上半叶，一些在海外发展的华侨纷纷回到闽南祖籍地，在鼓浪屿兴建了大量西式或中西合璧式的私家宅院，形成了错落有致、造型迥异的“万国建筑博览”，使得鼓浪屿这个小岛厚重历史和秀美风景并存。抗日战争和解放战争时期，鼓浪屿的一些建筑遭到毁坏。新中国成立之后，当地人民政府接管了部分建筑，经过改造装修，改作公共性建筑使用。

目前，岛上所存 19 世纪末至 20 世纪上半叶建造的各式建筑共 1 000 余座，其建筑形式多样，继承了中式建筑的精美、文雅和西式建筑的庄严、肃穆，展现了特定历史时期的独特风格。

代表建筑与景点

全国重点文物保护单位“鼓浪屿近代建筑”由 10 处 13 座建筑组成，浓缩了鼓浪屿近现代的发展史。这 10 处建筑主要包括：美国领事馆旧址、日本领事馆旧址、汇丰银行公馆旧址、天主堂、三一堂、安献堂、八卦楼、西林·瞰青别墅、亦足山庄、菽庄花园等。

目前鼓浪屿的主要景点有：日光岩、皓月园、毓园、鼓浪石、鼓浪屿钢琴博物馆、郑成功纪念馆等。随着厦门的发展，一些综合性的景点不断涌现。

独特范例

日光岩是一块巨石，俗称“岩仔山”，又名“晃岩”，位于鼓浪屿龙头山的顶端，这里是鼓浪屿最高峰，也是岛上早晨第一缕阳光照射的地方。1993 年，为了连接日光岩与英雄山两大景点，修建了世界上最短的索道——日光岩索道，全长仅 202 米，后因鼓浪屿申报世界文化遗产的需要，这条索道于 2012 年 6 月 8 日被拆除。

鼓浪屿是中国全球化发展早期阶段的一个见证，作为19世纪末至20世纪中叶亚太地区全球化发展最密集的地区之一，鼓浪屿以其独特的、保存完好的、丰富且真实的文化遗存，从城市历史景观、整体空间结构、建筑风格形态及多元文化等方面，记录了不同国家的文化在鼓浪屿的交汇和传播，反映了中国传统文化融入全球化初期的沧桑历程和发展变化，提供了独特的历史与人文素材实例。

知识拓展

鼓浪屿的历史溯源

鼓浪屿原来只是个渺无人烟的绿洲，因岛上有一块特别圆的礁石，故得名“圆沙洲”“圆洲仔”。经过海浪不断的侵蚀，礁石中央形成了一个空洞，每当海浪拍打，都会发出如擂鼓般的声响，这片绿洲也因此得名“鼓浪屿”。

宋末，渐有渔民出海捕鱼来到这个小岛躲避风浪。明代，日光岩上出现了全岛最早的石刻“鼓浪洞天”，后来又建了莲花庵。再后来，郑成功在这儿安营扎寨，操练水师，现在日光岩上尚存有当时建造的水操台、石寨门故址。明末进士陈士兵协助郑成功抗清，在此留下了一座不起眼的墓冢。

1841年英国的军队占领了鼓浪屿，在山顶上设立炮台控制厦门，第二年清政府和英国签订《南京条约》，约定厦门成为通商口岸。1902年清政府被迫同日、美、德等签订了《厦门鼓浪屿公共地界章程》，鼓浪屿被明确为公共租界。当时，清政府对列强侵夺国家主权的危害已有一定觉醒，一些地方官也开始具有主权意识，于是写进了“鼓浪屿虽作公地，仍系中国皇帝土地”条款。

1941年12月，日本军队侵吞了鼓浪屿。直至1945年8月日本无条件投降，鼓浪屿终于结束了百余年被殖民与被侵略的历史。

良渚古城遗址

入选时间：2019年7月，在阿塞拜疆巴库召开的第43届世界遗产大会上，世界遗产委员会根据世界遗产遴选标准Ⅲ、Ⅳ，批准良渚古城遗址成为世界文化遗产，列入《世界遗产名录》。

世界遗产委员会评语：位于中国东南沿海长江三角洲的良渚古城遗址（约公元前3300—公元前2300年）向人们展示了新石器时代晚期一个以稻作农业为支撑、具有统一信仰的早期区域性国家。该遗址由四个区域组成：瑶山遗址区、谷口高坝区、平原低坝－山前长堤区和城址区。从大型土质建筑、城市规划、水利系统以及不同墓葬形式所体现的社会等级制度来看，这些遗址可以说是早期城市文明的杰出范例。

良渚古城遗址公园河道与作坊区

2023年6月15日，杭州亚运会火种成功于良渚古城遗址公园大莫角山被点燃。“琮琮”作为本届亚运会的三大吉祥物之一，代表的是良渚古城遗址。其名字来自该遗址出土的标志性文物——玉琮。“琮琮”头部的纹样灵感则源自良渚文化的标志性符号“神人兽面纹”。

琮琮：良渚文明的摆渡者

遗产概况

良渚古城遗址位于浙江省杭州市余杭区，地处中国东南沿海天目山东麓河网纵横的平原地带，是太湖流域一个早期区域性国家的权力与信仰的中心。古城规划合理、工程浩大、营建考究，被誉为“中华第一城”。该项目世界遗产申报范围包括14.3平方千米的遗产区和99.8平方千米的缓冲区，遗产构成要素包括公元前3300年至公元前2300年的城址、功能复杂的外围水利工程和同时期分等级的墓地（含祭坛）。此外，一系列以象征其信仰体系的玉器为代表的出土文物也为其内涵及价值提供了有力佐证。

古城空间结构

良渚先民无疑是杰出的城市规划师，在选定了理想的古城营建地点后，与之配套的规划理念便应运而生。良渚古城是众多良渚文化遗址的结合体，研究结果表明，在统一规划之后，古城的各个组成部分便先后被有序地建设起来。

古城核心区的规划依托东北和西南的两座自然山体——雉山和凤山，内城位于两山之间，宫殿区在内城中心，两山到宫殿区基本上是等距离的。两山也构成了城墙的两处制高点。城外的瑶山和汇观山祭坛墓地的建成、使用时间最早，在整个规划中首先被展示出来。城外的大型水利系统则是综合治理水患的最佳体现，使良渚权贵阶级的统治更加安全、稳固。内城、外城中各个遗址点有序分布，整体格局中的功能分区十分明显，充分体现了“天地之中”“以山为郭”的规划理念。

古城内外结构层次分明、布局有序，核心区由内而外分别是内城（包括宫殿区、墓葬区、作坊区和仓储区等）、城墙、外郭城，城外还有郊区的祭坛墓地和由多条水坝构成的大型水利系统。古城核心区的布局与历史上“宫城－皇城－外郭城”的三重结构相似，是中国乃至当时东亚地区早期城市规划的典范。建造这样一座与山形水势充分契合的古城，需要高度集权、精细规划、统筹组织、长期营建才能完成。

防洪系统

为了抵御暴雨和山洪的侵袭，良渚先民在城外西部和北部建设了庞大的水利系统。该水利系统由 11 条水坝组成，依据位置和形态的不同，可以将这些水坝分为山前长堤、谷口高坝以及平原低坝三类。它既是中国最早的经科学规划的水资源管理系统，也是我国乃至世界城市建设史和规划史上的杰作。

经考古发掘研究发现，大部分高坝和低坝坝体的底部采用青淤泥堆筑，外部包裹黄土，与良渚古城莫角山宫殿区的堆筑方式完全相同。另外，在一些关键位置多以草裹泥堆垒加固，即利用芦荻和茅草捆裹泥土制成长圆柱形的泥包，再横竖进行堆砌。这是良渚时期建筑土台、河堤等时普遍使用的工艺，其作用与现代营建堤坝使用的沙袋类似，可使坝体增强抗拉强度，不易崩塌。

整个水利系统兼具防洪、运输、灌溉、提供日常用水等诸多功能。天目山系是浙江省的暴雨中心之一，雨水充沛，夏季极易形成山洪，对地处下游平原的良渚遗址群形成直接威胁。通过水利系统的高、低两级水坝，可将大量的来水蓄留在山谷和低地内，以解除洪水威胁。另外，通过筑坝蓄水形成的水库，沟通多个山谷的水运交通，可为遗址群提供丰富的自然资源，使通航不受丰水期或者枯水期的局限。

在兴建外围水利设施的同时，古城内外还挖掘了大量的人工河道，以连接平原区的自然水域，从而形成了复杂而完善的水上交通网。良渚人在流域的上游、中下游兴建了不同类型的水利设施，表明他们已经具备全流域的水环境规划和改造能力。大规模的水利系统建设，涉及复杂的组织机构、人员管理和社会动员能力，为认识良渚古城的管理机构和社会复杂化程度新辟了重要的观察视角。

古城价值

良渚古城遗址是良渚文化的权力和信仰中心，是新石器时代晚期中国长江流域下游一带出现的早期区域性国家的杰出见证，这里以稻作农业为经济支撑，并出现了明显的社会分化和统一的信仰体系。该遗产为中国和该地区新石器时代晚期与青铜器时代早期的文化认同、社会和政治组织以及社会文化发展状况提供了独一无二的证据。

良渚古城遗址见证了小规模新石器社会向具有明显社会分化、礼制与工艺相结合的大规模统一的政治社会的过渡。这反映在以下杰出的例证中：陶制遗迹、城市和景观规划反映了早期城市化特征；遗产现存墓葬等级体系反映了社会分化现象；对空间的组织安排和权力的物质化反映了社会－文化策略。

知识拓展

良渚古城——“中华第一城”

作为距今5 000多年前中国区域文明的代表，良渚文明的特点与内涵十分鲜明，可简要归纳为城市文明、玉器文明、稻作文明、土筑文明、水利文明、原始文字、礼制文明、宗教文明等。良渚文明无疑是杰出的早期城市文明之一，丰富了世界早期文明理论，在中国都邑发展史和中华文明史上皆占有重要地位。良渚考古走过了漫长的岁月，人们对良渚文化遗址的认识也在不断发生着变化：从单一遗址到遗址群，再到聚落。但是对于良渚文明的探索还远远没有结束，想要解开未知的谜团，需要更多考古人更长时间的奋斗与坚守。

泉州：宋元中国的世界海洋商贸中心

入选时间：2021年7月，在中国福州召开的第44届世界遗产大会上，世界遗产委员会根据世界遗产遴选标准Ⅳ，批准“泉州：宋元中国的世界海洋商贸中心”成为世界文化遗产，列入《世界遗产名录》。

世界遗产委员会评语：泉州的系列遗址展示了宋元时期（10—14世纪）泉州作为海上商贸中心的活力，以及它与中国腹地的紧密联系。泉州在亚洲海运贸易的这个重要时期蓬勃发展。遗产地包括多座宗教建筑，如始建于11世纪的清净寺（中国最早的伊斯兰建筑之一）、伊斯兰教圣墓，以及大量考古遗迹，如行政建筑、具有重要商贸和防御意义的石码头、陶瓷和冶铁生产遗址、城市交通网道的构成元素、古桥、宝塔和碑文。在10—14世纪的阿拉伯和西方文献中，泉州被称为刺桐。该遗产地还包括一座保留了部分原貌的元代寺庙，以及世界上仅存的摩尼光佛造像。摩尼是摩尼教的创始人，该教于6—7世纪传入中国。

遗产概况

泉州古称“刺桐”，位于中国东南沿海，是一座写满海洋记忆的港口城市，已有1 300多年历史。10—14世纪，泉州在繁荣的国际海洋贸易中蓬勃发展，成为各国商旅云集、多元文化交融的“东方第一大港”。多元、开放、包容是这座城市的传统与特质，也是泉州人爱拼敢赢、开拓进取的精神源泉。

开元寺东西塔

在 10—14 世纪亚洲海上贸易的高度繁荣时期，泉州的地域一体化结构和关键的制度、交通、生产、市场与社会文化因素使它成为一个全球级的重要商业中心，体现了泉州对东亚和东南亚经济文化发展的巨大贡献。

泉州以位于江口平原的城区为运行中枢，东南面的辽阔海域是其对外联系的门户，西北面的广袤山区是其产业基地，水陆复合的运输网络连通其间，呈现出港口、城市与腹地联动发展的整体繁荣景象。承载着关键价值特征的 22 处遗存及其关联环境，包括了行政管理机构与设施遗址、多元社群宗教建筑和造像、文化纪念地史迹、陶瓷和冶铁生产基地，以及由桥梁、码头、航标塔组成的水陆交通网络，完整地体现了宋元时期泉州富有特色的海外贸易体系与多元社会结构。

主要遗产地

泉州申遗项目整体由 22 处代表性古迹遗址及其关联环境构成，包括：九日山祈风石刻、市舶司遗址、德济门遗址、天后宫、真武庙、南外宗正司遗址、泉州府文庙、开元寺、老君岩造像、清净寺、伊斯兰教圣墓、草庵摩尼光佛造像、磁灶窑址（金交椅山窑址）、德化窑址（尾林－内坂窑址、屈斗宫窑址）、安溪青阳下草埔冶铁遗址、洛阳桥、安平桥、顺济桥遗址、江口码头、石湖码头、六胜塔、万寿塔。这些遗存具有鲜明的海上贸易和东西方文明交融特征，古老、生动，甚至世所罕见，见证了“刺桐”

这个古代东方大港的地位、奉献和风韵。以下简要介绍其中的几处。

九日山祈风石刻：是一组记载了宋代在泉州负责海外贸易管理的国家专员、地方官以及皇室成员等为海外贸易商舶举行祈风仪式的摩崖石刻，它体现了宋代市舶制度下国家力量对海洋贸易的倡导和管控。

市舶司遗址：设置于1087年，是宋元时设置在泉州的管理海洋贸易事务的行政机构，其设置标志着泉州正式成为开放的国家对外贸易口岸。

天后宫：祭祀海神妈祖的庙宇，也是世界范围内妈祖信仰的重要传播中心，它见证了妈祖信仰伴随海洋贸易的形成和发展历程。

开元寺：宋元泉州规模最大、官方地位最突出的佛教寺院，其寺院经济及多元文化遗迹反映出宋元海洋贸易带给泉州的经济繁荣和文化共存特征。

清净寺：泉州古城商业性城区中的伊斯兰教寺院，是宋元时期波斯、阿拉伯等地跨越重洋来泉州营商的穆斯林商人及其族群的珍稀物证。

伊斯兰教圣墓：泉州伊斯兰教的重要史迹，与清净寺共同见证了穆斯林商人及其族群在泉州的活动，反映了宋元泉州多元文化的交往与融合。

草庵摩尼光佛造像：宋元泉州摩尼教传播的重要史迹，其文化融合特征是宋元泉州世界性多元社群间广泛的价值观交流的见证。

德化窑址（尾林－内坂窑址、屈斗宫窑址）：宋元时期泉州内陆地区外销瓷窑址的杰出代表，在发展过程中创烧出独特的白瓷产品，反映了海洋贸易推动下泉州本地制瓷产业的创新和发展。

安平桥：泉州与国家广阔的南部沿海地区的陆运节点，体现出海洋贸易推动下泉州水陆转运系统的发展。

江口码头：位于泉州古城东南的晋江北岸，是连接古城和出海口的水陆转运节点，体现了内港码头的功能构成和使用方式。

万寿塔：商船抵达泉州港的地标，也是镇守海口、护佑商旅的精神寄托。

这一系列遗产记载着宋元泉州令人瞩目的繁荣与成就，它是世界海洋贸易引擎型港口的杰出范例，具有产—运—销功能高度整合的区域一体化空间结构以及中外风格多元荟萃的聚落景观，展现出中国农业文明与世界海洋商业文明间的经济与文化交流，见证了积淀并传承至今的多元共荣海洋商业传统。泉州作为宋元中国与世界文明的对话窗口，展现了完备的制度体系、发达的经济水平，以及包容的文化态度，对该时期亚洲海洋贸易的高度繁荣以及东亚与东南亚的社会发展做出了突出贡献。

有人说，一砖一瓦，一宗祠，一家谱，维系着泉州人的家长里短。愿这些人类共同的文化遗产能够发扬光大，为人类发展提供更加丰富的精神滋养。

知识拓展

泉州——一座开放、多元和包容的城市

泉州的古迹中有很多宗教古迹，比如佛寺、道教庙宇、清真寺等，这些古迹都见证着泉州曾经作为海上丝绸之路起点的历史，也见证着千百年前泉州的包容和繁盛。泉州老城区的涂门街矗立着三种宗教的遗迹，它们比邻并肩，千百年来相安无事。这样三种不同宗教建筑建在同一条街上的场景并不多见，可见泉州的包容度在全世界都是佼佼者。

北京中轴线——中国理想都城秩序的杰作

入选时间：2024 年 7 月，在印度新德里召开的第 46 届世界遗产大会上，世界遗产委员会根据世界遗产遴选标准Ⅲ、Ⅳ，批准“北京中轴线——中国理想都城秩序的杰作”列入《世界遗产名录》，成为世界文化遗产。

世界遗产委员会评语：北京中轴线位于北京老城的中心，呈南北走向，由古代皇家宫苑建筑、古代皇家祭祀建筑、古代城市管理设施、国家礼仪和公共建筑以及居中道路遗存等 5 大类 15 个遗产构成要素共同组成。它们共同见证了北京城从封建王朝都城到现代首都的历史变革，并展现了中国城市的规划传统。其选址、布局、城市规划、道路和设计，整体展现了中国古籍《考工记》所载的理想都城规划范式。这一地区位于两条平行河流之间，已有约 3 000 年的人类聚居历史，而中轴线本身起源于定都北方的元朝。中轴线上的许多古建筑兴建于明朝，完善于清朝。

遗产概况

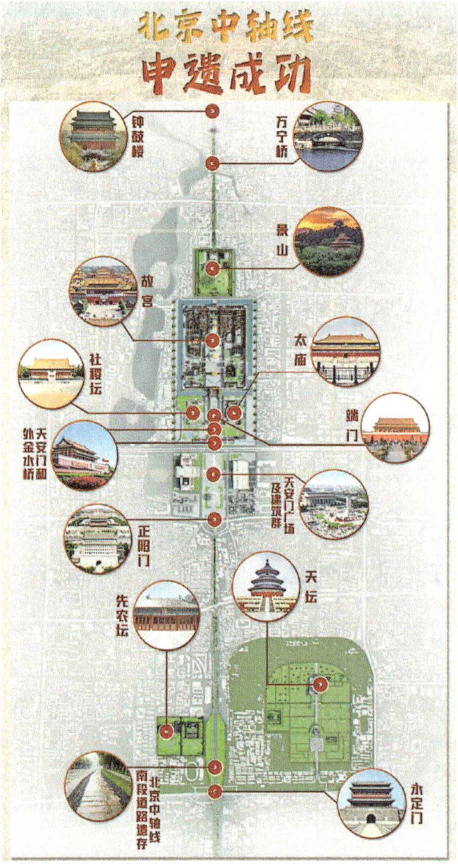

北京中轴线

北京中轴线是一条贯穿北京老城南北的轴线，全长约 7.8 千米。中轴线的概念源于中国古代的“中正”思想，强调对称与平衡。北京中轴线的布局体现了这一思想，以故宫为轴心，对称分布着众多建筑群，形成了独特的空间秩序。这条轴线不仅是北京城市规划的核心，也是中国古代都城设计的典范。

北京中轴线的历史渊源

北京中轴线的历史可以追溯到元代。1272 年，元世祖忽必烈定都北京（当时称为“大都”），并开始规划城市布局。元代的中轴线以今天的鼓楼为中心，奠定了北京城的基本格局。明成祖朱棣迁都北京后，对这座城市进行了大规模扩建，中轴线被进一步延伸和完善，形成了以故宫为核心的南北轴线。清代继承了明代的布局，并在中轴线上增建了许多重要建筑，如天坛、景山等。

中轴线的规划与建设，贯穿了元、明、清三个朝代，至今仍在不断完善，历时逾 7 个世纪。它不仅是中国古代都城规划的巅峰之作，也是中华文明绵延不断的象征。

北京中轴线上的建筑史诗

北京中轴线北起钟鼓楼，南至永定门，由 5 大类 15 个遗产构成要素共同组成，每一座建筑都承载着深厚的历史文化内涵。

钟鼓楼（北端起点）：作为中轴线的北端地标，钟鼓楼自元代起便是国家计时中心。钟楼高 47.9 米，鼓楼高 46.7 米，两座建筑承担着计时与报时的功能，见证了中国古代钟、鼓报时的传统生活方式，也体现了古人对时间的重视。其重檐歇山顶与黑琉璃瓦彰显出皇家的威仪。

万宁桥（元代脉搏）：万宁桥是一座跨越玉河的单拱石桥，它是中轴线上唯一的元代遗存。桥东西两侧现存的六只镇水兽不仅具有装饰作用，其设计和布局还有助于引导水流，减轻水流对桥身的冲击，从而保护桥梁结构的稳定性。这种设计体现了我国古代劳动人民在水利工程建设中对水流动力学的深刻理解，也展示了古代工匠在水利工程中的智慧和创造力。

景山（天人交汇点）：景山是一座人工堆筑的“镇山”。中国古代建筑传统讲究后有“靠山”，前有“明堂”。景山位于紫禁城正北，为皇宫提供了“背山面水”的理想格局，象征着皇权的稳固及人与自然的和谐。景山五亭分别位于景山的五座山峰上，五亭象征五行，是五行哲学的具象化体现。五亭内原本各供奉着一尊铜鎏金佛像，分别代表五方佛，五亭内的佛像也被称为“五味神”，分别代表酸、甜、苦、辣、咸五味，进一步丰富了五亭的文化内涵。作为中轴线的制高点，登临万春亭可俯瞰紫禁城全貌，体会“仰观天文，俯察地理”的空间哲学。景山后部的寿皇殿建筑群承载着皇家祭祀功能。

故宫（权力核心）：故宫是中轴线的核心，也是世界上现存规模最大、保存最完整的古代宫殿建筑群。它始建于明代，是明清两代皇帝的居所和政治中心。故宫的建筑布局严格遵循“前朝后寝”“五门三朝”“中轴对称”的原则，以太和殿、中和殿、保和殿三大殿为中心，左右对称分布着众多宫殿和庭院。1925 年故宫博物院成立，标志着皇家禁地向公众文化空间的转型，成为中华文明多元一体的实证。

端门（礼仪序章）：端门位于午门与天安门之间，与天安门形制相仿。明清两代端门功能基本一致，为陈设仪仗和存放仪仗用品之所，其城台建筑强化了中轴线的空间节奏感。

太庙（祖灵圣域）：太庙是明清两代的皇家祖庙，采用了官式建筑的最高形制，享殿面阔十一间，超越故宫太和殿，三层汉白玉须弥座托起 68

根金丝楠木柱，展现“敬天法祖”的礼制传统。现作为劳动人民文化宫，实现了从皇家享殿到公众文化空间的跨越。

社稷坛

社稷坛（江山象征）：社稷坛是古代皇家祭祀太社和太稷的祭坛，与太庙以中轴线为对称轴呈对称格局。太社和太稷的祭祀活动彰显了土地与农业在国家和社会中的重要地位。社稷坛上层铺有五色土，五色土由各地进贡而来，分别对应着中华大地的五个方位——东方青土（东方青龙）象征木，代表春季与生长；南方红土（南方朱雀）象征火，代表夏季与繁荣；西方白土（西方白虎）象征金，代表秋季与收获；北方黑土（北方玄武）象征水，代表冬季与收藏；中央黄土（皇天后土）象征土，代表稳定与平衡。这种布局与象征体系，反映了中国古代“天人合一”的宇宙观和皇权至上的政治理念。作为北京首座转变为城市公园的皇家建筑，社稷坛的公众化历程映射了中轴线的现代蜕变。

天安门（时代丰碑）：天安门（明代称“承天门”）是明清时期颁布诏令及如今举行重大国事活动的场所，是国家礼仪的载体。其斗拱结构暗藏“四平八稳”抗震智慧。1949 年新中国开国大典赋予其新的历史使命，东西对称的华表与石狮彰显着中轴线的庄严秩序。

外金水桥（礼仪通道）：外金水桥是明清两代由皇城通向南郊祭祀的必经之路，也是如今国家举办重大庆典活动的礼仪空间，始终承担着重要的礼仪功能。外金水桥共有七座桥体，与天安门城楼的五座券门以及太庙和社稷坛的南门严整对应。明清时期外金水桥在使用上有严格的等级划分，正中央的御路桥专供皇帝通行。桥体望柱的云纹雕刻与天安门城楼形成视觉呼应。

天安门广场及建筑群（现代图腾）：天安门广场始建于明永乐年间，当时是紫禁城正门承天门（今天安门）外呈“T”形的封闭宫廷广场，名曰“天街”，外建宫墙，20 世纪中叶得以扩建。天安门广场以人民英雄纪念碑为轴心，东西两侧中国国家博物馆与人民大会堂延续“左祖右社”对称格局。黄绿琉璃构件与须弥座设计，成功地将传统建筑元素融入现代建筑之中，实现了传统与现代的完美结合。天安门广场及建筑群已成为国家活动和人民文化活动、大型庆典活动的举办地，自建成至今始终是国家礼仪文化传承的见证。

正阳门（国门威仪）：正阳门是老北京城内最高大的城门建筑，箭楼与城楼构成“楼列双阙”的壮丽景观。现成为北京雨燕的最大繁衍栖息地之一，生物多样性保护与传统建筑活化相得益彰。

中轴线南段道路遗存（历史切片）：北京中轴线南段道路遗存为若干处分布于正阳门至永定门的居中道路遗存，它们以物质实证真实地展现出明代以来南段居中道路的位置、走向、工程构造和不断传承沿用的历史，见证了北京中轴线延续至今的国家礼仪文化。

先农坛（农耕图腾）：先农坛是我国现存最完整的皇家农祀建筑群。观耕台、耤田等体现了古代统治者“亲耕劝农”的治国思想。太岁殿的明代彩画与鎏金斗拱，体现了我国古代建筑艺术的非凡魅力。

天坛（宇宙模型）：天坛是明清两代皇帝祭天祈谷的场所，其建筑布局体现了古代中国人对天地的崇拜。圜丘坛的三层坛面暗合“九重天”概念，祈年殿的 28 根金柱对应二十八星宿。北圆南方的坛墙造型，将“天圆地方”的宇宙观巧妙地表现出来。

永定门（南端终章）：永定门是中轴线的南端终点，始建于明代，曾是明清时北京外城城墙的正门。现在的永定门是仿照乾隆年间样式重建的。作为中轴线南端地标，其瓮城遗址展现出古代防御体系的空间逻辑。永定门的重建，标志着中轴线完整性的恢复，也象征着北京古城的历史延续。

北京中轴线的文化内涵

北京中轴线不仅是一条地理轴线，更是一条文化轴线。它承载着中华文明的精髓，体现了古代中国的哲学思想、政治制度和艺术成就。

中正之道：宇宙秩序的镜像投射

北京中轴线严格遵循“择天下之中而立国”的理念，以故宫太和殿为原点，形成南北 7.8 千米的对称轴，这种布局源自《周礼》“左祖右社，面朝后市”的都城规划思想，体现了“致中和，天地位焉”的宇宙观，体现了中国古代的“中正”思想，强调对称与平衡。这种思想不仅体现在建筑布局上，也贯彻于中国古代的政治、文化和日常生活中。从景山五亭的五行方位到天坛圜丘的三层九重，无不体现着对天地秩序的敬畏。

礼制之纲：国家治理的物化表达

北京中轴线建筑群蕴含着一套完整的礼制体系：太庙祭祀先祖维系宗法伦理，社稷坛供奉土谷之神象征疆域统治，天坛祭天仪式体现君权神授的合法性。亭台殿宇的形制规格、外金水桥的等级规制，皆以建筑空间强化尊卑秩序，形成“建筑即法典”的特殊治理模式。

天人交响：自然人文的和谐共鸣

北京中轴线巧妙地融合了人工营造与自然形胜：景山堆土成峰平衡紫禁城建筑布局，天坛柏林营造祭天所需的肃穆氛围，永定门城楼与燕山余脉遥相呼应。这种“虽由人作，宛自天开”的营造智慧，在正阳门雨燕栖息现象中得到现代印证——古建飞檐成为鸟儿的生态家园。

技艺之巅：营造法式的巅峰集成

从太庙享殿 68 根整根金丝楠木柱到天坛祈年殿三重檐攒尖顶的复杂榫卯，从故宫三台须弥座的精雕细琢到万宁桥镇水兽的精美雕刻，北京中轴线建筑群集成了中国古建筑的技艺精髓。其中天坛回音壁的声学设计，更展现了古代工匠对物理规律的深刻认知。

文明之链：古今对话的活态传承

北京中轴线始终保持着文化功能的延续性：明清皇家禁地转变为故宫博物院、劳动人民文化宫等公共空间；晨钟暮鼓的报时传统转化为现代授时系统；祭天仪轨转化为节日祈福民俗。这种“功能嬗变中的精神承续”，使其成为活着的文化遗产典范。

知识拓展

活态中轴：岁月风华的永恒绵延

北京中轴线不仅是建筑的物质集合，更是中华民族追求秩序、和谐的精神图腾。在这条穿越时空的轴线上，每一组建筑都是文明演进的里程碑，每一次延伸都是传统智慧的当代诠释。

一、北延：奥林匹克轴线的人文对话

从中轴线北端向北延伸，可一直延伸到奥林匹克公园。奥林匹克公园作为中轴线北延长线的重要组成部分，不仅是2008年北京奥运会的主场地，还成为市民休闲娱乐的重要场所。公园内的国家体育场“鸟巢”、国家游泳中心“水立方”等现代建筑延续“择中对称”理念，分列于北京中轴线北端延长线两侧，一圆一方，体现了中国天圆地方的建筑理念和宇宙观。鸟巢与钟鼓楼形成“新老双轴”对话，其24根钢柱隐喻二十四节气；国家速滑馆“冰丝带”的曲面设计，恰与天坛祈年殿的弧形屋檐形成时空呼应。

二、南延：大兴国际机场的凤凰图腾

从中轴线南端向南延伸，可一直延伸到大兴国际机场。以“凤凰展翅”造型著称的大兴国际机场是中轴线南延长线上的重要节点，被誉为“新国门”。其设计和建设充分体现了现代科技与传统文化的结合，同时为北京的现代化发展提供了新的动力。

从钟鼓楼的晨钟暮鼓到奥林匹克塔的璀璨灯光，从永定门的巍峨城楼到大兴国际机场的钢翼凌云，北京中轴线既是历史沉淀的文明长卷，也是面向未来的动态生命体。它不仅是凝固的历史，更是流动的智慧——在严格对称中包容变革，在恪守传统中孕育创新。这条穿越时空的文化轴线，正在书写属于新时代的篇章：当古代营城智慧遇见现代科技，当皇家礼制空间转为百姓生活剧场，中华文明再次证明，真正的遗产从不是博物馆里的标本，而是永不停息的生命长河。

庐山国家公园（文化景观）

入选时间：1996年12月，在墨西哥梅里达召开的第20届世界遗产大会上，世界遗产委员会根据世界遗产遴选标准Ⅱ、Ⅲ、Ⅳ、Ⅵ，批准庐山国家公园作为文化景观列入《世界遗产名录》，成为世界文化遗产。

世界遗产委员会评语：江西庐山是中华文明的发祥地之一。这里的佛

教和道教庙观，以及儒学的里程碑建筑（杰出的儒学大师曾在此授课），完全融汇在美不胜收的自然景观之中，赋予无数艺术家以灵感，而这些艺术家对于发展中国文化中对自然的审美方式做出了开创性的贡献。

千百年来，无数文人墨客、名人志士在庐山留下了浩如烟海的丹青墨迹和脍炙人口的篇章。苏轼以“不识庐山真面目，只缘身在此山中”写庐山云雾，李白以“飞流直下三千尺，疑是银河落九天”写秀峰瀑布，毛泽东以“天生一个仙人洞，无限风光在险峰”写相传吕洞宾修仙而居的仙人洞，诗景交融、引人入胜。

庐山

“苍润高逸，秀出东南”的庐山，自古以来便深受文学家、艺术家的青睐，并成为隐逸之士、高僧名道的精神依托，以及政客、名流的活动舞台，从而为庐山带来了浓浓的文化色彩，并使庐山积淀了深厚的文化底蕴。

遗产概况

庐山，又名匡山、匡庐，地处江西省九江市南郊，北濒中国第一大江——长江，东偎中国第一大淡水湖——鄱阳湖，南望南昌，西邻京九铁路，形成了融合山水、湖泊和文化的绝美景观，以雄、奇、险、秀闻名，被称为“匡庐奇秀甲天下”。

庐山是一座集风景、文化、宗教、教育、政治等元素为一体的千古名山，入选中国首批5A级旅游景区，是世界地质公园、国家级风景名胜区、国家地质公园、国家级自然保护区、中华十大名山之一，也是我国第一处世界文化景观遗产。

自然条件

庐山位于亚热带季风区，气候温和宜人，雨量充沛。庐山高悬于长江中下游，在盛夏季节形成了一个“凉岛”，成为避暑胜地。庐山年降水量超过1 800毫米，比山下的九江更为丰富。山中温差较大，云雾缭绕，奇特的天气与变幻多姿的景色令人沉醉。

庐山植被茂盛，植物种类繁多，地表水热状况垂直分异性显著，从山麓到山顶依次生长着亚热带常绿阔叶林，山地暖温带常绿、落叶阔叶混交林，山地温带落叶阔叶、针叶混交林与灌木林。据江西省林业部门数据，庐山森林覆盖率高达80.73%。1934年，中国第一座亚热带高山植物园在此建立。庐山山麓的鄱阳湖候鸟保护区是著名的“鹤的王国”，拥有世界上最大的白鹤群，被誉为中国的“第二座万里长城”，为鸟类保护提供了重要的栖息地。

庐山是一座地垒式断块山，周围有多处断层，因而形成了众多奇峰峻岭、悬崖峭壁。庐山自古命名的山峰便有171座，群峰间散布着冈岭、壑谷、岩洞、怪石。主峰大汉阳峰及其周围地区还分布着几处独特的第四纪冰川遗迹，是庐山地质学和地貌学的重要研究对象，对了解庐山地貌演化和冰川活动历史具有重要意义。

山中水流在河谷间形成了许多急流与瀑布，其中著名的三叠泉瀑布落差达155米。庐山多样的地貌特征，如奇峰峻岭、悬崖峭壁、急流瀑布等形成了独特绚丽的山水景观，具有极高的科学价值和旅游观赏价值。

五老峰地处庐山东南，海拔1 436米，山顶有五座山峰平齐并列，俨若五位老翁并坐，因此人们形象地称之为“五老峰”。五老峰山势“雄、奇、险、秀”，是全山形势最雄伟奇险的景点，也是庐山观云海、日出、日晕、蜃景，俯瞰鄱阳湖的最佳地点。

庐山因拥有独特的第四纪冰川遗迹及河流、湖泊、坡地、山峰等多种地貌类型，2001年3月入选中国首批国家地质公园，2004年2月又被联合国教科文组织列入首批世界地质公园。

人文历史

中华民族源远流长的历史和博大精深的文化，孕育了庐山丰厚的内涵。司马迁的《史记》中就有“南登庐山”的记载，此后两千多年间，许多文学家、政治家、哲学家、艺术家，如陶渊明、李白、白居易、苏轼、王安石、黄庭坚、陆游、朱熹、康有为、胡适、郭沫若等，都曾登临庐山，留下了不朽的名篇佳作。据统计，自晋代以来歌咏庐山的诗词歌赋有4 000多首。庐山是佛教净土宗的起源地，同时也是中国山水诗画、田园诗、杏林文化、第四纪冰川学说的发源地；庐山曾是国民政府的“夏都”；新中国成立后，中国共产党多次在庐山召开重要的中央会议；庐山还是汇聚佛教、道教、天主教、基督教、伊斯兰教的宗教圣地。庐山的多样文化遗产使其成为一座具有特殊意义的历史名山。

白鹿洞书院位于庐山五老峰南麓，与河南登封嵩阳书院、河南商丘应天书院、湖南长沙岳麓书院并称宋代“中国四大书院”。该书院创建于940年，居四大书院之首。宋代理学大师朱熹在此提出的教育思想成为中国古代影响一时的教育准则，由他制定的《白鹿洞书院学规》对后世影响深远，成为中国古代文化教育的重要象征，同时在世界教育史上也占有重要地位。

仙人洞位于庐山天池山西麓，洞高、深各约10米，由砂岩构成。相传唐代名道吕洞宾曾在此洞中修炼成仙。洞壁有“洞天玉液”等石刻题词，洞中放置有吕洞宾石像。

东林寺位于庐山西麓，由东晋名僧慧远于386年兴建，是庐山历史悠久的寺庙之一。东林寺在唐朝时成为中国佛教八大道场之一，有天王殿、三圣殿、大雄宝殿等建筑。

庐山拥有多样的现代异国别墅，构成了一个完整的别墅群落，其中包括英、美、法、德等十几个国家修建的600多栋不同建筑风格的别墅，如美庐别墅、原歇尔曼别墅、原威廉斯别墅等，被誉为“万国建筑博物馆”。这些现代别墅是19世纪末至20世纪中叶西方文化传入中国内陆地区的历史见证。

庐山的历史遗迹闪耀着中华民族历史文化的光芒，赋予了庐山极高的历史、文化、科学和美学价值。

知识拓展

庐山的名字传说

关于庐山山名渊源有多种说法，既有民间传说，也有史料考究。在民间传说中，第一种也是流传最广的传说是匡俗（一作“匡裕”）先生的故事。早在周初或周威烈王时期，匡俗先生在庐山学道求仙，成为传说中的仙人。朝廷多次请他出山相助，但他总是回避，最终消失无踪。人们美化这一事迹，称庐山为“神仙之庐”，并因匡俗先生在这里成仙而称庐山为匡山或匡庐。后来，为避宋太祖赵匡胤的名讳，将匡山改称为康山。

第二种传说则与方辅先生有关。据说在周武王时期，方辅先生与老子李耳一同骑着白驴入山炼丹，两人都“得道成仙”，留下空庐，“人去庐存”，所以称此山为庐山，也有人称此山为辅山。

第三种传说同样涉及匡俗先生，但出现时间较晚，情节有所不同。据说匡俗的父亲东野王曾与鄱阳令吴芮一同辅佐刘邦平定天下，东野王中途牺牲。朝廷为表彰他的功勋，封东野王的儿子匡俗为越庐君。越庐君匡俗学道求仙的山，被称为庐山。

这些传说为庐山增添了神秘色彩，使得庐山成为人们向往的仙境。

同时，有研究资料认为，庐山山名源于其山势轮廓，因为在平坦的鄱阳湖平原上，山体恰似“茅庐”。也有学者认为庐山山名源于中国古代的“庐子国”。据《国语·楚语》记载，庐山所在地在战国时期称“庐邑”，楚王曾到访过这里，使该地名声大噪，因此庐邑地域内的这座独特高山就被称为“庐山”。在西汉史学家司马迁的著述《史记·河渠书》中有“余南登庐山，观禹疏九江”的句子，这是“庐山”之名第一次见诸文字记录。

五台山（文化景观）

入选时间：2009 年 6 月，在西班牙塞维利亚召开的第 33 届世界遗产大会上，世界遗产委员会根据世界遗产遴选标准Ⅱ、Ⅲ、Ⅳ、Ⅵ，批准五台山作为文化景观列入《世界遗产名录》，成为世界文化遗产。

世界遗产委员会评语：五台山有五座平峰，是一座佛教圣山。列入这一文化景观的寺院有41座，其中佛光寺东大殿是现存最高的唐代木结构建筑，殿内有真人大小的泥塑。此外，还有明代的殊像寺，寺中有一个包含500尊佛像的庞大雕像群，将佛教故事与山水立体画融为一体。总体而言，遗址上的建筑记录了佛教建筑的发展，并影响了中国超过千年的宫殿建筑风格。五台山，字面意思为“五座平坦如台的山”，是中国华北地区最高的山峰，因其陡峭的山坡和五座顶部开阔无树的山峰而闻名。从1世纪至20世纪初，这里一直在建造寺院。

五台山塔院寺舍利塔——大白塔

遗产概况

五台山脉位于山西省东北部，属太行山系北段，呈东北—西南走向。众人所熟知的五台山坐落于五台山脉东北部，因五座峰顶平坦如台的山峰而得名，海拔最高处在北台，达3 061.1米。

五台山是著名的佛道圣地。佛家称之为清凉山，道家则称之为紫府山。汉传佛教通常认为五台山是文殊菩萨的道场，故其有“金五台”之称，被誉为中国四大佛教名山之首。五台山也是中华十大名山之一，是国务院首批公布的国家级重点风景名胜区、国家森林公园、国家首批4A级旅游景区，现为5A级旅游景区。

五台山世界遗产分布在台怀及南台两个核心区域。台怀区域涵盖了显通寺、塔院寺、菩萨顶、碧山寺、殊像寺、南山寺、龙泉寺及金阁寺八座寺庙，南台区域则主要是佛光寺和普济寺，合计十座庙宇被列入《世界遗产名录》。

“清凉山”

五台山的形成可追溯到26亿年前，在漫长的地质演进过程中，经过“铁堡运动”“台怀运动”“五台运动”“燕山运动”终于形成了“五台隆起”状。五台山的五个台顶海拔基本都在2 500米以上（海拔最低的南台顶也接近2 500米），山体高大，地势险峻，为“晋北要冲之地”。北台叶斗峰、东台望海峰、南台锦绣峰、中台翠岩峰、西台挂月峰，共五座山峰环抱整片地区，山顶无林木覆盖，平坦而宽阔，形状宛如叠土成台，因此得名“五台”。五峰之外称台外，五峰之内称台内，台内中心是台怀镇。五台山的五座山峰如手掌向上，五指并立，手心之处便是台怀镇所在地，意为五台怀抱之所。五台之中，北台海拔最高，被誉为“华北屋脊”。

五台山上气候偏冷，虽然纬度与北京相近，但气候特征却与中国东北部的大兴安岭相似，山顶冬季常为冰雪覆盖，即使在盛夏，也仍然凉爽宜人，不见酷暑，因此也被称为清凉山，成为一处适宜避暑的胜地。五台山的自然植被以草地为主，包括草甸、草原、灌丛，是优良的夏季牧场。五台山是滹沱河与清水河的发源地，山山有泉水。被佛教徒称为“神泉佛水”的般若泉水是极好的矿泉水。

“中国地质博物馆”

五台山拥有独特而完整的地球早期地质构造、地层剖面、古生物化石遗迹、新生代夷平面及冰缘地貌，完整记录了地球新太古代晚期—古元古代地质演化历史。其中冰缘地貌是一种比较罕见的自然景观，属于第四纪冰川遗迹。我国现代冰缘地貌主要分布于青藏高原、西北高山地区和大兴安岭一带，华北地区只有五台山存有这种地貌。五台山的多种地质地貌遗存具有世界性地质构造和年代地层划界意义与对比价值，为研究地球早期演化以及早期板块碰撞造山过程提供了绝佳记录，被誉为“中国地质博物馆”，为开展全球性地壳演化、古环境和生物演化对比研究提供了典型例证。

中国四大佛教名山之首

五台山是大智文殊师利菩萨的道场，也是中国唯一一个汉传佛教和藏传佛教共存的佛教道场，汉、藏、蒙古等多民族文化在此和谐共生。作为中国驰名中外的佛教圣地，五台山拥有悠久的历史和丰富的文化遗产。自东汉永平年间（58—75年）开始，这里便成为历代修建寺庙的圣地。五台山不仅是佛教寺庙建筑的重要所在地，也是中国佛教文化的重要代表。雕塑、石刻、壁画、书法等艺术形式在各寺庙中遍布，艺术价值高超。在唐代全盛时期，五台山寺庙数量达360余座。

作为中国四大佛教名山之首，五台山以其建寺历史的悠久和规模的宏大，成为佛教信仰和文化的重要象征。每一寺庙、每一佛塔、每一壁画都是历史的见证，都是中华文明的珍贵遗产。五台山是与寺院一起发展起来的宗教山脉文化传统的杰出见证，完美地展现了自然景观与佛教文化的融合，彰显了“人与自然和谐相处”的哲学思想。

五大禅处

显通寺、塔院寺、菩萨顶、殊像寺、罗睺寺被列为“五台山五大禅处”，均位于五台山世界遗产台怀区域内。

显通寺位于五台山台怀镇北，始建于汉代，是五台山上规模最大、历史最悠久的寺庙，被称为“祖寺”，是继洛阳白马寺之后的“中国第二古寺”。全木殿大佛殿、全砖殿无量殿、全铜殿铜殿为寺内三绝。大佛殿为寺内主殿，即大雄宝殿，有108根木柱。无量即“无梁”，无量殿没有房梁，形制非常独特，具有很高的艺术价值。铜殿是一座青铜建筑物，殿内有上万尊小佛像，是我国罕见的铜制文物。显通寺前的钟楼里有五台山最大的铜钟——长鸣钟，钟的表面刻有一部万余字的楷书佛经。宏伟的建筑、精湛的铜雕和珍贵的历史遗物使显通寺成为佛教文化的重要象征。

塔院寺位于五台山台怀镇显通寺南侧，原为显通寺的塔院，明代独立为寺，改名为塔院寺。寺内有白色藏式舍利塔大白塔，是五台山的标志性建筑物。塔顶悬有两百余个铜铃，微风吹过，清脆悦耳的铃声不绝于耳。大白塔的东边还有一座小白塔，传说其中藏有文殊菩萨显圣时遗留的头发，故又被称为文殊发塔。大白塔北侧还有一座木结构的藏经阁，内部收藏了用汉、蒙、藏等多种文字所写的经书，共计两万多册。

菩萨顶位于五台山台怀镇显通寺北侧灵鹫峰，是五台山上规模最大、最完整的一座藏传佛教寺庙。该寺修建于北魏，后经多次重修，现存建筑全部为清代遗构，采用皇家宫室形制营造。寺居山头，地势较高，门前有108级石阶，是一座气势恢宏的雄伟寺庙。寺内主要建筑包括天王殿、钟鼓楼、菩萨殿、大雄宝殿等，规模宏大，布局严谨。菩萨殿和大雄宝殿都采用了三彩琉璃瓦覆盖，这些琉璃瓦历经几个世纪依旧色泽如新，展现出非凡的工艺和品质。古代不少皇帝都曾登临菩萨顶，寺内御笔亲题的碑和匾众多，其中包括康熙御碑，以及以汉、满、蒙、藏四种文字镌刻的乾隆四棱碑，充分彰显了该寺的历史价值。

殊像寺位于五台山台怀镇杨林街西南里许，始建年代不详，可能建于后赵，重建于唐代，后经多次重建。寺内的文殊阁塑像完成于明弘治九年（1496年），并在明万历年间进行了局部修补。阁内主供像为文殊菩萨。所有塑像皆为明代作品，形象秀美，工艺精巧，呈现出一幅幅立体的佛教故事图。特别值得一提的是，观音菩萨像安置于龛背面，面北而坐，因此被称为"倒坐观音"，显得独具特色。

罗睺寺位于五台山台怀镇显通寺东隅，唐时初创，明时数次重建。清康熙、雍正、乾隆三帝崇尚佛法，尤其崇尚藏传佛教，多次来此朝拜，又命人进行修葺。现存建筑主要包括天王殿、文殊殿、大雄宝殿、藏经阁等，保存完好。每年农历六月十四，寺庙庆祝文殊菩萨诞辰，举行"罗睺罗舞"，吸引众多游客观赏。寺内有木制圆形佛坛，以及可开合的木制莲花，名为"开花现佛"，独特奇妙之处令人赞叹。

佛像特色

五台山是一个佛像艺术宝库，拥有3万余尊佛像，包括佛、菩萨、罗汉、胁侍、供养人、护法神等形象。这些佛像根据材料和制作方式可以分为八种类型，分别是泥塑、金属铸造（包括铁、铜、金等材料）、石刻（全雕、浮雕、摩崖石刻）、木雕、烧瓷、夹纻、刺绣和画像（包括壁画、轴画、经卷插图和树叶画）。

这些佛像有着悠久的历史，体现出独特的艺术风格。最早的佛像可追溯至南北朝时期，展现出独特的犍陀罗艺术风格。其中，泥塑佛像最为丰富，从唐代至今一脉相承，形成了独特、完整的沿革体系。而最为罕见的是明代著名画家丁云鹏所绘的彩绘十八罗汉图，共 12 幅，采用工笔重彩，绘制在菩提树叶上，成为罕见的艺术珍品。

这些佛像以其多样的原料、独特的工艺和各具特色的时代手法，构成了一个珍贵的佛像艺术宝库，不仅体现了佛教的精髓和智慧，也见证了中国古代艺术的辉煌与传承。

佛塔宝刹

五台山的塔是中国境内同类地区所罕见的珍贵宝藏，其数量之多令人瞩目。它们遍布山头，构成了壮丽的佛塔群。

五台山的塔不仅数量众多，而且用材广泛。从砖塔、石塔到琉璃塔、木塔，再到铁塔、铜塔、银塔、玉塔和水晶塔等，涵盖了丰富多样的材料。不同的材料赋予了塔独特的质感和气质，展现了中国古代建筑工艺的卓越智慧。

五台山的塔形制丰富多样。有窣堵波式塔、密檐式塔、楼阁式塔、亭阁式塔、金刚宝座式塔和组合式塔等，每座塔都彰显着其建筑风格和历史文化背景。

另外，五台山的塔按性质可分为佛塔和墓塔，前者包括舍利塔、灵迹塔和一般的供奉塔，后者则分为高僧墓塔和一般性纪念塔。这些佛塔历史悠久，从北魏时期开始出现，至今仍有新塔建造，主要为五台山圆寂高僧所用。这些佛塔中既有 56.4 米高的巍峨高塔，也有仅 0.05 米高的精致小塔。规模各异的宝塔让五台山成为宝塔文化的瑰宝，凸显了五台山作为佛教圣地和历史文化名山的独特价值。

总的来说，与全国同类地区相比，五台山的塔实属罕见。它们承载着丰富的历史和文化内涵，是五台山独特的文化瑰宝，更是中国古代建筑和佛教文化的珍贵遗产。

五台山作为世界文化景观，以其丰富的历史和文化内涵而闻名遐迩。其保存下来的古建筑群、佛教造像群和佛教音乐，分别被誉为“中国古代建筑艺术宝库”“中国佛教造像艺术展览馆”“中国佛教音乐奇葩”，具有重要的历史文化遗产价值。

知识拓展

五台山：文学名著中的神奇圣地

自古以来，五台山便以其丰富的历史和文化内涵而名扬天下。在文学作品中总能找到五台山的身影，其中最著名的当数四大名著之一的《水浒传》。在这部作品中，有一个性格鲜明的人物——拳打镇关西的鲁智深，他在五台山上留下了著名的传奇故事。

鲁智深原名鲁达，原为渭州经略府提辖，其性格豪爽，不受拘束。他因为见到卖艺女金翠莲受到卖猪肉的郑屠（绰号“镇关西”）欺负，义愤填膺，三拳打死了郑屠后逃亡到山西，最终到五台山出家，法名智深。然而鲁智深是个“酒肉和尚”，醉酒后大闹五台山，将寺庙搅得鸡犬不宁。众人容他不下，将他赶出五台山，他便去了东京汴梁的大相国寺。

在《水浒传》中，鲁智深大闹五台山是经典情节之一，其名气不亚于林冲风雪山神庙、武松打虎、武松怒杀西门庆等著名场景。

另一部与五台山紧密相连的名著是《杨家将演义》（又名《北宋志传》）。北宋初年，杨令公杨继业有七个儿子，其中最著名的当数杨六郎杨延昭。然而，杨五郎杨延德的武艺也绝不逊色。杨五郎跟随父亲杨令公出征，兵败后，杨令公撞碑殉国，万念俱灰的杨五郎遂来到五台山出家。在此之前，他曾随宋太宗赵光义驾临五台山，认识了方丈睿见和尚。睿见和尚与他相谈甚欢，临别时还送给他一个小包裹。杨五郎兵败后，打开那个小包裹，里面是一套僧衣，他明白了睿见和尚的用意，决定落发五台山，成为一位和尚。

五台山与文学名著交相呼应，成为文学与历史交汇的奇妙之地。

红河哈尼梯田文化景观

入选时间： 2013 年 6 月，在柬埔寨金边召开的第 37 届世界遗产大会上，世界遗产委员会根据世界遗产遴选标准Ⅲ、Ⅴ，批准红河哈尼梯田文化景观成为世界文化遗产，列入《世界遗产名录》。

世界遗产委员会评语：红河哈尼梯田文化景观位于中国云南南部，占地 16 603 公顷。这里以壮观的梯田为特色，梯田从高耸的哀牢山山坡蜿蜒而下，一直延伸到红河岸边。在过去的 1 300 多年里，哈尼族人开发了复杂的渠道系统，将水从森林覆盖的山顶引入梯田。他们还创造了一个综合农业系统，其中包括牛、鸭、鱼类和鳝类，并支持该地区主要作物红米的生产。当地居民崇拜太阳、月亮、山川、河流、森林等自然事物。他们居住在山顶森林与梯田之间的 82 个村庄里。这些村庄以传统的茅草“蘑菇房”为特色。梯田的弹性管理系统建立在特殊且古老的社会和宗教结构基础上，在视觉和生态上体现出人与环境的高度和谐。

红河哈尼梯田

遗产概况

红河哈尼梯田是指云南省红河哈尼族彝族自治州的梯田，主要分布在红河南岸哀牢山南段。以哈尼族为主的各族人民在一千多年的生产生活中，利用当地独特的地理和气候条件，秉承着敬畏自然的智慧，融入对山水的崇敬与敬畏，形成了独具特色的农耕文化。在这片土地上，人们将梯田和水利系统与自然环境相融合，精心构筑起巧妙的农、林、水体系，将红河哈尼梯田打造成为人类梯田文化的杰作，成就了世界农耕史上的奇迹。

民族特色

红河哈尼族彝族自治州地处云南省南部，是云南少数民族最多的自治州，有哈尼族、彝族、苗族、瑶族、傣族、回族、拉祜族、布依族、布朗族、壮族、汉族等 11 个世居民族。

哈尼族作为该区域的主要居民，与其他民族友好相处，共同守护着这片美好家园。他们在农耕生产和生活中建立了深厚的情谊，相互扶持，将梯田打造成了一道亮丽的风景线。红河哈尼梯田以其独特的地理环境和多元的民族文化，成为一张绚丽多彩的名片。这里是天然的民族博物馆，是令人陶醉的文化大观园，是世界上最具代表性、最有魅力的民族文化景观之一。

梯田特色

红河哈尼梯田以其层层叠叠的梯田景观而著称，它们横贯于山坡之上，一直延伸到高山之巅，最高可达 3 700 多级，壮观非凡，被誉为“中国最美的山岭雕刻”。梯田面积广阔，据《中国国家地理》报道，仅申报地核心区元阳县境内就有约 19 万亩，其中集中连片最大的达 1 万多亩，如同波光粼粼的海洋，令人叹为观止。俯瞰梯田，犹如一幅神奇的山水画卷展现在眼前，让人心生敬畏之情。

红河哈尼梯田地理条件复杂，其灌溉系统也别具特色，有“空中水库”之称。这里的先民创造了“木刻分水法”和“水力冲肥法”，这些方法通过巧妙的渠道和水利设施，对水资源及肥料进行有效调控和利用，确保每块梯田都能得到充分的肥料和水资源供给。即使在旱季，梯田也犹如翡翠一般耀眼夺目。这个古老而巧妙的灌溉系统，是哈尼族智慧的结晶。

人与自然和谐相处

红河哈尼梯田所展现出的森林、水系、梯田和村寨“四素同构”的循环农业生态系统是人类聚居与土地使用的杰出范例，其精密复杂的农业、林业和水肥管理系统，以及独特的社会经济和宗教体系，展示了一种人与环境互动的重要方式。

这里的农业实践自古就考虑到了山区土地的可持续利用，通过精心设计和维护，最大限度地利用了陡峭山坡的土地，将其变为梯田，确保了农业生产不会对环境造成破坏。“木刻分水法”这种公平、合理又科学的水资源管理方式有助于有效、合理地利用水资源，避免村寨和村民之间的用水纠纷，也体现出哈尼族人对大自然的敬畏。红河哈尼梯田还是一个生物多样性宝库。梯田的修建既有效避免了哀牢山区常见的水土流失，还为珍稀动植物提供了良好的栖息地。这里分布着蜂猴、穿山甲、桫椤、藤竹、番龙眼等众多重点保护、珍稀野生动植物。这里还培育出了 100 余种水稻品种，堪称水稻的基因库。此外，在跨境江河水系源头的水土保持、局部气候调节、生态系统保护等方面，红河哈尼梯田也彰显出了区域性的生态担当。红河哈尼梯田的产生与发展，是各民族团结协作、同垦共创、智慧与力量交融的结晶。通过古老而又可持续的农业实践、公平而又科学的水资源管理、生物多样性保护及文化传承和多民族协作，红河哈尼梯田体现了人类与自然资源的可持续共生，堪称人与自然和谐相处的典范。

作为世界农耕文明史上的奇迹，红河哈尼梯田拥有无可替代的保护和研究价值。它所蕴含的人与自然高度和谐发展、人与人和睦相亲的古老文化特征，正是21世纪人类所追求的。

走向世界

哈尼族是最早驯化野生稻的民族之一，水稻种植是他们自古以来一直从事的生产活动。千百年来，哈尼族在哀牢山区三江流域将野生稻驯化为陆稻，再将陆稻改良为水稻，在得天独厚的生态环境中，使得三江流域成为早期人类驯化、栽培稻谷的地区之一。一片片梯田如同一部巨型史书，直观地展示了哈尼族先民利用自然、改造自然和繁衍生息的漫长历史。

自20世纪80年代以来，红河哈尼族梯田的知名度逐渐提高，吸引了国内外众多专家学者和游客前来研究和参观。在1993年举行的第一次国际哈尼族文化研讨会上，来自中国、荷兰、日本、美国、英国、泰国等10多个国家的100多名代表参观了全福庄哈尼梯田，他们深为其壮丽景观和丰富文化所折服。1995年，法国人类学家欧也纳博士观赏了元阳县老虎嘴梯田，面对脚下的万亩梯田，他激动地表示：“哈尼族的梯田是真正的大地艺术，是真正的大地雕塑，而哈尼族则是真正的大地艺术家！”只要登上元阳的任何山顶，都能看到壮丽的梯田，宛如山海一般连绵不绝。

红河哈尼梯田的景观和历史价值，吸引了众多研究者和游客的目光。这片土地既是人类与自然和谐相处的典范，也是一幅令人赞叹的大地艺术之作。红河哈尼梯田期待着更多人的关注和热爱，也需要得到世界级的保护，以确保其文化和生态的可持续发展。

杭州西湖文化景观

入选时间：2011年6月，在法国巴黎召开的第35届世界遗产大会上，世界遗产委员会根据世界遗产遴选标准Ⅱ、Ⅲ、Ⅵ，批准杭州西湖文化景观成为世界文化遗产，列入《世界遗产名录》。

世界遗产委员会评语：杭州西湖文化景观由西湖及三面环绕西湖的山丘组成，自9世纪以来，西湖的湖光山色引得无数文人骚客、艺术大师吟咏兴叹、泼墨挥毫。景区内遍布庙宇、亭台、宝塔、园林，其间点缀着奇花异木、岸堤岛屿，为江南的杭州城增添了无限美景。数百年来，西湖景观对中国其他地区乃至日本和韩国的园林设计都产生了影响，是改善景观以创造一系列景色的文化传统的特殊见证，反映了人与自然融合的理想状态。

杭州西湖

西湖，又名钱塘湖，其周边及湖面上散落着众多寺庙、佛塔、亭阁、花园、人工岛。作为杭州亚运会三大吉祥物之一的“莲莲”，其名字就来源于西湖中的莲花。“莲莲”的莲叶头饰以“西湖第一胜境”三潭印月为顶，以互联网路径为图案，表达了人们对于共建人类命运共同体的期许。

莲莲：西湖生态的数字信使

遗产概况

杭州西湖文化景观位于浙江省杭州市，融汇了自然风光与人文历史，被誉为“人间天堂”和“世界美景”。它由西湖自然山水、“三面云山一面城”的城湖空间布局、“两堤三岛”景观格局、“西湖十景”题名景观、西湖文化史迹和西湖特色植物 6 大要素构成。杭州西湖风景名胜区同时也是国家 5A 级旅游景区，并被列为首批国家重点风景名胜区，作为中国十大名胜古迹之一，西湖在中国的历史文化和风景名胜中占有重要地位。

杭州西湖文化景观起源于 9 世纪，成形于 13 世纪，兴盛于 18 世纪，并传承发展至今，在上千年的持续演变中日臻完善。西湖旧称武林水、钱塘湖、西子湖，宋代始称西湖。西湖有三岛，即三潭印月、湖心亭、阮公墩，绕湖一周约 15 千米。山水与人文交融是杭州西湖文化景观的一大特色。

杭州西湖文化景观兴起后，文人墨客纷至沓来，留下了许多著名诗篇。宋代大文豪苏轼的“欲把西湖比西子，淡妆浓抹总相宜”成为赞美西湖的名句；在中国四大民间传说中，《白蛇传》《梁山伯与祝英台》的传奇故事更为西湖增添了神秘与浪漫色彩。西湖风景名胜区包括 9 个景区，拥有 100 多个景点，其中包括 60 多处国家及省、市级重点文物保护单位，还有 20 多座博物馆（纪念馆）。

“三面云山一面城”

“三面云山一面城”是杭州西湖文化景观的地理特征。

所谓“三面云山”，是指西湖南、西、北三面环绕着低缓而绵延的群山，形成了马蹄形的环布景观。群山层叠而舒展，天际线柔和委婉，与湖水紧密相依，构成了西湖秀美的自然山水。湖光山色的美景是无数文人雅士的灵感之源，也是中国古代山水画和诗词文学的重要题材，西湖的自然山水承载了丰富的历史文化内涵。

所谓“一面城”，是指西湖依傍于城市，与城市形成了唇齿相依的紧密关系。湖光山色与城市整体的景观空间特征，展现出人与自然的独特融合。城市发展与自然环境相结合，使得西湖成为中国古代文人士大夫理想山水模式的典范。西湖的山水空间体现了人与自然的和谐，高度契合了中国山水美学思想，成为中国文化的重要象征之一。

西湖的地理特征“三面云山一面城”不仅是其独特魅力的来源，也具有重要的科学价值。西湖在城市水源补给、生态调节以及供人观赏休闲方面发挥着巨大作用，体现了人类聚居地选址、开发与自然生态环境相结合的科学性。西湖水域原为与钱塘江相通的浅海湾，后逐渐变为潟湖，这样的地理特征发挥了重要的生态作用。

杭州西湖文化景观以其独特的地理特征“三面云山一面城”，成为中国最著名的文化圣地之一。秀美的自然山水与城市和谐融合，为西湖赋予了丰富的历史文化内涵。西湖的地理特征不仅是吸引游客和文化爱好者的重要因素，也为西湖科学价值和生态作用的发挥奠定了基础。作为中国传统文化的重要象征，杭州西湖文化景观在中国历史文化和风景名胜中占有重要地位，值得我们倍加珍视和传承。

西湖十景

西湖十景主要形成于南宋时期，包括：苏堤春晓、曲苑风荷、平湖秋月、断桥残雪、柳浪闻莺、花港观鱼、雷峰夕照、双峰插云、南屏晚钟、三潭印月。这些景点基本围绕着美丽的西湖分布，其中一些景点位于湖上，构成了杭州西湖文化景观的核心魅力。

西湖十景

西湖十景各具特色，通过自然山水和人文景观的完美融合，成为中国古代文人雅士向往的理想山水模式。这些景点的审美和历史价值不仅影响了中国的景观设计，也极大地影响了东亚地区其他国家的景观设计。其堤、岛、桥、寺、塔和风格鲜明的景色在中国各地和日本、韩国被广为效仿，尤其是北京的皇家园林颐和园。

1985 年，经过杭州市民及各地群众积极参与评选，并由专家评选委员会认真斟酌后，“新西湖十景”正式确定：云栖竹径、满陇桂雨、虎跑梦泉、龙井问茶、九溪烟树、吴山天风、阮墩环碧、黄龙吐翠、玉皇飞云、宝石流霞。2007 年，杭州市政府再次进行了“西湖十景”评选及名称征集，最终评选结果为：灵隐禅宗、六和听涛、岳墓栖霞、湖滨晴雨、钱祠表忠、万松书缘、杨堤景行、三台云水、梅坞春早、北街梦寻。

杭州西湖文化景观其他景点还有长桥旧月、古塔多情、花圃烂漫、金沙风情、九里云松、西山荟萃、太子野趣、植物王国、中山遗址等。

"天人合一"

杭州西湖文化景观以其秀美的山水风光和独特的美学理念，被誉为中国园林的典范，体现了"天人合一"的哲学思想。

"天人合一"是中国古代哲学中的重要思想之一，强调人与自然之间的和谐共生关系。杭州西湖文化景观正是在这一哲学理念的指导下形成和发展的。自古以来，西湖一直是文人墨客、名人雅士的避暑胜地和灵感之源。春天，湖光山色映着柳枝新绿；夏日，荷花盛开如锦绣；秋季，月光洒在三潭印月之上；冬天，梅花迎风怒放。西湖的风光时时变换，美景难以描摹，自古至今，世人常寄情于此地，使心灵获得安养。

杭州西湖文化景观是中国文化的杰出代表，其"天人合一"的哲学理念与丰富的历史文化内涵相得益彰。杭州西湖文化景观展现了中国人对自然的敬畏和热爱，以及与自然和谐相处的智慧。这种景观设计理念，不仅在中国的园林设计中得到延续，也为世界园林设计提供了启示和借鉴。

知识拓展

西湖的"两堤三岛"

西湖"两堤三岛"的景观格局由苏堤、白堤和小瀛洲（三潭印月）、湖心亭、阮公墩组成，它们共同构成了西湖水域的特色景观。这种以堤、岛分割和组织空间的方式，是中国园林设计中营造适度景观空间尺度的重要手法，兼具美学价值与功能性。同时，它融合了中国江南特有的湖堤景观风貌，形成了西湖独特的景观格局特征。

苏堤由北宋政治家、文学家苏轼所建，从南屏山北麓延伸至栖霞岭下，纵贯整个西湖，全长近 3 千米，沿途设有六座始建于北宋的单孔半圆拱石桥。白堤全长近千米，白堤上的断桥是西湖的著名景观。两堤一南一北，犹如西湖的两道天然屏障，将湖水分隔开。小瀛洲位于湖中部偏南，全岛呈"田"字形，岛上亭阁掩映，花木葱茏。岛上的"三潭印月"是西湖的标志性景观，湖光山色与亭阁交相辉映，美不胜收。湖心亭位于湖中部偏北，为圆形小岛，岛上有清代风格的亭阁建筑，水中亭岛给人一种如临仙境般的审美感受，也是游客喜爱的拍照胜地。阮公墩位于西湖外湖中，植被繁茂，是野生鸟禽的栖息地，也是自然生态与人文景观和谐共生的典范。

左江花山岩画文化景观

入选时间：2016 年 7 月，在土耳其伊斯坦布尔召开的第 40 届世界遗产大会上，世界遗产委员会根据世界遗产遴选标准Ⅲ、Ⅵ，批准左江花山岩画文化景观成为世界文化遗产，列入《世界遗产名录》。

世界遗产委员会评语：左江花山岩画位于中国西南边陲地区的陡峭岩壁上。这 38 处岩画展现的是骆越人生活和举行宗教仪式的场景，这些绘制年代可追溯至公元前 5 世纪至 2 世纪的岩画与其所依存的喀斯特地貌、河流和台地一起，使人得以一窥过去在中国南方盛行一时的铜鼓文化仪式的原貌。这一文化景观如今是这种文化仪式曾经存在的唯一见证。

遗产概况

左江花山岩画位于广西壮族自治区崇左市宁明县城中镇耀达村明江西岸，是左江流域壮族先民骆越人在战国至东汉时期留下的珍贵岩画遗迹。这片岩画群是左江流域岩画的代表，也是目前中国发现的单体规模最大、内容最丰富、保存最完好的岩画遗址之一，因其独特的历史价值和艺术价值，于 1988 年被国务院公布为全国重点文物保护单位。

左江花山岩画

左江花山岩画以规模宏大、场面壮观和图像繁多而闻名于世。专家们的考证显示，左江花山岩画的绘制年代可追溯到战国时期，在西汉、东汉等历史时期又不断完善，最终形成了这一震撼人心的文化杰作。

有画的石山

花山，壮语称为 pay laiz（岜莱），汉语直译为“有画的石山”，因其岩壁上画得花花绿绿而得名。花山是一座峰峦起伏的花岗岩断块山，岩壁陡峭，向江边倾斜，这里有壮族先民骆越人举行巫术活动时留下来的遗迹，是广西左江流域岩画群的典型代表。整个岩画面积有 8 000 多平方米，保存有尚可清晰辨认的图像 1 950 余幅，大致可分为 111 组。这些岩画构图以人像为主体，描绘了正面和侧身两种姿势的裸体壮族先民，辅以马、狗、铜鼓、刀、剑、钟、船、太阳等元素，形成了丰富多样、意境深沉的画面。其中有数米高的巨人居高俯视着人群，应为部族首领或活动的指挥者。这些岩画构图与人物造型真实地反映出早已经消逝在历史长河中的骆越社会活动情景。

左江花山岩画整体以其规模宏大、气势雄伟以及个体人物体形硕大三大特征而闻名。这些岩画是用赤铁矿、胶着剂和动物血混合调制的颜料绘制的，呈现出鲜艳的红色。图像大多采用平面塑造，通过特制的软笔在岩壁上涂抹图像轮廓，形成独特的“剪影”艺术效果，从而赋予了左江花山岩画粗犷的外貌和活跃的动感，具有强烈的艺术感染力，是壮族先民绘画艺术的不朽杰作。

未解之谜

左江花山岩画就像是一本还没有被完全解读的天书，至今还有许多无法解开的谜。

未解之谜一：岩画的内容

左江花山岩画距今已有两千多年的历史，然而岩画所传达的内容仍是一个不解之谜。由于历史久远，又缺乏相关文献记载，专家们只能通过对岩画画面和出土文物的分析来进行推测。不同的专家持有不同的观点：有的认为岩画描绘了骆越人抗击外敌入侵战争胜利的庆祝场面；有的认为岩画表达的是骆越人祈求上天保佑其兵强马壮、社会繁荣的愿望；有的则认为岩画是用来镇河妖、祈求风调雨顺的……众说纷纭，尚未得出定论。但无论内容为何，左江花山岩画及其周边的岩画群都具有很高的艺术价值和考古科研价值，让我们感受到了壮族先民社会生活内容的丰富和勤劳、勇敢、奋斗的民族精神。

未解之谜二：岩画的绘制方法

在两千多年前生产力尚不发达的情况下，左江花山岩画究竟是如何绘制的？这也是一个令人困惑的问题。岩画画面宽 220 余米，高近 40 米。如此之宽，如此之高，加之岩壁陡峭高耸，远离地面，画像数量众多，绘制难度可想而知。如何在坚硬、光滑且直立的崖壁上稳定地绘制这些图像，依然是一个谜团。

未解之谜三：岩画的色彩保持

千年的时光，也磨不去左江花山岩画的色彩，这是又一个令人惊叹的奇迹。专家经过科技手段检测发现，岩画颜料的主要成分是天然赤铁矿，但其中的胶着剂成分仍然是个谜团。究竟是使用了植物胶还是动物胶？骆越人又是如何获取这些成分的？胶着剂与赤铁矿又是如何配制的？这些问题让人们感到困惑。岩画线条粗犷，造型古朴，经历了数千年的风雨侵蚀，却依然清晰可见，这样的绘画技艺令人称奇。而当时的原始提炼工艺和材料获取手段又是如何造就这千年不变色的奇迹的？这些谜团至今仍没有得到完全解答。

虽然有很多谜团尚未解开，但正是这些未解之谜，使得左江花山岩画更加神秘并因此而充满吸引力。希望未来能有更多的科技手段帮助专家揭开这古老岩画遗址的神秘面纱，让左江花山岩画为世界所知，让它在世界历史长河中闪耀文明的光芒。

普洱景迈山古茶林文化景观

入选时间：2023 年 9 月，在沙特阿拉伯王国利雅得召开的第 45 届世界遗产大会上，世界遗产委员会根据世界遗产遴选标准Ⅲ、Ⅴ，批准普洱景迈山古茶林文化景观列入《世界遗产名录》，成为全球首个“茶”主题世界文化遗产。

世界遗产委员会评语：该文化景观位于中国云南景迈山，由当地布朗族、傣族民众遵循始于10世纪的实践模式，历经千余年培育而成。这里是茶乡，森林和茶园环绕的多个传统村落掩映在古茶树间。古茶树的传统林下栽培方式，因应山区生态系统和亚热带季风气候的特点，并与当地社区维护的管理体系相结合。人们笃信“茶祖”，相信茶树有灵、自然有灵，这里的传统仪式和节庆活动也与这一信仰密切相关。

遗产概况

普洱景迈山古茶林文化景观位于我国云南省普洱市澜沧拉祜族自治县，是一处汇聚了古茶林、茶园、森林和传统村寨的不断演进的文化景观。遗产区包含5片规模宏大、保存完好的古茶林，其中分布着9个古村寨，古茶林之间还有3片分隔防护林，这里的古茶林是世界上保存最完整、内涵最丰富的人工栽培古茶林。普洱景迈山古茶林文化景观填补了《世界遗产名录》中“茶”主题项目的空白，生动展现了中国茶文化的悠久历史和杰出成就，彰显了中国在世界茶叶起源、种植、贸易和茶文化传播领域的主导地位。

景迈山大平掌古茶林

历史传承

这处古茶林的历史可以追溯到10—14世纪，当时布朗族和傣族的古代先民相继迁徙到云南景迈山区，在森林中发现了具有治疗价值的野生茶树群落，这一发现改变了他们的生活方式，吸引他们在景迈山区茂密的森林中定居下来。通过长期实践，先民们了解了普洱茶树的生产特性，开创了林间开垦、林下种植等茶树种植技术，营造了乔木层－茶树层－草本层的三维立体群落生态体系，为茶树提供了理想的生存环境。这些创新方法不仅有助于防止害虫侵害，还为茶树提供了天然养分，从而生产出高质量的有机茶叶。

文化共生

景迈山地区居住着包括傣族、布朗族、哈尼族、佤族、汉族在内的多个民族，他们和谐相处，以人类与茶树的共生为荣。他们共同塑造了独特的茶祖信仰和以“和”为主的茶文化，形成了林茶共生、人茶共荣的文化景观。

出于对先祖及自然的崇拜，他们有着独特的茶祖信仰，这加深了人们对古茶林保护的行为自觉和集体认同感。无论是在布朗族的山康茶祖节，还是在傣族的泼水节，人们都会感恩茶树，祈求茶祖保佑茶林和村寨。他们尊重自然、保护山林的生态伦理思想，以及对传统农耕知识体系的利用，体现了因地制宜、绿色发展的理念。这种和平友好、开放包容的多民族社会治理理念也为景迈山增色不少。

作为多民族聚居地，景迈山仍保留着不同民族的语言、音乐、风俗、节庆等文化传统，为古茶林增添了独特的魅力。

活态遗产

联合国教科文组织认为，普洱景迈山古茶林文化景观体现了茶祖信仰、政府管理与基层自治相结合的古茶林保护管理体系。这一体系成功实现了文化和生物多样性的保护，以及自然资源的可持续利用。这片千年万亩古茶林既是人类茶种植模式的见证，也是山地森林农业开发的成功范例。景迈山的林下茶种植模式保存完好，体现了人们对自然的敬畏，以及合理利用自然资源的卓越生态智慧。

景迈山古茶林至今仍然保持着蓬勃的生命力，它不仅是中国茶文化的见证者，也是人与自然和谐共处的杰出典范。在这里，古茶林与现代社会和谐共存，茶农们不断探索茶叶的现代产业发展，如茶旅产业，为茶树种植注入了新的生机。森林、茶园和古村相互依存，实现了生态、生产和生活的有机结合。目前，景迈山已创立“一地生四金”的发展模式，打造出集合作社、茶厂、客栈和体验店于一体的“茶旅”生活方式。

全球茶文化使者

普洱景迈山古茶林文化景观的成功申遗是中国茶文化在国际舞台上的巨大突破，也为全球茶文化的传播提供了有力支持。这里不仅有高品质的茶叶，还融合了自然之美、历史传承和文化体验，吸引着无数茶叶爱好者和文化探索者。这个遗产地展示了中国传统茶产业的丰富历史和独特成就，也向全世界传递了中国茶文化的精髓。在这里，人与自然和谐共生，为人类的可持续发展和多元文化共存树立了生动的榜样。

知识拓展

茶叶分类

中国作为茶的故乡，拥有悠久的茶史和灿烂的茶文化。早在5 000多年前，我们的祖先就发现了茶叶的解毒功效，奠定了中国茶文化的根基。唐代陆羽的《茶经》是世界上第一部关于茶的学术专著，内容系统而全面，影响深远。陆羽也因其对茶业发展的卓越贡献而被尊为“茶圣”。

茶叶的分类多种多样，可以根据制作方法、采摘时间、茶叶形态、产地、焙火程度、茶树品种、茶色、发酵程度等多个维度进行划分。陆羽将茶分为粗茶、散茶、末茶、饼茶四大类。如今人们普遍接受的分类方法主要基于制作方法和茶多酚氧化程度，将茶叶分为六大类：绿茶、白茶、黄茶、青茶、红茶、黑茶。

绿茶：是一类未经发酵的茶，其制作工艺包括萎凋、杀青、揉捻、干燥，具有“清汤绿叶”的特点。中国“十大名茶”中绿茶占据六席，代表品种主要有西湖龙井、洞庭碧螺春、黄山毛峰、信阳毛尖、庐山云雾、六安瓜片、太平猴魁等。

白茶：属于微发酵茶，采摘后只需晾晒或经历文火干燥，不经杀青或揉捻，主要产地在福建的福鼎、政和等地。代表品种有白毫银针、白牡丹、贡眉和寿眉。白茶最大限度地保留了茶叶最原始的滋味，被誉为“一年茶、三年药、七年宝”。

黄茶：属于轻发酵茶，经杀青、揉捻、焖黄、干燥等工序制成，受到焖黄工序的影响，黄茶形成了“黄叶黄汤”的特点。代表品种主要有湖南岳阳的君山银针、四川的蒙顶黄芽、浙江的莫干黄芽、安徽的霍山黄芽等。

青茶：又称为乌龙茶，是一种半发酵茶，融合了绿茶的清香和红茶的醇厚。制作工序包括萎凋、摇青、炒青、揉捻和干燥。代表品种有闽北的乌龙茶、闽南的铁观音、广东的凤凰单丛、台湾的冻顶乌龙等。

红茶：属于全发酵茶，其制作工序包括萎凋、揉捻、发酵和干燥，具有红汤、红叶、香甜味醇的特征。代表品种主要有正山小种、祁门工夫、滇红工夫、河南信阳红等。

黑茶：属于后发酵茶，经杀青、初揉、渥堆、复揉、烘焙等工序制成，因为芽叶色泽黑褐或油黑而得名。代表品种主要有普洱茶、湖南安化黑茶等。黑茶主要销往西藏、新疆、内蒙古等地，常以紧压茶形式出售，如砖茶、沱茶、饼茶等，被称为“生命之茶”。

四、中国的世界文化与自然遗产

中国地处欧亚大陆东部地区，海岸线漫长，东西横跨约 5 200 千米，南北纵横约 5 500 千米，幅员辽阔，地形复杂多样，“世界屋脊”耸立于我国西南地区。广袤的国土、辽阔的海域、多样的气候、复杂的地形为人类生活、生产提供了丰富而多样的资源。千百年来，生活在这片土地上的人们为了满足生产、生活需要，在自然环境的基础上，利用自然物质创造出了众多的文化景观，给自然打上了深深的地域文化的印记。

截至 2024 年底世界上共有 40 项世界文化与自然遗产，中国拥有 4 项，与澳大利亚同为世界上拥有世界文化与自然遗产最多的国家。

泰山

入选时间：1987 年 12 月，在法国巴黎召开的第 11 届世界遗产大会上，世界遗产委员会根据世界遗产遴选标准Ⅰ、Ⅱ、Ⅲ、Ⅳ、Ⅴ、Ⅵ、Ⅶ，批准泰山作为世界文化与自然遗产列入《世界遗产名录》，成为世界首批双重遗产项目之一。

世界遗产委员会评语：庄严神圣的泰山，近两千年间一直是帝王的朝拜地，山中的人文杰作与自然景观完美和谐地融合在一起。泰山一直是中国艺术家和学者的精神源泉，是古代中国文明和信仰的象征。

唐代诗人杜甫的《望岳》，表现出了五岳之首——泰山的雄伟，唤起了无数人对它的向往。人们登临泰山，便可感受李白“天门一长啸，万里清风来”的豪迈，领略孔子“登泰山而小天下”的赞叹。再纵观数千年来帝王的泰山封禅，泰山在中国古今的地位以及对我国文化的影响可见一斑。

五岳独尊石刻

泰山风景名胜区 1982 年被国务院列为国家重点风景名胜区；1987 年成为世界上首个被联合国教科文组织列为世界文化与自然双重遗产的项目；2002 年入选“中华十大文化名山”，居榜首。

遗产概况

泰山，古称岱宗、岱山、岱岳、东岳、泰岳，素有“五岳之首”“五岳之长”“天下第一山”之美誉。泰山隶属于山东省泰安市，紧邻华北平原的南北通道与黄河中下游的东西通道交叉枢纽，贯穿山东省中部。

泰山气势雄伟磅礴。自古以来，泰山就是中国人崇拜的对象。自秦始皇开始，古代君王常在此封禅、祭祀。众多文人墨客在此挥毫泼墨、吟诗作赋，留下了许多诗词画作、碑文石刻。目前泰山留存下来的古建筑群达 20 余处，碑碣石刻 2 200 余处。

历经数千年精神文化的滋养，泰山形成了特有的自然景观与文化氛围：壮丽的山川景色、特有的封禅文化、悠久的儒释道三教并存历史……

泰山自然特色

泰山位于山东省中部，总面积 2.42 万公顷。泰山山麓的泰安市就因泰山而得名，“泰山安则四海皆安”，取国泰民安之意。主峰玉皇顶海拔 1 532.7 米。著名风景名胜有天烛峰、日观峰、百丈崖、仙人桥、五大夫松、望人松、龙潭飞瀑、云桥飞瀑、三潭叠瀑等。

泰山日出、云海玉盘、晚霞夕照和黄河金带是泰山四大自然奇观。其中泰山日出既是岱顶奇观之一，也是泰山的重要标志。位于玉皇顶东南的日观峰是公认的观看日出的最佳位置。

泰山佛光当属泰山的另一大自然奇观，站在山中较高位置顺光望去，可能有机会看到对面出现一个带有彩色光环的佛影，故被称为“佛光”或“宝光”。其实这是一种光的衍射现象，大多出现在夏季半晴半雾的清晨或傍晚。

泰山的形成历经数十亿年的地质演变，地壳运动塑造了泰山如今独一无二的雄伟轮廓。泰山上遗留下来的丰富的地壳运动遗迹具有重要的地质科学研究价值。

泰山南部从山顶至山麓，山高水长，泉水甘冽，因具有“清心明目，止烦润肠及利二便和轻身延年之功效”，被古人称为“泰山神水”。泰山北部由于地形及岩层影响，地下水涌露，使古城济南成为“家家泉水，户户垂杨”的泉城。

泰山森林覆盖率达95.8%，拥有丰富的生物资源，植被的垂直地带性较为明显。据史料记载，泰山“茂林满山，合围高木不知有几”。目前泰山的上万株古树名木中已经命名的古树（或古树群）有60余处，被列入《世界遗产名录》的有23株。据文字考证，岱庙的汉柏是汉武帝刘彻所植，距今已2 100余年……这万余株在泰山上屹立了几百年乃至上千年的古树名木历经风霜，成为历史的见证者、文化的传承者。

泰山人文特色

泰山现存古遗址97处，古建筑群22处，文化遗产极为丰富，究其原因，与其地理位置密切相关。泰山是黄河流域古代文化的发祥地之一，六七十万年前的沂源猿人化石遗存、5万年前的新泰智人化石遗存、泰山南麓的大汶口文化遗存、泰山北麓的龙山文化遗存，这些足以说明泰山历史之悠久。

自古以来，无论是自命真龙天子的帝王，还是浪漫或者现实主义的文人，都对泰山具有特殊的情感。古代一些帝王登基之初，会来泰山举行封禅大典，祭告天地。孔子的《丘陵之歌》、司马迁的《封禅书》、曹植的

《飞龙篇》、李白的《游泰山六首》、杜甫的《望岳》等诗文是历史名人与泰山一起给我们留下的文化瑰宝。帝王将相、文人墨客留下来的摩崖石刻和碑刻，各体各派齐全，集中国书法艺术之大成，实为中国历代书法及石刻艺术的博览馆，在为泰山的文化氛围增添了浓重的一笔的同时，也为留存记载泰山历史的重要资料做出了重大贡献。

泰山自古就是一座儒、释、道三教共存的文化名山。早在战国时就有道教方士隐居岱阴岩洞的记载。始建于汉代的岱庙是帝王举行封禅大典和祭拜泰山神的地方，它位于泰山南麓，俗称“东岳庙”，是道教圣地。孔子庙是全国名山中唯一一座儒家庙宇，也是皇帝来泰山的第一朝拜处。351 年，高僧朗公创建了朗公寺（现神通寺），后又创建了灵岩寺，使佛教传入泰山。魏晋南北朝时期，佛教传播迅速，除修建了谷山玉泉寺、神宝寺、普照寺等较大寺庙外，还修建了佛窟，雕塑了佛像，绘制了壁画。泰山经石峪的《金刚经》这一令人震撼的壮观石壁瑰宝就是北齐时期的佛教艺术经典。据传刘墉、康有为等人的书法受泰山经石峪《金刚经》影响甚大。儒、释、道三教在泰山留下了建筑、雕像、壁画、石刻等众多文化遗产，天贶殿的宋代壁画、灵岩寺的宋代彩塑罗汉像都是稀世珍品。

泰山人杰地灵，其自然景观与人文杰作完美和谐地融合在一起，改写了世界遗产的分类，成为中国也是世界上第一项世界文化与自然遗产。泰山作为中国艺术家和学者的灵感源泉，仍会将中国文明和信仰传承下去。

知识拓展

与泰山有关的成语、掌故

泰山历史悠久，自古以来对国人的生活、文化产生了诸多影响，目前我国仍存在着许多与泰山有关的成语、掌故。如因泰山之中坐落有丈人峰，故中国有称岳父、岳母为泰山、泰水之风俗。

“泰斗”一词是“泰山北斗”的简称，古人认为泰山在五岳中最高，北斗星在众星中最亮。《新唐书 · 刘义传》中称颂韩愈：“自愈没（死后），其言大行，学者仰之如泰山、北斗云。”其意思是说韩愈的言论和学问被学者们视为高峰和明星。因此，古人用“泰山北斗”特指那些德高望重或有卓越成就而受人尊敬崇拜的人，后逐渐简化为“泰斗”一词。

“稳如泰山”“重如泰山”“一叶障目，不见泰山”“有眼不识泰山”……这些与泰山相关的成语目前仍然是我们写作和生活中的高频用词。

黄山

入选时间：1990 年 12 月，在加拿大班夫召开的第 14 届世界遗产大会上，世界遗产委员会根据世界遗产遴选标准Ⅱ、Ⅶ、Ⅹ，批准黄山作为世界文化与自然遗产列入《世界遗产名录》，成为《世界遗产名录》中的第 17 个双重遗产项目。

世界遗产委员会评语：黄山被誉为“中国第一奇山”，在中国历史上相当长的一段时间里，黄山备受文学和艺术创作者的青睐，由此声名远播。如今，黄山以其壮丽的景色——生长在花岗岩石上的奇松和浮现在云海中的怪石而著称，对于从四面八方来到这个风景胜地的游客、诗人、画家和摄影家而言，黄山具有永恒的魅力。

黄山迎客松

“五岳归来不看山，黄山归来不看岳”，这句后人概括自徐霞客游黄山感受的名句充分说明了黄山的美丽与独特。

遗产概况

黄山，古称黟山，中华十大名山之一，被誉为“中国第一奇山”。黄山位于中国安徽省南部黄山市境内，地处黄山市北部。黄山有 72 峰，其中包括 36 大峰、三大主峰。莲花峰、光明顶、天都峰并称黄山主峰，海拔均逾 1 800 米，其中莲花峰海拔 1 864.8 米。黄山现为世界文化与自然遗产、世界地质公园、国家 5A 级旅游景区、国家级风景名胜区，是中国十大风景名胜中唯一的山岳风光。

黄山属亚热带季风气候，山高谷深，水热条件呈垂直变化。黄山地貌类型融峰林地貌、冰川遗迹于一体。黄山生态系统稳定平衡，境内森林覆盖率高达 98.29%，动植物资源丰富。黄山这座美丽的自然之山，还承载着丰富的文化宝藏。境内有古蹬道、古楹联、古桥、古亭、古寺、古塔等大量文化遗存，现存摩崖石刻 300 余处。黄山风景区分为：玉屏景区、白云景区、北海景区、松谷景区、云谷景区、温泉景区、梦幻景区。

中国第一奇山

黄山是中国第一奇山，集中国各大名山的美景于一身，具有绝妙的自然现象和罕见的自然风景，其中奇松、怪石、云海、温泉、冬雪“五绝”更是天下闻名。黄山既是自然界的奇迹，又展现了中国文化的智慧，画派、石刻、古道、诗文、名人“五胜”同样天下闻名。

亿万年地质运动造就了今日的黄山。险峻陡峭、造型奇特的奇峰异石，苍翠挺拔、隽秀飘逸的悬空古松，使黄山成为地质史、自然界的奇迹，显示出黄山的独特风貌。

黄山松

黄山松是松科松属乔木，是在黄山独特的地质和气候条件下形成的中国特有树种，因这一新树种是在黄山被首次发现的，所以用“黄山松”来命名。黄山松根扎岩缝，负石绝出，生于峭壁，披荆斩棘，挺拔向上，坚韧傲然，美丽奇特，成为中华文化和中国精神的象征。

迎客松是黄山的标志性景观。它生长在黄山玉屏楼右侧、文殊洞之上，松高约 10 米，胸围 2 米有余，树龄至少已有千年。迎客松背靠岩石，枝杈优雅地伸展向一侧，似伸出手臂，热情欢迎远道而来的客人，人民大会堂铁画《迎客松》、安徽卫视台标都以它为原型。这里山峰陡峭、土少石多，迎客松的根系深深地扎入岩石缝隙中，苍翠挺拔，傲立于此。

冰川遗迹

1936年，我国著名地质学家李四光教授到黄山进行地质考察，在海拔960米的岩壁上发现了第四纪冰川移动时遗留下的擦痕。黄山有丰富的第四纪冰川遗迹，主要分布在前山的东南部。

第四纪冰期是地球历史上的一次大冰川期，黄山今天的地貌形态，是经历造山运动、地壳抬升以及冰川和自然风化等多种地质作用所形成的。如今黄山典型的冰川地貌有冰川擦痕、天都角峰、鲫鱼背刃脊、黄山巧石、冰臼、冰谷瀑布等，位于苦竹溪、逍遥溪、眉毛峰、天都峰顶、百丈泉、人字瀑，以及逍遥溪到汤口、乌泥关、黄狮垱等的河床阶地中，有较大的观赏和科研、科普价值。

黄山与文化

黄山历史悠久，自古以来激发了无数文人与艺术家的创作灵感，留下了丰厚的文化遗产，蕴含着历史、文化、艺术、哲学等方面的价值。黄山文化是黄山风景区的重要组成部分。

黄山有着大量的人文遗产，如古建筑、古蹬道、古楹联、宗教遗存等。另外，自唐代以来，黄山还留存了众多摩崖石刻作品，现存历代摩崖石刻300余处，书艺精湛，其中年代最久的为唐代诗人李白手迹“鸣弦泉”“洗杯泉”。一代代文人墨客留下了咏赞黄山的诗词歌赋，从盛唐到晚清，仅有文字记载的就有2万多首，包括唐代的李白、李商隐，宋代的范成大、杨万里，元代的张可久、方回，明代的徐霞客、汤显祖，清代的朱彝尊、龚自珍等人的作品。黄山对于中国绘画影响巨大，明代以来，一批具有鲜明个性的绘画大师，以黄山为师，从黄山地貌的自然形态中汲取灵感，甚至孕育了中国山水画的一个重要画派——“黄山画派”，包括“搜尽奇峰打草稿”的石涛、“石涛以后，宾翁一人而已”的黄宾虹等，名家辈出。

知识拓展

由黟山到黄山的命名传说

很少有人知道黄山原本叫黟山。黟山这个名称源于黟县，黟县位于黄山脚下，当地盛产一种黑色的大理石，黑多为黟，黟县由此而命名，此名自秦始皇统一中国一直沿用至今。黄山隶属于黟县，所以历史上也就被叫作黟山。

相传在古代轩辕黄帝时期，黄帝曾经率手下大臣容成子、浮丘公来黟山炼丹，炼成的仙丹据说可以使人成仙。如今黄山上还保留着三座以这三位仙人命名的山峰：轩辕峰、浮丘峰、容成峰。而且白云溪滨还存有据说是当时用来炼丹的丹井和药臼。

唐玄宗李隆基听闻了这个传说，深信黄帝曾在黟山炼丹而得道升天。他认为"黟山"这个名字并不符合这个神话传说的意境，而"黄山"则更为贴切。同时，唐玄宗本人也崇尚道教，希望将道教的信仰传播出去。于是天宝六年（747 年），他颁布了一道圣旨，正式将"黟山"更名为"黄山"。这是"黄山改名"的故事中流传最广、影响最大的版本。

然而有趣的是，改名后唐玄宗却一直没有亲自前往黄山，实现那个传说中的炼丹成仙的愿望。

峨眉山－乐山大佛

入选时间： 1996 年 12 月，在墨西哥梅里达召开的第 20 届世界遗产大会上，世界遗产委员会根据世界遗产遴选标准Ⅳ、Ⅵ、Ⅹ，批准峨眉山－乐山大佛列入《世界遗产名录》，成为世界文化与自然遗产。

世界遗产委员会评语： 1 世纪，在四川省峨眉山景色秀丽的山巅上，落成了中国第一座佛教寺院（此处采信的是汉明帝时于峨眉山金顶建普光殿的"莆公开山"说）。随着四周其他寺庙的修建，该地成为佛教的主要圣地之一。千百以来，这里的文化财富大量积淀。其中最著名的要数乐山大佛，它是 8 世纪时人们在一座山岩上雕凿出来的，仿佛在俯瞰着三江交汇之所。佛像身高 71 米，堪称世界之最。峨眉山还以其物种繁多、种类丰富的植物而闻名天下，从亚热带植物到亚高山针叶林可谓应有尽有，有些树木树龄已逾千年。

峨眉山金顶

唐代大诗人李白的《登峨眉山》一诗，既描绘出峨眉山远绝尘嚣的境界，也表达了诗人对仙界的神往。

峨眉山

峨眉山，古时亦作峨嵋山，位于四川省中南部峨眉山市境内，处于四川盆地向青藏高原过渡地带，是中国四大佛教名山之一。峨眉山风光优美，历史悠久，被誉为“峨眉天下秀”，其最高峰万佛顶海拔 3 099 米。

峨眉山拥有深厚的文化底蕴，长期以来，道教和佛教在这里并存发展，尤以佛教文化为代表。同时，峨眉山生物种类繁多，亚热带植被体系完整，特有物种丰富，为研究世界生物区系提供了珍贵样本。峨眉山的高等植物约占中国植物总数的十分之一，其中有上百种植物仅产于峨眉山或在峨眉山发现，并以峨眉定名。此外，峨眉山还是众多稀有动物的栖息地，已知动物种类超过两千种。

峨眉山景区面积约 154 平方千米，是大峨山、二峨山、三峨山和四峨山的总称，其中大峨山最高，为峨眉山的主峰，通常所说的峨眉山指的就是大峨山。大峨和二峨两山相对，双峰蜿蜒，远望犹如女子蛾眉，唐代诗人李白曾留下“峨眉山月半轮秋，影入平羌江水流”的赞叹。峨眉山云雾变化万千，美不胜收。峨眉山舍身崖是“峨眉宝光”（佛光）的极佳观赏场所。整个景区的气候特征因海拔高度的不同而异，低山区清爽宜人，中山区云雾缭绕，高山区风寒雨骤，被称为“一山有四季，十里不同天”。

峨眉山是中国四大佛教名山之一，其丰富的佛教文化遗产有着近2 000年的历史。1世纪，佛教经丝绸之路由印度传到峨眉山，随着佛教寺庙的修建，佛教文化逐渐成为该地区历史文化的主体。峨眉山上寺庙众多，其中的建筑、造像、法器以及礼仪、音乐、绘画等显示出浓郁的宗教文化气息。峨眉山见证了佛教的传播、寺庙的兴建和繁荣，佛教也为峨眉山增添了许多神秘色彩。

峨眉山有30多座寺庙，其中十座宏大而古老，以包括报国寺、万年寺、华藏寺等在内的八大寺庙最为著名。这些寺庙巧用地势，依山傍景，选址、设计、建设都极具创意和智慧，是中国寺庙建筑的精华，反映出中华文化中优秀的建筑学理念和建造技术。与这些寺庙相关联的雕塑、石刻、书法、绘画、音乐等，也是重要的中国文化珍宝。

乐山大佛

峨眉山附近的乐山大佛是世界上现存最大的一尊摩崖石刻佛坐像，始凿于唐开元初年（713年），历时约90年完成。

乐山大佛

乐山大佛，又名凌云大佛，古称“弥勒大像”“嘉定大佛”，位于大渡河、青衣江和岷江三江汇流处，依山而凿，有“山是一尊佛，佛是一座山”的称誉。佛像庄严肃穆，面向江岸。它通高71米，脚背宽8.5米，脚面可容纳上百人。大佛雕刻细致，线条流畅，身躯比例匀称，是盛唐文化的杰作。

在大佛两侧沿江的崖壁上，还有两尊身高超过16米的护法天王石刻，以及数百龛上千尊石刻造像。整个石雕区气势恢宏，体现了盛唐文化的宏大气派，也体现了中华文化的博大精深。

知识拓展

峨眉起源

峨眉山早在春秋战国时期就已闻名于世，因其秀美的景色而被誉为“峨眉天下秀”。峨眉山名早见于西周，关于其“峨眉”一名的来历，众说纷纭。

一说峨眉山是因“山高水秀”而得名，《峨眉郡志》云：“云鬘凝翠，鬒黛遥妆，真如螓首蛾眉，细而长，美而艳也，故名峨眉山。”

一说峨眉山是因“两山相峙”而得名，清朝顾祖禹的《读史方舆纪要》云：“亦曰蛾眉山，以其两山相对，如蛾眉然。”故峨眉山又称“蛾眉山”。

近代文人赵熙另有一种解读。大渡河古称“涐水”，因山临水，“是山当涐水之眉。眉者，湄也，以水得名”，故称“峨眉山”。因为是山，所以舍弃了“水”字旁，由“涐湄”变成了“峨眉”。

峨眉山别称除“蛾眉山”外，还有“牙门山”，西晋张华的《博物志》写道：“（南安）县（今四川乐山市境内）西百里，有牙门山。”

武夷山

入选时间：1999 年 12 月，在摩洛哥马拉喀什召开的第 23 届世界遗产大会上，世界遗产委员会根据世界遗产遴选标准Ⅲ、Ⅵ、Ⅶ、Ⅹ，批准武夷山列入《世界遗产名录》，成为世界文化与自然遗产。2017 年 7 月，在波兰克拉科夫召开的第 41 届世界遗产大会上，世界遗产委员会审议并通过了武夷山边界调整项目。至此，江西铅山境内的武夷山成功列入世界文化与自然遗产地。

世界遗产委员会评语：武夷山是中国东南部最负盛名的生物多样性保护区，也是大量古代孑遗植物的避难所，其中许多生物是中国特有物种。九曲溪两岸峡谷幽静秀美，寺庙众多，其中许多现已成为废墟。该地区为理学的发展和传播提供了良好的地理环境，自 11 世纪以来，理学对东亚地区的文化影响深远。1 世纪时，汉朝统治者在城村附近建造了一处较大的王城，有厚重坚实的围墙环绕四周，极具考古价值。

乾隆五十一年（1786 年），时年 71 岁的清代著名诗人、散文家袁枚，在游览武夷山后，写下了《游武夷山记》一文，文中写道："以文论山：武夷无直笔，故曲；无平笔，故峭；无复笔，故新；无散笔，故遒紧……"

武夷山九曲溪

遗产概况

武夷山脉呈东北—西南走向，主体绵延 500 余千米，核心遗产地地处福建与江西两省交界处，介于江西上饶市铅山县与福建浦城县、武夷山市（原崇安县）等地之间。其典型的丹霞地貌堪称地质奇观，发育典型的青年期丹霞地貌主要分布于福建一侧，江西侧则保留有更原始的中年期丹霞特征。经过亿万年的流水侵蚀与风化作用，形成了如今三十六峰嶙峋、七十二洞幽邃、九十九岩竞秀的壮丽景观。主峰黄岗山海拔 2 000 余米，保存着完整的植被垂直带谱。

这里不仅是"奇秀甲东南"的风景胜地，更是生物多样性的宝库。作为全球同纬度带最典型、面积最大、保存最完整的中亚热带原生性森林生态系统，武夷山共记录高等植物 2 799 种，野生脊椎动物 558 种。其中，南方红豆杉、伯乐树、黄腹角雉、金斑喙凤蝶等珍稀动植物共同构成了独特的生态链，使其成为联合国教科文组织"人与生物圈"保护网的重要成员。近年来，这里相继发现了雨神角蟾等新物种，印证了这片土地非凡的生物多样性价值。通过建立"天地空"一体化监测体系，这片生态净土得到了科学有效的保护。

朱子理学的摇篮

“东周出孔丘，南宋有朱熹。中国古文化，泰山与武夷。”我国当代著名历史学家蔡尚思的这句评价道出了武夷山在中华文化史上的崇高地位。南宋理学大家朱熹是唯一非孔子亲传弟子而享祀孔庙大成殿的人，他在武夷山著书立说、讲学传道近 50 年，创建武夷精舍，使武夷山成为影响东亚和东南亚文明几个世纪的理学圣地。

漫步山中，处处可见文化印记：距今三千余年的古越族架壑船棺高悬绝壁；汉代闽越王城遗址（即城村汉城遗址）规模宏大；宋代遇林亭窑址见证茶瓷之路辉煌；元代御茶园遗址诉说贡茶历史；摩崖石刻上历代文人题咏如璀璨的宝石为自然山水增辉添彩……这些文化遗存与壮美山水相得益彰，形成了“千载儒释道，万古山水茶”的独特人文景观。

著名景观

武夷山春夏秋冬景色各异，山川变幻莫测，风景瑰丽多姿，不但有五岳、黄山之奇峻，还具备桂林、西湖之秀美。

天游峰：天游峰海拔 408.8 米，素有“武夷第一胜境”之誉。登临观景台，九曲溪全景尽收眼底。隐屏峰下的茶洞，曾是古代贡茶核心产区，岩壁上遍布历代茶事题刻。“岸上九曲”漫游步道提供了平视溪流的独特视角。

九曲溪：九曲溪蜿蜒 9.5 千米，是武夷山景观的精华所在。乘竹筏顺流而下，可尽览“一溪贯群山，两岸列仙岫”的独特景观。古越族祭祀遗址更为其增添了神秘色彩。

一线天 – 虎啸岩：“一线天”巷道最窄处仅约 30 厘米，岩壁上的远古海洋生物化石清晰可见。虎啸岩因风声如虎啸而得名，现存明代道教建筑遗址。雨季来此，还可观赏“虎啸八景”中的“白莲渡”瀑布云奇观。

大红袍母树：武夷山九龙窠的悬崖峭壁上保存着 6 株三百余年树龄的大红袍母树，可谓无价之宝。“岩骨花香漫游道”通过灯光投影生动地展现了国家级非物质文化遗产“武夷岩茶（大红袍）制作技艺”的奥秘。

武夷宫－宋街：九曲溪畔的武夷宫始建于唐代，是古代帝王祭祀武夷君的重要场所。附近的宋街仿宋代江南建筑风格而建。数字化展馆运用全息技术生动地展示着武夷山"双遗产"保护成果。夜晚的《印象大红袍》实景演出以独特的艺术形式演绎着武夷山的茶文化精髓。

生态保护

武夷山建立了一套完整的保护体系：核心区实行严格保护、缓冲区开展生态监测、实验区发展生态旅游、外围区推动茶产业转型升级。这种分级保护模式，既守护了自然生态系统的完整性，又促进了传统文化的活态传承，为世界遗产保护提供了中国方案。

从地质奇观到文化圣地，从生态秘境到茶香故里，武夷山这幅浓缩了亿万年地质演变与数千年人文积淀的立体画卷正以其独特的魅力，向世界讲述着中国自然与人文交相辉映的动人故事。这片神奇的土地，将继续书写人与自然和谐共生的永恒篇章。

知识拓展

武夷山：朱子理学发源地

"前古有孔子，近古有朱子"，这是著名学者钱穆先生对朱熹的评价。朱熹是中国古代继孔子之后最有影响力的思想家、哲学家和教育家之一。朱熹在武夷山学习、研究近半个世纪，完成著作数十部，其毕生著作多完成于此，涉及范围甚广，包括诸子百家、孔孟典籍、程朱理学、佛老禅道、天文地理、诗书六经等。其主要著作有《四书章句集注》《资治通鉴纲目》《诗集传》《楚辞集注》《太极图说解》等。其中朱熹倾其半生精力对四书——《论语》《孟子》《大学》《中庸》作注的巨著《四书章句集注》，被后世列为国家科考主课，直到废除科考为止。

朱子理学在武夷山形成，与这里的人文地理环境密切相关。北宋的杨时、游酢等人拜师求学之后来到武夷山，与理学家胡安国、胡宁、胡寅、胡宏等名贤切磋学问，研讨理学。他们著作丰富，其中，胡安国的《春秋传》被宋高宗等钦定为科举经本。游酢晚年则在武夷山的水云寮读书著作，传播理学，终老于斯。在武夷山隐居的还有崇安（今武夷山市）籍的理学家刘子翚、刘勉之和胡宪。朱熹的父亲临去世时，把朱熹托孤给他们教养。在这样的人文环境中朱熹从小受教，苦读经书，潜研二程理学，接受刘子翚、胡宪等理学家的言传身教，这为他后来创立朱子理学奠定了坚实的基础。

参考文献

[1] 周涛，梁华 . 中国旅游导航 [M] . 2 版 . 北京：中国地图出版社，2019.

[2] 丁超．世界遗产入选标准的对比分析及中国申报世界遗产的对策 [J]．北京大学学报（自然科学版），2006，42（2）：231-237.

[3] 吕金波，陈文光，王纯君 . 张家界砂岩地貌成因分析 [J]．城市地质，2015，10（4）：25-32.

[4] 王国良 . 我国西南三江并流区域地理环境概述 [J]．中国地名，2019（5）：43.

[5] 赖良杰，彭东 . 喀斯特地貌景观特点及旅游形象塑造 [J]．中国岩溶，2003，22（4）：318-323.

[6] 彭华：走向世界的中国丹霞 [C]．中国地质学会旅游地学与地质公园研究分会第 25 届年会暨张家界世界地质公园建设与旅游发展战略研讨会论文集，2010：404-405.

[7] 王云庆，赵润 . 世界自然遗产“澄江化石地”的保护与可持续发展 [J]．遗产与保护研究，2017，2（1）：51-56.

[8] 世界自然保护联盟专家评估报告发布建议将新疆天山列入世界遗产名录 [J]．干旱区地理，2013，36（3）：466.

[9] 杨天友，崔多英，牛克锋 . 梵净山黔金丝猴研究现状与保护策略 [J]．野生动物学报，2023，44（3）：695-704.

[10] 葛英会．商代大鼎的“司”“后”之争 [J]．殷都学刊，2012，33（1）：12-14.

[11] 王宁远．良渚古城及外围水利系统的遗址调查与发掘 [J]．遗产

与保护研究，2016，1（5）：102-110.

［12］王宁远，刘斌．杭州市良渚古城外围水利系统的考古调查［J］．考古，2015（1）：2，3-13.

［13］宋姝，刘斌．良渚古城：中华 5 000 多年文明史的实证之城［J］．自然与文化遗产研究，2020，5（3）：8-25.

［14］傅晶，王敏，梁中荟，等．泉州：宋元中国的世界海洋商贸中心：系列遗产整体价值及要素构成研究［J］．自然与文化遗产研究，2021，6（3）：5-21.

［15］尼洋．“司”母戊鼎为何改名“后”母戊鼎［N］．新华日报，2018-02-02（12）.

［16］Colin R，Liu Bin. The emergence of complex society in China: the case of Liangzhu［J］．Antiquity，2018，92（364）：975.

［17］�庭．清西陵探古思幽，大清王朝的遗世绝唱［EB/OL］．（2020-09-29）［2025-01-05］．http://www.360doc.com/content/20/0929/10/48503472_938122828.shtml.

［18］熊定国．世界遗产大会召开：让文化遗产服务于乡村振兴［EB/OL］．（2021-07-17）［2025-01-05］．https://baijiahao.baidu.com/s?id=1705493707425556103&wfr=spider&for=pc.

［19］王晶晶．每日名胜：河南龙门石窟景区．龙门石窟世界文化遗产园区管理委员会．

［20］张哲南．龙门石窟莲花 厚重的文化之美．龙门石窟世界文化遗产园区管理委员会．